EQUIPES 100% ENERGIZADAS

EQUIPES
100%
ENERGIZADAS

Heike Bruch
Bernd Vogel

EQUIPES

ENERGIZADAS

Estratégias para maximizar resultados e
gerar um ambiente saudável

ALTA BOOKS
E D I T O R A
Rio de Janeiro, 2019

Copyright © 2019 da Starlin Alta Editora e Consultoria Eireli.
Do original *Fully Charged: How great leaders boost their organization's energy and ignite high performance*
Copyright © 2010 Heike Bruch e Bernd Vogel
Todos os direitos reservados.

Preparação: Bruna Baldini de Miranda
Revisão: Fernanda Bottallo
Capa: Adriana Melo
Produção Editorial: Editora Livros de Safra - CNPJ: 06.002.648/0001-83

Todos os direitos estão reservados e protegidos por Lei. Nenhuma parte deste livro, sem autorização prévia por escrito da editora, poderá ser reproduzida ou transmitida. A violação dos Direitos Autorais é crime estabelecido na Lei nº 9.610/98 e com punição de acordo com o artigo 184 do Código Penal.

Erratas e arquivos de apoio: No site da editora relatamos, com a devida correção, qualquer erro encontrado em nossos livros, bem como disponibilizamos arquivos de apoio se aplicáveis à obra em questão.

Acesse o site www.altabooks.com.br e procure pelo título do livro desejado para ter acesso às erratas, aos arquivos de apoio e/ou a outros conteúdos aplicáveis à obra.

Suporte Técnico: A obra é comercializada na forma em que está, sem direito a suporte técnico ou orientação pessoal/exclusiva ao leitor.

Dados Internacionais de Catalogação na Publicação (CIP)

Bruch, Heike
Equipe 100% energizadas : estratégias para maximizar resultados e gerar um ambiente saudável / Heike Bruch, Bernd Vogel ; tradução Cristina Yamagami. - 1. ed. - Rio de Janeiro : Alta Books, 2019.

Título original: Fully charged : how great leaders boost their organization's energy and ignite high performance
ISBN 978-85-508-0752-2

1. Comportamento organizacional 2. Desempenho 3. Eficiência organizacional 4. Motivação no trabalho 5. Pessoal - Motivação I. Vogel, Bernd. II. Título.

11-09688   CDD-658.314

Índices para catálogo sistemático:
1. Desempenho : Administração de pessoal   658.314
2. Motivação de pessoal : Administração de empresas   658.314

Rua Viúva Cláudio, 291 — Bairro Industrial do Jacaré
CEP: 20970-031 — Rio de Janeiro - RJ
Tels.: (21) 3278-8069 / 3278-8419
www.altabooks.com.br — altabooks@altabooks.com.br
www.facebook.com/altabooks

Às nossas famílias

SUMÁRIO

Agradecimentos	9
Introdução: Liderança é a arte de orquestrar energia	11
1. A matriz da energia	33
2. Mobilizando a energia de sua organização	74
Escapando da armadilha da complacência	
3. Recuperando a energia positiva	120
Escapando da armadilha da corrosão	
4. Concentrando a energia de sua organização	156
Escapando da armadilha da aceleração	
5. Sustentando a energia para ir além do primeiro lugar	193
Indo além das armadilhas	
6. Líderes energizantes	247
Perspectivas pessoais sobre como aumentar o nível de energia	
Apêndice: Como avaliar a energia de sua organização	260
Notas	268
Índice remissivo	282

Agradecimentos

Um projeto como esse requer muita energia. Somos gratos a inúmeras instituições e pessoas que nos ajudaram a elevar e manter nosso nível de energia.

Gostaríamos de enfatizar a importância da contribuição do já falecido Sumantra Ghoshal. Ele teve uma influência crucial no trabalho inicial sobre energia organizacional realizado por Heike em 2001. Mas Sumantra também foi – e ainda é – uma fonte importantíssima de inspiração e coragem para todo o nosso processo de pesquisa.

Muitas pessoas do *Institute for Leadership and Human Resource Management* da Universidade de St. Gallen contribuíram para o projeto da energia organizacional. Hoje, atuamos em outras instituições, mas, ainda, continuamos envolvidos no tema. Stephan Boehm, Michael S. Cole (Universidade Cristã do Texas), Simon de Jong, Daniela Dolle, Florian Kunze, Jochen Menges (Cambridge), Sabine Poralla (AGCO), Anneloes Raes e Frank Walter (Universidade de Groningen): suas opiniões e sugestões acadêmicas, bem como seu apoio administrativo, foram essenciais.

Somos gratos às várias empresas que se interessaram pelas nossas ideias e trabalharam conosco ao longo dos anos. Em particular, gostaríamos de mencionar as que apoiaram nossas primeiras pesquisas no *Organizational Energy Program* – OEP ("Programa de Energia Organizacional") entre 2003 e 2006: ABB, Alstom, Hilti, Lufthansa, Tata Steel e Unaxis. Elas possibilitaram, com sua confiança em nosso trabalho e sua disposição de colaborar conosco em estudos empíricos, a formação das bases para o conceito de energia empresarial.

Também gostaríamos de agradecer à equipe da *Energy Factory*, que nos ajudou a implementar o conceito de energia em diversas organizações, aprender com a experiência dessas e aprofundar nosso conhecimento sobre estratégias de liderança energizante.

Somos enormemente gratos às instituições que apoiaram financeiramente nossa pesquisa: o *Basic Research Fund* (GFF) da Universidade de St. Gallen, a *Gebert Rüf Foundation*, a *Swiss Society for Organization and Management* (SGO) e a *Swiss National Science Foundation* (SNF).

Também somos gratos a todas as pessoas que nos ajudaram na elaboração dos originais: Justus Kunz, Johannes Lampert, David Maus, Rainer Sedlmayr, Christian Schudy, Slawomir Skwarek (todos da St. Gallen) e Julie Stout (da Henley Business School). Lucy McCauley ajudou-nos a dar forma a este livro, com sua perspicácia e precisão. Ania Wieckowski conduziu-nos por todo o processo de edição e nos ajudou a melhorar a qualidade e a acessibilidade dos originais. Somos extremamente gratos a Lucy e Ania e aos seus colegas da *Harvard Business Review Press* que trabalharam nos bastidores para transformar o livro no que ele é hoje.

Heike Bruch, St. Gallen, Suíça
Bernd Vogel, Henley, Reino Unido

INTRODUÇÃO

LIDERANÇA É A ARTE DE ORQUESTRAR ENERGIA

Por que algumas empresas prosperam, repletas de energia e vida, enquanto outras sofrem de estagnação e excessiva complacência? Por que algumas organizações atingem picos de energia e atividade só para depois mergulhar em poços de inércia resignada? Por que outras empresas parecem completamente envenenadas por politicagem negativa e disputas internas ou, ainda, presas a um atoleiro de estafa organizacional?

A maioria dos líderes já vivenciou os altos e baixos de diferentes estados de energia nas próprias organizações. Essa energia pertence aos chamados fatores *soft* do potencial humano, intangíveis, porém extremamente poderosos, que residem no coração de todas as empresas. Esse fenômeno é conhecido por *energia organizacional* e o definimos como a intensidade e qualidade com que uma organização (ou divisão, ou equipe) mobiliza seu potencial emocional, cognitivo e comportamental para atingir suas metas. Acreditamos que a energia organizacional seja mensurável e, por conseguinte, administrável. Por mais que possa estar sentindo os sintomas da baixa energia em sua organização – apatia, cansaço, inflexibilidade, ceticismo –, você também pode intencionalmente elevar e manter essa energia de forma que seu pessoal fique completa e positivamente energizado tendo como foco as metas do negócio.

A capacidade de elevar o nível de energia é fundamental, já que isso é "o combustível que possibilita o funcionamento de grandes organizações" e, portanto, constitui um dos pilares da eficácia de seu pessoal e do bom desempenho de sua empresa[1]. Nossa pesquisa demonstrou que, mais do que qualquer outro fator que afeta uma empresa, a energia organizacional pode ser uma fonte de vitalidade corporativa ou de destruição de sua essência. Os líderes devem entender a energia organizacional, especialmente em épocas de tensão financeira, quando os executivos precisam encontrar maneiras de mobilizar ao máximo todos os recursos e vantagens potenciais. Mas essa compreensão também é crítica para executivos seniores e líderes que estejam enfrentando outras situações difíceis, como reviravoltas, crescimento acelerado, longos processos de mudança ou a introdução de inovações no mercado. Líderes como Juergen Weber, o ex-CEO da Lufthansa, nos contaram que, para eles, a questão fundamental é: "Como motivar essa empresa nos *bons* momentos?".

A boa notícia é que todos os líderes podem aprender a impulsionar a energia positiva de suas organizações. E neste livro nós lhe mostraremos como.

O caso da CWT Netherlands

A Carlson Wagonlit Travel (cwt) é um bom exemplo de administração da energia organizacional. Uma empresa de 27,8 bilhões de dólares, a cwt administra viagens de negócios para mais de 50 mil empresas em 150 países ao redor do mundo. A partir do ano 2000, o setor de turismo passou por muitas mudanças. Para a cwt, a partir de então, a ambição passou a ser desenvolver relacionamentos de longo prazo com clientes por meio de excelentes serviços e valor agregado. Para isso, a diretoria sabia que os funcionários de todos os níveis hierárquicos e setores precisavam estar profundamente envolvidos e motivados para, individual e coletivamente, serem capazes de identificar as mudanças quanto às expectativas dos clientes e do mercado, e reagir a elas.

Mas o alto nível de envolvimento e motivação não foi o que Jan Willem Dekker, diretor-geral da empresa na Holanda e vice-presidente executivo do grupo no norte da Europa, encontrou quando parou para analisar a sua divisão da empresa, a CWT Netherlands, em 2007[2]. Em vez de uma força de trabalho ágil, Dekker deparou-se com funcionários desanimados, níveis reduzidos de atividade e uma morosa comunicação interna. Um grupo de funcionários parecia convencido de que os tempos áureos da cwt eram coisa do passado: eles estavam descontentes com o novo direcionamento estratégico da empresa.

Outro grupo parecia satisfeito demais: acreditando que a empresa ia bem e que faziam o suficiente pelos seus clientes, esses funcionários não se dedicavam muito às necessidades individuais de cada cliente. Um terceiro grupo, apesar de à primeira vista parecer realizar bem seu trabalho, não mostrava disposição ou prontidão suficientes para tomar iniciativa, desenvolver novas ideias ou ir até o limite para implementar a ambiciosa estratégia da cwt. Em geral, a maioria dos funcionários tinha em comum a convicção de que a orientação da empresa não seria bem-sucedida e abordava a implementação da nova estratégia com desinteresse e ineficiência.

Apesar de a empresa não estar, naquele momento, diante de nenhuma grave crise ou declínio financeiro, Dekker queria mais de sua equipe: máximos desempenho, entusiasmo e excelência. Enquanto o potencial de seus recursos humanos fosse subutilizado ou continuasse a ser consumido por reclamações e lutas internas, a divisão não criaria um valor excepcional para seus clientes, jamais conquistaria a sua fidelização e a empresa não se destacaria no mercado.

Mas as pesquisas de opinião com os funcionários da cwt, que demonstravam um envolvimento mediano para a área, não proporcionavam informações suficientes sobre a origem do problema. Como Dekker poderia avaliar de forma objetiva o baixo nível de energia que percebia intuitivamente naquele departamento? E como poderia usar essa informação para melhorar a situação? Trabalhamos com Dekker para conduzir uma avaliação que chamamos de Questionário de Energia Organizacional (qeo)[3], que será explicado mais adiante. Aplicando o teste a mais de 70% de sua divisão – 265 funcionários e gestores –, Dekker conseguiu visualizar uma imagem bastante precisa daquele contexto.

O perfil de *energia da divisão* – o diagnóstico do qeo – confirmou a percepção de Dekker sobre o nível de envolvimento de sua organização e lhe proporcionou um vocabulário específico para falar sobre o problema. Para começar, as pessoas tendiam a evitar se comunicar umas com as outras e, em geral, se mostravam conformadas demais com o *status quo*, em vez de motivadas a melhorar processos para ajudar a empresa a atingir suas metas. Em segundo lugar, o perfil mostrou níveis acima do normal de *inércia resignada*, caracterizada por frustração, retraimento mental e baixo nível de envolvimento. Finalmente, em comparação com os dados de *benchmark*,* o perfil revelou níveis relativamente altos de *energia corrosiva* negativa, que se manifestava na forma de agressividade, disputas internas e resistência à mudança. E o mais importante: o levantamento também revelou uma possível causa – a resignação e a energia altamente destrutiva prevaleciam em particular entre as pessoas lideradas por chefias de niveis hierárquicos inferiores da empresa. Vinculando dados dos levantamentos de opinião anteriores com funcionários da CWT ao perfil de energia, identificamos as origens desse fenômeno: as pessoas, distribuídas em todos os níveis da hierarquia, não compreendiam plenamente a visão e a estratégia geral da empresa.

O levantamento permitiu a Dekker fazer perguntas que atingiam o cerne do problema da CWT Netherlands. Gestores e subordinados de todos os níveis hierárquicos afirmaram que a cúpula administrativa da empresa nunca comunicou adequadamente a sua visão e a sua estratégia ao departamento, deixando-o repleto de incertezas e sem um direcionamento claro. Especificamente, os participantes disseram que não sabiam ao certo quais eram as razões e os objetivos das várias iniciativas de mudança recentes da empresa.

Diante disso, Dekker criou uma estratégia e um plano de ação para superar o problema. Em primeiro lugar, por meio de uma série de *workshops*, fez com que a visão da CWT fosse esclarecida para todos os funcionários, para que esses, ao compreenderem claramente o direcionamento estratégico da empresa, começassem a determinar medidas de implementação locais. Em segundo lugar, deu início a um programa de desenvolvimento da cultura corporativa para aumentar a transparência e fortalecer os valores cruciais de confiança mútua, para que, assim, fosse atingido o objetivo de oferecer um atendimento excepcional.

Em 12 meses, a CWT Netherlands começou a apresentar o que chamamos de *energia produtiva*. Os funcionários da divisão de Dekker apresentavam uma postura mais alerta e mais habilidade em lidar com a urgência, além de compartilharem um entusiasmo em relação à estratégia. Eles se mostraram mentalmente muito mais ativos, fazendo mais perguntas e contribuindo com novas ideias. Não apenas o levantamento de 2009 com esses funcionários mostrou um aumento de mais de 20% no envolvimento com a empresa (em comparação com 2007) como o desempenho e a produtividade da unidade comprovavam que todos os departamentos estavam mais cientes dos desafios essenciais da empresa, vinculando mais estreitamente seu trabalho ao direcionamento geral da CWT. Em consequência, Dekker e sua equipe de executivos finalmente começaram a se sentir otimistas em relação às suas ambiciosas metas para a CWT. "Apesar de otimistas desde o inicio, quando colocamos em prática a abordagem de gerenciamento da energia produtiva ficamos mais do que surpresos com o resultado", relatou[4].

Como aprendemos com Dekker e centenas de outros executivos como ele, os líderes, muitas vezes, percebem o estado da energia de suas empresas e o impacto dela sobre a produtividade. Mas eles só possuem um entendimento limitado das fontes dessa energia e das ferramentas que poderiam utilizar para administrá-la, de forma que permitem o esgotamento de um recurso-chave: o recurso *humano* da empresa. Ao compreender como administrar a energia organizacional, você aprenderá como estimular o alto desempenho, permitindo que os recursos humanos se mantenham energizados e produtivos a longo prazo.

O que é a energia organizacional?

No início desta Introdução, definimos energia organizacional como a intensidade e a qualidade com a qual uma empresa, um departamento ou uma equipe mobiliza seu potencial emocional, cognitivo e comportamental para atingir suas metas[5]. Dito de forma simples, trata-se da força que impulsiona o funcionamento da empresa (departamento e/ou equipe)[6]. Há muitos tipos diferentes de energia organizacional, e são esses vários tipos que movimentam a sua empresa.

Note que nos referimos aqui à energia ativada de uma empresa, não à sua energia potencial (para tomar de empréstimo um termo da física). Para explorar ao máximo toda a abrangência e todas as possibilidades da energia de uma empresa, os líderes devem compreender três atributos da energia organizacional. Em primeiro lugar, ela engloba o potencial ativado emocional, cognitivo e comportamental das organizações. Em segundo lugar, se configura como um atributo coletivo, compreendendo o potencial humano compartilhado de uma empresa (ou unidade ou equipe). E em terceiro lugar, a energia organizacional é maleável.

Os componentes da energia organizacional

Na CWT, a inter-relação das energias emocional, cognitiva e comportamental ajudou o grupo executivo e a empresa a implementar as mudanças necessárias ao sucesso. Por meio de uma série de *workshops*, iniciativas voltadas para desenvolver toda a cultura da empresa, entre outras intervenções, Dekker não apenas conscientizou seus funcionários em relação ao novo direcionamento estratégico, como, também, os empolgou, e eles começaram a compartilhar de seu entusiasmo pela nova estratégia. A energia emocional de uma organização, portanto, passa a ser o grau de paixão e de entusiasmo demonstrado pelos funcionários em relação às metas da empresa. A energia cognitiva traduz-se no grau em que as equipes se mostram atentas, criativas e prontas para identificar novas oportunidades ou possíveis ameaças, visando atingir as metas da empresa. E a energia comportamental da organização manifesta-se no quanto os funcionários se esforçam, chegando até o limite para atingir as metas compartilhadas.

Os líderes devem ser capazes de estimular o tipo de energia organizacional necessária para concretizar uma estratégia ou ideia inovadora, mobilizar a criatividade da equipe, inspirá-la e estimular prontidão para tomar decisões. No Capítulo 2, exploraremos duas estratégias-chave ("conquistar a princesa" e "matar o dragão") que podem ajudar a compreender esse conceito.

Energia individual e energia organizacional

A energia organizacional descreve as forças humanas *compartilhadas* entre executivos e funcionários de empresas ou unidades de trabalho – e não apenas a energia de cada indivíduo que atuam nelas. O conceito da energia organizacional estende as qualidades humanas à energia da empresa como um todo. Com certeza, conceitos de energia orientados para o indivíduo, como energia emocional, fluxo, vitalidade, prosperidade e vigor, podem ajudar os executivos a compreender e encorajar o pleno envolvimento de cada funcionário[7]. No entanto, os executivos devem ir além de pensar apenas em termos pessoais; ao se concentrarem na energia do indivíduo, eles correm o risco de não enxergar em sua totalidade o potencial humano que têm à sua disposição.

Para ter uma ideia do poder desse tipo de energia coletiva, vamos analisar um exemplo externo ao âmbito dos negócios: a queda do Muro de Berlim em 1989. As chamadas "manifestações das segundas-feiras" realizadas na Alemanha Oriental no outono de 1989 constituíram um fator-chave para a queda do Muro. Durante anos, cidadãos se reuniram na Igreja de São Nicolau, em Leipzig, para rezar pela paz. No início de setembro de 1989, contudo, o estado de espírito geral mudou, e as pessoas começaram a se manifestar abertamente no pátio da igreja, exigindo livre acesso ao Ocidente e proclamando: "Nós somos o povo!". Em poucas semanas, a causa tornou-se tão contagiante que, no dia 23 de outubro, 320 mil pessoas participaram da manifestação, com a adesão de outras cidades em toda a Alemanha Oriental. A força coletiva dessas pessoas, combinada aos novos eventos políticos e econômicos por toda a Europa, mostrou-se poderosa demais para ser controlada e, por fim, os militares não mais conseguiram intervir.

Apesar de muitas pessoas terem contribuído individualmente para a queda do Muro – o papa João Paulo II, os presidentes Ronald Reagan e George H. W. Bush, dos Estados Unidos, o presidente Mikhail Gorbachev, da União Soviética, o chanceler Helmut Kohl e o presidente Richard von Weizsaecker, da Alemanha Ocidental, entre outros –, suas contribuições isoladas não teriam sido suficientes para derrubar o governo comunista. Na verdade, o Muro só caiu em razão da energia poderosa, positiva e coletiva das massas de cidadãos oprimidos contagiados pela ideia de liberdade.

De modo que a lição para os executivos é clara. Em vez de depender unicamente da motivação individual do funcionário, os executivos devem aprender a estimular o potencial humano coletivo da empresa para criar um ambiente no qual emoção, pensamentos e ações possam fluir e se espalhar pela organização. Por quê? Porque a força dinâmica coletiva de uma empresa é mais intensa do que a soma de motivações ou forças individuais. E esse poder coletivo é reforçado por meio da interação e da dinâmica do grupo, de modo que – como Sigal G. Barsade, da Wharton, e ainda muitos outros observaram – quando as pessoas interagem, elas na verdade são contaminadas pelas emoções, pensamentos e ações dos que estão ao redor.[8] Elas imitam e seguem o exemplo de outras ao redor até certo ponto, inspirando-se e contagiando-se por elas. Essa dinâmica – "efeito de contágio" ou "espiral de autorreforço" – vai muito além da soma da energia individual.[9] As pessoas que estiverem envolvidas nessa dinâmica ficam mais sintonizadas, compartilhando a mesma energia em um nível mais intenso. E os executivos que vivenciaram esse processo em suas empresas sabem que isso também se aplica ao caso inverso: quando as pessoas rompem a dinâmica ou resistem a ela, o efeito reverbera por toda a empresa – ou seja, para melhor ou para pior. Segundo a nossa experiência, é essa a capacidade de administrar a energia *organizacional* que diferencia organizações de grande sucesso das restantes.

A energia organizacional é maleável

Diferentemente dos fatores *soft*, como clima ou cultura organizacionais, a energia organizacional reflete a situação atual de uma empresa, não uma condição estática. Em empresas nas quais a cultura organizacional reflete valores estáveis, padrões comportamentais profundamente internalizados e premissas básicas desenvolvidas ao longo dos anos, a energia organizacional diz respeito à ativação imediata das forças humanas da empresa.[10] Essa energia pode mudar de um dia para o outro em consequência de fatores externos (pense nas muitas medidas coletivas tomadas por todo o mundo na esteira de 11 de Setembro) ou de ações internas realizadas deliberadamente por seus líderes.

Diferente do caso da cultura organizacional, portanto, os líderes podem influenciar, com agilidade e propósito, a energia organizacional. Voltemos ao exemplo de Jan Willem Dekker, da CWT, que em poucos meses mudou radicalmente a maneira como seu quadro de funcionários se envolvia com a visão e a estratégia da empresa. Ele trouxe uma nova empolgação compartilhada e níveis extremamente altos de alerta e empenho, além de atividades bem orquestradas, que substituíram o estado de ânimo anterior: dormente e desgastado. A desvantagem de uma mudança imediata e que deve ser prevista pelos executivos é que o oposto também se aplica: a energia organizacional positiva pode cair rapidamente, ou até se transformar em energia negativa, se não for adequadamente administrada.

A matriz da energia: os quatro estados da energia organizacional

Os líderes normalmente percebem de forma intuitiva a dinâmica e a energia da empresa, mas não possuem referências e ferramentas suficientes para avaliar, elevar e sustentar essa energia. Além disso, a maioria dos líderes não sabe como comunicar ao seu pessoal o que precisa ser mudado na energia da empresa e como realizar essas mudanças cruciais. É justamente nesse ponto que uma descrição mais elaborada da energia organizacional poderá ser útil.

Este livro e nosso trabalho giram em torno de uma estrutura conceitual que chamamos de *matriz da energia*. Desenvolvemos inicialmente a matriz da energia empresarial entre 2000 e 2001, em um projeto realizado em parceria com a petrolífera norte-americana ConocoPhillips. Desde então, nossa jornada nos levou a diversas empresas ao redor do mundo. Conduzimos estudos quantitativos e qualitativos em vários cenários, inclusive em um consórcio de seis empresas internacionais com alcance global: ABB, Alstom, Hilti, Lufthansa, Unaxis e Tata Steel. Mensuramos a energia em mais de 700 empresas em 55 países e conduzimos mais de 30 estudos de caso em companhias europeias, norte-americanas e asiáticas[11]. No decorrer dessa pesquisa e do desenvolvimento da prática ao longo dos anos, lapidamos e validamos a lógica central da matriz da energia, ferramenta que utilizamos para obter uma imagem precisa da energia das empresas[12.] Os executivos já utilizam essa imagem da energia de sua empresa ou unidade de trabalho como base para compreender a dinâmica de sua organização e desenvolver as estratégias de liderança adequadas.

Especificamente, nossa pesquisa demonstra que a energia das empresas pode diferir em duas dimensões: sua intensidade e sua qualidade. A *intensidade* da energia organizacional reflete o quanto uma empresa está sendo capaz de ativar seu potencial nos planos emocional, cognitivo e comportamental, ou seja, quais os níveis de tensão emocional, alerta, interação e comunicação prevalecem na empresa. Nesse ponto, fazemos a distinção entre alta e baixa intensidades. A alta intensidade indica um nível elevado de envolvimento emocional e ativação mental; por sua vez, a baixa intensidade descreve um nível reduzido desses estados de ânimo. Uma intensidade extremamente baixa reflete uma empresa, em certa medida, adormecida.

A *qualidade* da energia organizacional refere-se à forma pela qual uma empresa utiliza sua energia: até que ponto as forças emocionais, cognitivas e comportamentais se alinham de maneira construtiva com as principais metas da empresa. Nesse ponto, fazemos a distinção entre energias positiva e negativa. A energia organizacional positiva é caracterizada pela utilização construtiva do potencial da empresa. As pessoas direcionam suas emoções, sua agilidade mental, seu poder de reflexão, seu empenho e suas atividades para atingir as metas de sua unidade ou empresa. A energia organizacional negativa reflete uma falta de sintonia no direcionamento das metas corporativas em comum. Isso implica uma utilização destrutiva do potencial. No estado de energia negativa, as organizações encontram sensações como medo, frustração e irritação entre os seus funcionários; as pessoas pensam e agem sem nenhuma relação com as metas da empresa e chegam a sacrificar o bem comum em busca de benefícios pessoais.

A combinação das duas dimensões de energia – intensidade e qualidade – compõe o mapa dos quatro tipos de estados de energia em que empresas podem se encontrar: energia produtiva, energia confortável, inércia resignada e energia corrosiva (Figura I-1).

Descreveremos cada tipo de energia detalhadamente no Capítulo 1. Por ora, apresentamos aqui um quadro resumido:

Figura I.1 – A matriz da energia

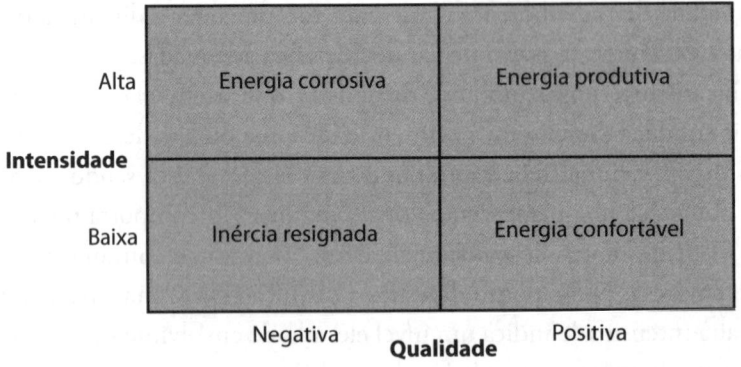

- **Energia produtiva (alta energia positiva):** caracterizada por um alto nível de envolvimento emocional e de alerta mental, além de altos níveis de atividade, velocidade, vigor e produtividade na organização.

- **Energia confortável (baixa energia positiva):** caracterizada por um alto nível de satisfação e de identificação mútua, aliado a baixos níveis de atividade, alerta mental reduzido e complacência organizacional.

- **Inércia resignada (baixa energia negativa):** caracterizada por altos níveis de frustração, retraimento mental e ceticismo, além de baixo envolvimento coletivo na organização.

- **Energia corrosiva (alta energia negativa):** caracterizada por agressividade coletiva e comportamento destrutivo, por exemplo, na forma de politicagem interna, resistência à mudança e foco na busca por benefícios pessoais.

Esses estados não são mutuamente excludentes: eles atuam independentemente uns dos outros. Como consequência, as empresas podem vivenciar *simultaneamente* todos esses quatro estados de energia. De fato, nenhuma empresa, divisão, departamento ou mesmo equipe possui apenas um estado de energia: todas essas forças se pronunciam ao mesmo tempo. A questão central em nossas avaliações não é, portanto, "qual estado de energia descreve a minha empresa?", mas sim, "qual é a intensidade de cada um dos estados de energia na minha empresa?" – e, especialmente relevante, "qual estado de energia é preponderante hoje?".

Vamos retomar ao exemplo da CWT Netherlands. Lembre-se de que os resultados do Questionário de Energia Organizacional indicavam que aquela divisão da empresa vivenciava a energia confortável (baixa energia positiva) como o estado predominante. Mas a avaliação também revelou que a empresa apresentava uma quantidade significativa de energia negativa, isto é, inércia resignada e energia corrosiva. Dessa forma, mesmo se a sua empresa apresentar em grande parte energia confortável, seu pessoal pode estar sentindo algum grau de frustração ou até os primeiros sinais de exaustão. Para executivos, trata-se de uma importante distinção ao aplicar o conceito de energia: apesar de a matriz poder revelar uma energia preponderantemente positiva em sua empresa (no caso da CWT, energia confortável), ela também pode identificar os pontos fracos que devem ser superados para mobilizar e manter esse tipo de energia.

Como a energia de uma organização afeta o desempenho

Como, exatamente, o estado da energia de sua empresa se relaciona com a eficácia de seu pessoal e com o desempenho geral da organização? Conforme mostraremos neste livro, a energia organizacional afeta diretamente o desempenho das empresas. Quando essas utilizam seu pleno potencial para atingir suas metas

– isto é, com a presença de um alto nível de paixão, agilidade mental, empenho e atividade, e com esse potencial humano não apenas mobilizado, mas, também, alinhado para atingir metas em comum –, elas prosperam, são significativamente mais inovadoras, geram muito mais identificação por parte dos clientes e crescem com mais rapidez do que seus concorrentes menos energizados. Quando a empresa permite que o potencial do seu quadro de funcionários se degenere em razão da má utilização da energia organizacional, ela perde faturamento. E, quando essas pessoas ficam exauridas em virtude da preponderância de energia destrutiva e corrosiva, a viabilidade da organização passa a ser ameaçada[13].

Os dados gerais que coletamos com o passar do tempo mostram que todos os estados de energia são capazes de antecipar inúmeros parâmetros concreto, incluindo o desempenho geral, a lucratividade, a eficiência, a orientação ao cliente, a satisfação e o comprometimento dos funcionários. Por exemplo, em uma pesquisa realizada em 2009, com uma amostra de 14.387 participantes provindos de 104 empresas alemãs, avaliamos a relação entre a energia e o desempenho de cada empresa. O nível de energia foi avaliado pelos funcionários, e o desempenho da organização, por membros da cúpula administrativa das empresas (CEO ou outro membro do conselho executivo), nos quesitos relacionados a eficiência, crescimento e resultados financeiros. Transferimos as pontuações para uma escala porcentual de 0 a 100, a fim de verificar em que extensão as forças potenciais positivas ou negativas de fato estavam sendo mobilizadas e identificamos grupos de empresas com alto, médio e baixo níveis de energia produtiva. Em comparação com aquelas de baixa energia positiva, as empresas com alto nível de energia produtiva apresentaram uma pontuação superior em vários critérios: desempenho geral (14%), produtividade (17%), eficiência (14%), satisfação do cliente (6%) e fidelidade do consumidor (12%)[14].

Por outro lado, as empresas com alta inércia resignada apresentaram uma eficiência de processos de negócios 17% inferior e fidelidade do cliente 19% menor em relação a empresas com baixa inércia resignada. Quando comparamos empresas com alta energia corrosiva àquelas com baixa energia corrosiva, o desempenho geral foi 20% inferior, e a produtividade dos funcionários era 16% menor. Apesar de não podermos excluir a possibilidade de outros fatores, além dos analisados, terem influenciado o desempenho dessas empresas, constatamos em nossos resultados uma forte correlação da energia com o sucesso.

Desde 2002, confirmamos seguidas vezes essas mesmas conclusões e encontramos repetidamente as mesmas estreitas relações de desempenho e energia constatadas em nosso estudo de 2009.

Dito isso, vamos analisar como essa relação entre energia organizacional e desempenho dos negócios se correlaciona especificamente com os quatro quadrantes de nossa matriz da energia. Retomando o exemplo da CWT, quando a empresa recuperou sua *energia produtiva*, seu pessoal adotou uma postura mais aberta e alerta. Eles passaram a se mostrar mentalmente muito mais ativos, a fazer mais perguntas e a contribuir com novas ideias. Também se empenharam com mais diligência em suas tarefas cotidianas e se mostraram dispostos a trabalhar além de suas responsabilidades imediatas, por exemplo, ajudando colegas a solucionar problemas complexos ou se envolvendo na implementação de novas ações.

Essas qualidades apresentadas pelos funcionários levaram, por sua vez, a um maior intercâmbio e a mais compartilhamento de conhecimento entre as unidades da CWT, gerando novas soluções para processos e produtos, e em um ritmo mais acelerado. Um bom exemplo de uma nova solução de processo é o projeto Work@Home da CWT. A CWT foi a primeira empresa de gerenciamento de viagens a oferecer a seus funcionários, em grande escala, a oportunidade de trabalhar em casa, e a iniciativa contribuiu para que a empresa fosse eleita uma das melhores empresas para se trabalhar. O comprometimento das pessoas foi alavancado pelo maior nível de entusiasmo e empolgação com o trabalho – elas exibiram um notável aumento de vigor e de agilidade em suas tarefas diárias e implementaram inovações aos processos da CWT[15]. Apesar de nem todo aumento na energia de uma organização se traduzir em maior faturamento, a amplitude de atividades, oportunidades e mudanças afetam positiva e significativamente o desempenho de uma empresa e seu sucesso, como demonstram nossas pesquisas (veja também os resultados empíricos no Capítulo 1)[16].

Infelizmente, o contrário também se aplica. Quando a energia de uma empresa cai para a zona baixo-positiva ou para a zona negativa, o desempenho da organização é ameaçado. Por exemplo, quando a *energia confortável* domina a empresa, os executivos não conseguem impelir a organização a fazer um esforço adicional. Na CWT, o QEO revelou que, em geral, as pessoas se sentiam à vontade na empresa, que gostavam muito do que faziam e se mantinham focadas principalmente na eficiência de seu trabalho – o que, em combinação com a experiência de um nível baixo de energia produtiva na empresa, se traduzia em uma força de trabalho coletivamente satisfeita demais e desejosa de proteger o *status quo*, cujas atividades se caracterizavam por um comportamento de rotina e um baixo envolvimento. O impacto disso sobre o desempenho da CWT era claro, como Dekker já havia observado: a inovação no atendimento e a qualidade que os clientes passaram a esperar estavam se deteriorando. As pessoas coordenavam o trabalho umas com as outras com menos eficiência, e a empresa toda era pouco eficaz na combinação e na criação de conhecimento em diferentes unidades.

Nas empresas em estado de inércia resignada, as respostas as QEO, em geral, são afirmativas no que diz respeito às seguintes declarações: "As pessoas da minha equipe não apresentam muita motivação" e "As pessoas da minha equipe não se mostram muito desejosas de fazer as coisas acontecerem". Esse tipo de resposta significa: unidades e funcionários caracterizados por frustração, retraimento mental, fadiga ou estafa e relutância em relação a mudanças. As pessoas nesses estados apresentam indiferença às metas da empresa, comunicam-se pouco e têm interação interpessoal mínima em toda a organização – até que alguns processos de trabalho dentro de unidades, ou entre elas, fiquem paralisados. Essas empresas perderam o potencial humano adicional necessário para investir em iniciativas de mudança que vão além das tarefas cotidianas. O resultado é que empresas debilitadas por essa inércia resignada logo perdem seu melhor pessoal, e a eficiência geral da organização cai em virtude da coordenação enfraquecida, com unidades deixando de atingir suas metas ou não executando as mudanças de processos necessárias com a devida urgência.

Empresas prejudicadas pela *energia corrosiva* tendem a gastar tempo demais administrando conflitos internos ou atividades micropolíticas, e a ter funcionários focados nos próprios interesses à custa do bem comum. Essas atitudes se evidenciam no QEO pelas seguintes respostas: "As pessoas da minha equipe se mostram agressivas" e "As pessoas da minha equipe muitas vezes se comportam de maneira destrutiva". Essas organizações usam sua energia para solucionar problemas internos, negligenciando as questões que envolvem clientes e mercados, bem como a colaboração em torno de processos.

Nossa pesquisa demonstrou que essas empresas acabam perdendo dinheiro. A capacidade das unidades de utilizar o conhecimento compartilhado para a inovação e para os produtos, serviços e mercados futuros é praticamente nula – o que ameaça os resultados financeiros.

Beneficiando-se ao máximo da energia da empresa

Elevar a energia de sua organização para utilizar ao máximo seu potencial implica compreender quatro aspectos-chave: avaliar a energia organizacional, decidir qual estratégia será mais eficaz para energizar rapidamente a empresa, evitar as três armadilhas comuns e sustentar a energia positiva.

Avaliando a energia da sua organização

Como mostramos, o primeiro passo, que é o de avaliar o estado da energia de uma organização – os recursos humanos-chave da empresa –, é crucial para os líderes. Apesar de uma ideia intuitiva do estado de energia da empresa poder ser precisa, sem ter como mensurá-la de modo tangível você pode ter dificuldades para visualizá-la com clareza ou para discuti-la com os colegas e funcionários – enfim, para potencializá-la. O Apêndice do livro inclui uma versão de 12 perguntas do QEO que utilizamos em nosso trabalho com as empresas e que você, na qualidade de um líder, pode utilizar para criar um perfil da energia de sua organização, divisão ou unidade de trabalho.

Escolhendo a melhor estratégia para impulsionar a energia organizacional

Apesar de explicarmos em mais detalhes esses estados de energia no Capítulo 1, este livro como um todo apresentará sugestões de medidas a serem tomadas com base nessa avaliação, a fim de compreender e comunicar ideias sobre a energia organizacional em termos dos quatro estados previamente citados. Nossa meta é ajudar os líderes a canalizar seus esforços para atividades de liderança que estejam de acordo com as necessidades específicas de energia de sua organização. Munidos de uma visão clara desse perfil de energia, eles poderão escolher a estratégia de liderança adequada para cada situação em particular, seja ela elevar ou manter a energia produtiva, ou eliminar a energia destrutiva.

Evitando armadilhas comuns

Na tentativa de administrar a energia de uma empresa, muitos executivos se veem diante de uma ou mais das três principais armadilhas da energia organizacional: da complacência, da corrosão e da aceleração. Discutiremos cada uma delas, bem como o desafio de superá-las, nos capítulos a elas dedicados. Por enquanto, vamos apenas examiná-las rapidamente.

A armadilha da complacência. Empresas altamente energizadas e bem-sucedidas quase inevitavelmente se tornam complacentes ou inertes e perdem a capacidade de mudar e de se reenergizar. Adormecidas pelo sucesso, elas param de questionar o *status quo*; perdem sua paixão, sua postura alerta e sua disponibilidade de ir além dos limites; ao invés disso, ficam satisfeitas demais, indolentes e mesmo arrogantes.

Avaliar a energia da organização é apenas o primeiro passo. Depois disso, os líderes devem entender como canalizar seus esforços para distintas atividades de liderança, a fim de escapar da tolerância excessiva e da inércia. Recomendamos duas estratégias de liderança que ajudam os executivos a impulsionar a energia nas organizações e a escapar dessa armadilha. Essas estratégias apontam como os executivos podem concentrar a atenção, os sentimentos e as atitudes da empresa em uma ameaça existencial (chamamos essa estratégia de "matar o dragão") ou em uma oportunidade promissora (o que chamamos de "conquistar a princesa"). No Capítulo 2, mostramos como escolher conscientemente e aplicar a melhor estratégia de liderança para o estado de energia de sua empresa.

A armadilha da corrosão. Por que organizações antes prósperas e empenhadas passam de repente – ou aos poucos – a se autodestruírem? Algumas vezes, elas são vítimas do poder da energia corrosiva. Vejamos, por exemplo, o caso da Bosch-Siemens Haushaltsgeräte (BSH), a maior fabricante de eletrodomésticos da Europa. Com cerca de 40 mil funcionários em 40 países e tendo atingido a marca aproximada de vendas de 10,98 bilhões de dólares em 2008, a BSH há muito conquistou a posição de liderança global no setor.

Os problemas na empresa começaram em maio de 2005, quando a BSH decidiu fechar uma fábrica ineficaz em termos de resultados financeiros em Berlim e transferir a operação para Brandemburgo. Fundada em 1994, a fábrica de Brandemburgo era a única instalação manufatureira na qual os salários da mão de obra não era regulamentados, o que reduzia muito os custos de produção. Antecipando-se à resistência ao plano, a diretoria da BSH inicialmente se mostrou disposta a negociar com a união dos funcionários e os sindicatos trabalhistas para chegarem juntos a uma solução. Depois de um ano e meio de negociações e ameaças de greve, cortes salariais e demissões – enquanto a empresa continuava perdendo dinheiro na fábrica de Berlim – , a BSH optou por manter as operações da unidade de Berlim e oferecer segurança empregatícia até 2010. No entanto, os trabalhadores precisariam aceitar grandes cortes no quadro de funcionários, já que a fábrica poderia manter apenas 270 de seus 570 funcionários. Pelo menos 220 pessoas seriam demitidas, enquanto 80 trabalhadores teriam posições garantidas em outras fábricas da BSH. Contra a vontade da maioria dos funcionários, o sindicato IG Metall e a organização dos funcionários declararam solucionada a disputa, não antes de três semanas de greve, e depois dos vários protestos e inúmeras rodadas de negociação que haviam ocorrido nos 18 meses anteriores. Em última instância, apesar de o longo período de negociações, greves e disputas entre a administração da empresa e os trabalhadores ter servido para promover a coesão interna entre os funcionários da BSH, isso também deixou uma profunda lacuna de energia corrosiva e raiva no relacionamento destes com a empresa.

Qualquer obstáculo para a energia produtiva pode transformar rapidamente forças positivas em energia corrosiva, particularmente quando a empresa e seus funcionários apresentam objetivos diferentes e a confiança mútua é violada. Concorrência interna, disputas por alocação de recursos e conflitos em relação a prioridades podem se agravar. No Capítulo 3, veremos como detectar essas forças negativas sorrateiras e como impedir quaisquer processos corrosivos capazes de desgastar a energia da organização.

A armadilha da aceleração. Outra ameaça à energia sustentada em qualquer empresa é o que chamamos de armadilha da aceleração. Os líderes muitas vezes nos perguntam: "Como manter o ímpeto de nosso programa de mudanças e, ao mesmo tempo, evitar a exaustão organizacional?". Em empresas altamente energizadas, os líderes muitas vezes são tentados a implementar simultaneamente atividades em demasia, dedicando muito pouco tempo a tarefas individuais e sobrecarregando seus subordinados ao forçá-los, de maneira implacável, a irem além de seus limites. O que começa como uma aspiração positiva para atingir uma meta pode acabar em uma enxurrada desenfreada de atividades caso não haja o devido controle. Alguns CEOs seguem o lema olímpico *Citius, altius, fortius* ("Mais ágil, mais alto, mais forte") e impulsionam constantemente suas empresas até as fronteiras de sua capacidade – ou além. O resultado é estafa ou fadiga, resignação e inércia de empresas inteiras, com as consequências que mencionamos anteriormente.

Mas também existem organizações com as quais podemos aprender. Por exemplo, o Sonova Group, empresa suíça que é líder global em aparelhos auditivos, tem lançado duas novas gerações de produtos por ano desde que Valentin Chapero assumiu o cargo de CEO em outubro de 2002[17]. E, desde 2003, a empresa tem apresentado taxas de crescimento anuais constantes entre 12% e 16%. No ano da recessão, entre 2008 e 2009, houve uma queda no crescimento, e o índice chegou a 3,7% (e o crescimento orgânico, 7,8%), mas a empresa ainda evoluiu o dobro em relação ao mercado em geral. Já na primeira metade do ano contábil de 2009-2010, o crescimento das vendas recuperou-se, chegando a 18,2%. Além disso, os produtos lançados nos últimos 24 meses geraram 86% das vendas totais da empresa, de 1,1 bilhão de dólares.

Como o Sonova Group consegue manter tamanho ímpeto, lançando continuamente inovações que estabelecem novos padrões na indústria de aparelhos auditivos? *Orquestrando deliberadamente o ritmo entre suas fases de alta energia e regeneração*. Dessa forma, além do compromisso da empresa de lançar duas novas gerações de produtos por ano, Chapero incorpora sistematicamente períodos de *intensidade reduzida* ao ritmo da empresa. Depois de um lançamento, que exige muita energia, os funcionários sabem que podem esperar por um período menos intenso, durante o qual as baterias serão recarregadas, os sucessos serão celebrados e os processos e planos serão consolidados. Em resumo, a Sonova desacelera em um primeiro momento para, depois, acelerar novamente, renovando sua energia antes de voltar a avançar em marcha acelerada e lidar com novos desafios de inovação. No Capítulo 4, veremos melhor como executivos, como Chapero, evitam e superam o excesso da aceleração em suas empresas.

Sustentando a energia organizacional

Há uma preocupação que ouvimos de vários executivos de empresas líderes ou de muito sucesso: "Sempre nos orientamos por chegar na frente dos concorrentes. Mas como podemos *sustentar* a energia da empresa agora que somos a número um?". De forma similar, mencionamos anteriormente como o ex-CEO da Lufthansa, Juergen Weber, afirmou que, apesar da notória *expertise* da empresa em se mobilizar para a gestão de crises, ele não sabia como impedir que a organização se tornasse complacente. Em vez de adotar estratégias para manter a energia, alguns gestores se envolvem em padrões tipo ioiô extremamente onerosos, permitindo que a energia caia repetidamente em um nível confortável para, depois, utilizar períodos de gestão de crise para estimular a energia novamente. Muitos executivos adotam um padrão de mobilização de energia apenas para momentos decisivos, como revitalizações e gestão de crises, ou para superar a concorrência. Eles se utilizam desse recurso, independentemente do quão bem-sucedida e energizada a empresa já seja. Mais cedo ou mais tarde, quando a crise se dissipa ou a revitalização é concluída, a energia da empresa perde a força e a intensidade mais uma vez.

Os executivos precisam reconhecer que mobilizar a energia e sustentá-la são dois desafios de liderança fundamentalmente diferentes. Para conduzir suas empresas além das armadilhas de energia, eles precisam criar um sistema de gestão revigorante – com estratégia energizante, clima de liderança e cultura de energia – que sustente sistematicamente altos níveis de energia produtiva e fomente um senso de urgência proativa por toda a empresa.

Como este livro pode ajudar a aumentar e manter a energia da sua organização

Quem deveria ler este livro? As lições que compartilhamos aqui, provenientes de nossa jornada de pesquisa e da aplicação de nosso conhecimento sobre energia organizacional, serão muito benéficas para CEOs, executivos seniores, outros líderes organizacionais e membros de conselhos de administração. Essas pessoas e equipes são responsáveis por alavancar a energia e perseguir o pleno potencial de suas empresas. Compreender e trabalhar com o conceito de energia lhes permitirá estimular os fatores *soft* específicos que são decisivos para o seu desempenho. Mas este livro também beneficiará executivos de RH, e outros profissionais da área, cujo apoio e facilitação são essenciais para a administração de uma empresa.

Nossa pesquisa revelou cinco tarefas-chave de liderança que mapearemos neste livro antes de concluir, com o Capítulo 6, nosso incentivo à ação para líderes de toda a organização:

1. **A matriz da energia.** Começaremos no Capítulo 1 a apresentar mais detalhadamente a matriz energética e os quatro estados de energia. Para administrar de maneira ativa a energia corporativa, os executivos precisam conhecer em que situação se encontra sua empresa e como ela evolui ao longo do tempo. O Capítulo 1 também explica como avaliar essa energia com uma ferramenta de mensuração (o QEO) e conduz líderes por uma autoavaliação. Isso revela uma imagem abrangente da energia da empresa e faz com que fatores intangíveis relevantes passem a ser palpáveis. Assim que os executivos consigam identificar o estado da energia de sua empresa, nós os ajudaremos a canalizar suas ações para as diferentes atitudes de liderança apropriadas a cada caso.

2. **Mobilizando a energia de sua organização – escapando da armadilha da complacência.** No Capítulo 2, descreveremos duas estratégias de liderança comprovadas – "matar o dragão" e "conquistar a princesa" –, além de outras ferramentas que você pode utilizar para escapar da armadilha da complacência, aumentar a energia produtiva de sua empresa e combater a energia confortável e a inércia resignada. Na estratégia "matar o dragão", os líderes concentram as emoções compartilhadas, a agilidade mental e os esforços da empresa em solucionar ou superar uma ameaça externa, o que resulta na geração de energia produtiva. A estratégia de "conquistar" a princesa baseia-se na observação de que a energia produtiva

pode ser bastante estimulada se a empresa estiver em busca de uma oportunidade especial. Assim como na estratégia "matar o dragão", esse tipo de situação motivada pela oportunidade não gera automaticamente a energia produtiva: é necessário ainda o o direcionamento de executivos corajosos capazes de conduzir meticulosamente suas empresas através do processo.

3. **Reconstruindo a energia positiva – escapando da armadilha da corrosão.** O Capítulo 3 explica como detectar essas forças negativas fugazes e como impedir quaisquer processos corrosivos de desgastar a energia da organização. Como vimos no exemplo da BSH, as empresas caem nessa armadilha quando administração e funcionários deixam de compartilhar o mesmo foco. Essa armadilha muitas vezes vem acompanhada da percepção de traição e de destruição da confiança. A armadilha da corrosão é capaz de fazer com o potencial humano positivo transforme-se em energia corrosiva.

4. **Concentrando a energia de sua organização – escapando da armadilha da aceleração.** Quando uma empresa é altamente energizada, há uma grande tentação de dar início a muitas atividades simultaneamente. Em consequência, muito pouco tempo é dedicado a cada atividade, e as pessoas ficam extremamente sobrecarregadas. Esse esforço constante leva à exaustão organizacional e, em última instância, à estafa. Essa é a armadilha da aceleração. O Capítulo 4 descreve três tipos de armadilhas da aceleração (envolvendo o que denominamos sobrecarga, multicarga e carga perpétua), e ilustra estratégias de liderança que os gestores podem utilizar para escapar dessa armadilha.

5. **Sustentando a energia para ir além do número 1 – superar as armadilhas.** Vimos que empresas altamente energizadas e bem-sucedidas quase inevitavelmente caem em uma dessas armadilhas: elas se tornam complacentes, desenvolvem altos níveis de energia corrosiva ou aceleram demais, levando à estafa organizacional. De fato, nossa pesquisa mostra que muitos gestores são capazes de impulsionar a energia, mas poucos sabem como mantê-la sistematicamente. O Capítulo 5 descreve estratégias de liderança para

manter a energia produtiva por meio de um sistema de gestão revigorante – uma estratégia energizante, um clima de liderança e uma cultura de energia. Líderes que desejam que sua empresa vá além do *status* de número 1 devem desenvolver um sistema de gestão revigorante, que possa ajudá-las a escapar dessas armadilhas e manter altos níveis de atividade, alerta e envolvimento emocional para, dessa forma, gerarem energia produtiva.

6. **A coragem de energizar – uma perspectiva pessoal para impulsionar a energia.** Finalmente, no Capítulo 6, concluímos o livro com uma revisão dos quatro caminhos possíveis para executivos impulsionarem a energia de suas empresas. Apesar de uma das mensagens cruciais deste livro ser a noção da *energia organizacional*, em última instância cabe aos *líderes individuais* fazerem a diferença. O que separa os líderes que compreendem intelectualmente o potencial do conceito de energia, mas não lideram de acordo, dos que se envolvem em atividades de liderança energizantes? Os líderes que aprendem a lidar com as incertezas são capazes de impulsionar a energia de seu pessoal. No fim das contas, portanto, sustentar a energia requer que você, na qualidade de líder, seja capaz de saber quando se afastar e tenha a coragem de abrir caminho para seus subordinados – além de ajudá-los a liderar e a criar a próxima vitória organizacional.

Neste capítulo, começamos a descrever como os líderes podem trabalhar com a energia organizacional e porque ela constitui um dos fatores *soft* determinantes para organizações de alto desempenho. No próximo capítulo, apresentaremos os quatro tipos de estados de energia encontrados nas organizações (a matriz da energia) e veremos como os executivos podem começar a transformar esse fator *soft*, aparentemente incontrolável e intangível, em algo acessível e concreto, ao utilizar uma prática ferramenta de mensuração.

CAPÍTULO 1

A MATRIZ DA ENERGIA

A ferramenta que desenvolvemos para representar visualmente a energia organizacional – a matriz da energia – mostra que empresas podem diferir em termos de *intensidade* (quanto uma empresa ativa seu potencial) e de *qualidade* de energia (quão bem uma empresa utiliza sua energia para atingir suas metas)[1]. A combinação dessas duas dimensões resulta nos quatro estados de energia encontrados nas empresas.

Começamos este capítulo descrevendo esses estados de energia. Mais adiante, apresentaremos algumas ferramentas específicas para ajudar a identificar e avaliar o estado da energia de sua organização. Esse é um primeiro passo para desencadear a energia produtiva, assim como a CWT e a Sonova o fizeram.

Energia produtiva

Empresas, divisões ou departamentos que apresentam energia produtiva promovem atividades essenciais para o sucesso, mobilizando e canalizando emoções, atenção e empenho para a conquista de metas em comum. Os funcionários dessas empresas ou unidades invariavelmente vivenciam intensas emoções positivas, como entusiasmo e orgulho; compartilham altos níveis de postura alerta; e, ao mesmo tempo, fazem seu trabalho com empenho e foco, o que muitas vezes aumenta as fronteiras das competências e capacidades da empresa ou do departamento de forma coletiva. Esse é o estado de energia ideal para todas as empresas.

Mas uma das características que mais distinguem as empresas ou unidades com alta energia produtiva é sua *urgência produtiva* – uma tensão positiva e agilidade em tudo o que fazem². Além disso, emoções, atenções e atividades dos funcionários tendem a fluir juntas, coletivamente, dentro e além das fronteiras da unidade, na mesma direção. Enquanto empresas com baixa energia normalmente sofrem com prioridades discordantes e até conflitantes, as que possuem energia produtiva conduzem seus esforços em direção a metas em comum. A experiência compartilhada da energia abastece o entusiasmo, o alerta e o empenho, bem como pode levar a curvas de desempenho positivas³. Essas empresas mobilizam rapidamente a energia para atividades cruciais, como a inovação, e dessa forma, são bastante eficazes.

O Sonova Group nos proporciona um exemplo significativo de como uma empresa pode gerar energia para fazer da inovação sua atividade-chave. Como mencionamos, desde 2002, quando Valentin Chapero assumiu como CEO, essa líder global de mercado em aparelhos auditivos se comprometeu a lançar duas gerações de produtos completamente novas por ano⁴. Antes dos lançamentos desses produtos – em meados de abril e início de novembro – praticamente a empresa toda entra em marcha acelerada. A organização se agita com entusiasmo e empenho: o P&D e o marketing, os técnicos e a força de vendas trabalham praticamente 24 horas por dia para atingir o aparentemente impossível: garantir que, mais uma vez, outro novo produto seja lançado com sucesso. Alexander Zschokke, então vice-presidente de marketing, descreveu o clima da organização da seguinte forma: "É como a indústria da moda: não comparecer não é uma opção. Quando estamos nos aproximando de um lançamento, de repente todo o foco volta-se para o prazo. Então, muitas decisões e ações precisam ocorrer simultaneamente. O que fazemos? Se necessário, passamos a noite reunidos e só saímos com as decisões tomadas... E nós priorizamos!". Ao se aproximar do lançamento, as equipes dão alta prioridade ao novo produto e ajustam os recursos disponíveis às tarefas necessárias para assegurar seu lançamento.

Os resultados dessa mobilização são espantosos. "Desde que Chapero assumiu como CEO, nunca atrasamos um lançamento de produto", contou-nos Markus Tomasi, então chefe de produção. "Se desperdiçássemos tempo no início do projeto, a pressão aumentava à medida que a data de lançamento se aproximava".

É assim que o Sonova gera e concentra a energia coletiva para suas atividades essenciais, através das fronteiras departamentais. Somente por meio desse teste constante dos limites do Sonova e, quando necessário, da superação dos limites, é que a organização consegue manter seus extraordinários resultados em inovação. Os produtos com dois anos ou menos no mercado geram até 86% das vendas totais da empresa.

Outra característica-chave de empresas que regularmente utilizam-se a energia produtiva para superar desafios é sua capacidade de ativar e concentrar as suas forças produtivas muito mais rápido do que a concorrência. A Lufthansa, durante sua grande iniciativa de gestão de crise na esteira dos ataques de 11 de setembro de 2001, é um excelente exemplo disso. Na ocasião, a empresa já tinha mais de uma década de experiência em alavancar a energia para metas direcionadas, como o corte de custos necessário para gerenciar a crise no início dos anos 1990 – e essa experiência fez toda a diferença. Enquanto outras companhias aéreas lutavam para lidar com o acentuado declínio do mercado depois do 11 de setembro, a Lufthansa recorreu a métodos comprovados e à sua experiência a fim de ativar rapidamente a energia produtiva da empresa diante desse evento excepcional e assustador. Juergen Weber, CEO da Lufthansa até junho de 2003, descreveu o período após o ataque às Torres Gêmeas com as seguintes palavras: "O que fizemos em nove meses para a gestão das crises no início dos anos 1990, realizamos em nove semanas depois do 11 de setembro"[5]. A companhia aérea reviu imediatamente todas as suas rotas em termos de lucratividade, e o número delas foi reduzido[6]. Vinte das 236 aeronaves da Lufthansa foram tiradas de circulação, e foram feitos planos para retirar de uso ainda mais aviões ao longo das semanas seguintes. A Lufthansa também decidiu expandir um programa estratégico, então recém-criado, o chamado D-check, para um programa mais abrangente, batizado de D-check ACUTE, e que visava gerar ganhos de caixa imediatos para 2002. Após a fase inicial, particularmente crítica, o D-check foi convertido em um programa sistemático de gestão de custos e projetos múltiplos, com o propósito de coordenar as atividades durante a crise. Dezessete dias depois do 11 de setembro, os gestores já tinham desenvolvido um plano de ação, apresentado-o aos sindicatos trabalhistas e obtido a aprovação do conselho de administração executivo.

O maior desafio da Lufthansa – que muitos executivos enfrentam durante uma retração econômica – foi encontrar maneiras de reduzir rapidamente os custos com recursos humanos, em conformidade com a lei, e ao mesmo tempo permanecer flexível para retomar rapidamente a plena capacidade de operação assim que a crise começasse a se acalmar. Dessa forma, além de congelar as contratações, a Lufthansa ofereceu a seus funcionários a oportunidade de trabalhar meio período e tirar licença não remunerada e dias de folga em vez de horas extras. A companhia aérea também chegou a um acordo com os sindicatos trabalhistas para estender, sem aumento de salário, os contratos de seus funcionários que não participavam dos voos e da tripulação de cabine, e também adiar aumentos salariais para os pilotos e copilotos. Além disso, todos os membros do conselho de administração executivo abdicaram de 10% de seus recebimentos, e três quartos dos gestores voluntariamente abriram mão de 5% a 10% dos seus.

Holger Hätty, na época diretor de estratégia do Lufthansa Group, descreveu o processo nos seguintes termos: "Foi bastante tranquilo lidar com as consequências da tragédia de 11 de setembro. As pessoas já sabiam o que precisavam fazer. Foi como abrir uma gaveta, tirar o plano de crise e implementá-lo". Em consequência, a Lufthansa foi uma das únicas companhias aéreas, ao lado da Air France, que não demitiram nenhum funcionário por causa da crise. Graças ao plano de ação D-check Acute e a cobrança de acréscimos de segurança em passagens e transporte de bens, a companhia aérea gerou um fluxo de caixa notável de 743 milhões de dólares em três meses e meio. No final, a confiança e o espírito comunitário da empresa acabaram sendo reforçados pelo esforço de lidar com a crise do 11 de setembro.

Uma pesquisa conduzida por Jane Dutton, professora de administração de empresas e psicologia da Universidade de Michigan, demonstra que a energia produtiva aumenta a capacidade das empresas de se adaptar a mudanças de cenário, reforça a cooperação *entre* e *em* unidades de negócios e tem efeitos positivos e duradouros sobre o desempenho e sobre os processos de trabalho de uma organização[7]. O entusiasmo, a postura alerta e o esforço compartilhados por toda a empresa impulsionam a cooperação, o comprometimento e as novas oportunidades, e acelera o compartilhamento de conhecimento. E esse compartilhamento vincula a energia produtiva à lucratividade, à satisfação dos funcionários e ao desempenho geral da empresa.

Nossa própria pesquisa empírica confirma essas constatações. Conforme já referido, empresas com um nível mais elevado de energia produtiva apresentaram uma pontuação percentual superior em comparação àquelas de baixa energia em critérios como desempenho geral (14% superior), produtividade (17%), eficiência (14%), satisfação do consumidor (6%), fidelidade do consumidor (12%) e comprometimento (19%) (Figura 1.1)[8]. Além disso, essas empresas não apenas ganham mais em termos de eficiência e desempenho como também perdem menos dinheiro e tempo em questões administrativas e burocráticas, conflitos e negociações intermináveis.

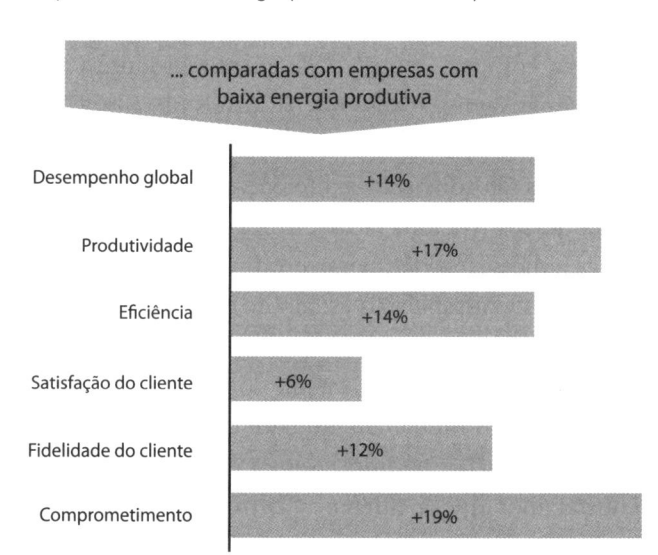

Figura 1.1 – Empresas com alta energia produtiva e desempenho

	... comparadas com empresas com baixa energia produtiva
Desempenho global	+14%
Produtividade	+17%
Eficiência	+14%
Satisfação do cliente	+6%
Fidelidade do cliente	+12%
Comprometimento	+19%

Nota: Dados baseados em subamostras de levantamentos com 104 empresas alemãs em 2009: 3.789 participantes responderam perguntas sobre os estados de energia, 3.886 participantes responderam perguntas sobre comprometimento e 225 executivos participaram de tópicos sobre medidas de desempenho (desempenho geral, produtividade, eficiência de processos de negócios, satisfação do consumidor e fidelidade do cliente).

Quando analisamos mais profundamente esses dados, percebemos que os efeitos prejudiciais da queda de energia produtiva nas pessoas que apresentam um forte vínculo com a empresa (muitas vezes no mesmo nível apresentado por pessoas de alto desempenho) ficam ainda mais evidentes[9]. Empresas cuja maioria (75%) dos funcionários são altamente comprometidos veem uma queda brusca nessa porcentagem (para 52%) quando a organização vivencia uma baixa energia produtiva. Ao mesmo tempo, a proporção de pessoas satisfeitas com seu trabalho cai de 77% para 61%. Essas perdas acabam gerando o desapego dessas pessoas em relação à empresa; por outro lado, as empresas ganham quando vivenciam a empolgação da energia produtiva.

Apesar de o alto nível de energia produtiva de uma empresa impulsionar seu desempenho, a distribuição de energia também é muito importante. Diferenças nos níveis de energia entre unidades de negócios, divisões ou países têm implicações para a empresa como um todo. Porém, também é necessário levar em consideração a distribuição de energia pelos níveis hierárquicos, que acarreta importantes consequências para a administração da energia organizacional. Por exemplo, em empresas com um alto nível de energia produtiva, normalmente não encontramos lacunas significativas entre os níveis hierárquicos, e a percepção da energia é relativamente homogênea. Em empresas com baixa energia, no entanto, muitas vezes são constatadas diferenças fundamentais na percepção entre os níveis hierárquicos. Há uma lacuna típica: como uma regra geral, CEOs e diretoria percebem índices altos de energia produtiva (78% a 83%), mas no nível hierárquico imediatamente abaixo o estado de energia vivenciado é bastante diferente – em média, 20% menos energia produtiva[10]. Nessas empresas, a cúpula administrativa parece ter se desconectado do restante da organização, que enfrenta condições e desafios fundamentalmente diferentes para impulsionar a mudança, desenvolver inovações ou implementar estratégias.

Também constatamos que a diferença entre os níveis hierárquicos nos quais as pessoas vivenciam alta energia produtiva e aqueles com baixa energia produtiva é, em geral, muito maior (27%) em empresas de baixa energia do que em empresas de alta energia (17%). Em empresas de baixa energia, a diferença entre níveis hierárquicos diverge profundamente e, dessa forma, as expectativas de um desempenho excepcional raramente são alinhadas. Empresas com baixa energia produtiva, portanto, enfrentam o desafio de preencher as lacunas entre a linha de frente e a cúpula administrativa. Essas empresas devem encontrar maneiras de mobilizar o potencial das pessoas em todos os níveis, inclusive dos setores mais periféricos da organização, e envolver todos os funcionários em torno das metas empresariais.

É claramente necessário aprender a gerar e sustentar a energia produtiva coletiva. Para começar sua análise do estado da energia organizacional, utilize as perguntas do quadro *Sua empresa está usufruindo de energia produtiva?* a fim de refletir sobre a situação atual de sua empresa ou departamento.

Sua empresa apresenta energia produtiva?

- Sua empresa apresenta um nível constante de entusiasmo saudável?
- Sua empresa questiona de maneira regular e construtiva o *status quo* da estratégia, produtos e relacionamentos com os clientes?
- Seus funcionários apresentam continuamente boas ideias para a empresa evitar riscos e sabem como se beneficiar das oportunidades que identificam?
- É fácil implementar mudanças ou novas ideias em sua empresa?
- Você acredita que sua organização supera regularmente seus limites para garantir o sucesso?
- Ao se dedicar a tarefas críticas para o sucesso da empresa, seus funcionários parecem despreocupados com a necessidade de trabalhar horas extras ou em fins de semana, ou parecem preparados para isso?
- Você recentemente se surpreendeu com a rapidez e a eficácia com a qual as tarefas estão sendo realizadas?

Energia confortável

A energia confortável é um estado de energia positiva caracterizado por alto nível de satisfação e conforto, e um intenso e crescente sentimento de identificação com o *status quo*. Todas as empresas precisam de certo grau de conforto e energia positiva para o sucesso sustentado. O estado de energia ideal de uma empresa combina altos níveis de energia produtiva e confortável – é nesse ponto que a empresa apresenta grau máximo de dinamismo, rapidez de resposta e inovação, mas com uma base saudável e estável.

Porém, por si só, sem o impulso da energia produtiva, a energia confortável é uma faca de dois gumes, já que também representa um baixo nível de energia em geral. Se a sua empresa estiver dominada por esse estado, os funcionários aparentam estar contentes com o *status quo*, mas apresentam um nível bastante baixo de envolvimento com o trabalho, e até indolência. Não há nenhuma tensão produtiva para estimular o pensamento inovador. É por isso que altos níveis de satisfação dos funcionários em levantamentos de opinião podem ser enganosos: as empresas podem notar uma queda no desempenho logo após fazer esses levantamentos. E os funcionários de uma empresa dominada pela energia confortável apresentam menos agilidade mental, capacidade de reflexão menos ativa, raramente desenvolvem novas soluções e ideias criativas, e dificilmente identificam possíveis oportunidades ou ameaças. Nesse estado de energia, sua empresa tem menos chances de perceber sinais de alerta ou desagrado provenientes dos concorrentes e dos clientes, ou mesmo internos. Finalmente, um indicativo de que o potencial é subaproveitado em empresas com níveis excessivamente altos de conforto é que as mudanças e os processos de negócios rotineiros ocorrem sem dificuldade nem pressa. Inovações são geradas com uma velocidade e intensidade reduzidas, e são direcionadas principalmente para melhorar o *status quo*, em vez de revolucionar o mercado.

Ao identificar um alto nível de conforto e baixo índice de energia produtiva, os executivos precisam agir rapidamente, porque a energia confortável pode ser perigosa se tornar-se o estado de energia dominante. Em uma situação como essa, uma organização perde sua prontidão e a capacidade de mudar. Nós nos referimos a isso como a *armadilha da complacência*. Apesar de a hipótese inicial de nossa pesquisa ser a de que as empresas deveriam restringir meticulosamente os níveis de energia confortável, descobrimos que, na verdade, é a energia confortável que atinge níveis excessivos – e não a energia produtiva que costuma ficar baixa demais[11]. Na qualidade de executivo, você deve assegurar que o nível de energia confortável não seja dominante, e que a complacência não tome conta de sua empresa (alto nível de energia confortável combinada a baixo nível de energia produtiva).

Uma fabricante suíça de relógios – representando o comportamento de toda uma indústria – proporcionou um exemplo clássico de energia confortável no nível estratégico quando fez a memorável declaração: "Um relógio decente sempre será mecânico, terá engrenagens dentadas e molas. As alternativas nunca serão realmente relevantes"[12]. Dois anos depois, milhares de funcionários da indústria suíça de fabricação de relógios perderam o emprego quando relógios mais baratos, de quartzo, invadiram o mercado. A indústria suíça de relógios só se recuperou 20 anos depois. Exemplos de outras empresas que, em graus variados, viram a própria existência subitamente ameaçada pela complacência incluem a Laura Ashley, a IBM, a Swissair e a Polaroid[13].

A energia confortável, contudo, não foi fruto apenas da influência dos líderes dessas empresas e de suas estratégias. Parte do problema foi que, em consequência dessa energia confortável, as pessoas de todos os níveis hierárquicos passaram a vivenciar uma tranquilidade excessiva no trabalho. O conforto das pessoas mascarava níveis de atividade extremamente baixos e sensibilidade reduzida para os acontecimentos internos e externos à empresa[14].

Vamos nos voltar agora para algumas das razões pelas quais a energia confortável pode mudar e se transformar em um fator de risco para as empresas.

Por que as empresas caem em um estado de energia confortável dominante?

Os executivos estão diante de um dilema: apesar de o sucesso ser a meta de toda empresa, muitas vezes o próprio sucesso pode se transformar em um obstáculo. Vitórias constantes no mercado podem levar os líderes de uma empresa à complacência ou a níveis excessivamente elevados de conforto. Empresas como a Enron, a Swissair e a WORLDCOM, consideradas as mais bem-sucedidas de seus respectivos setores antes de se depararem com dificuldades que ameaçaram até sua própria sobrevivência, se ativeram à segurança de fórmulas de sucesso do passado. Portanto, ficaram cegas à necessidade de mudança nos próprios sistemas de gestão[15]. É por isso que, na qualidade de executivo, você precisa se manter atento e evitar se concentrar em vitórias passadas, já que empresas inertes não fomentam inovação nem mudança[16].

Quando executivos imersos na energia confortável de suas empresas são incapazes de estimular a energia produtiva por toda a organização e transformá-la no estado dominante, o *pipeline* de novas ideias e grandes inovações para processos e produtos cessa de forma lenta, mas gradual. Se você tiver uma empresa operando em um alto estado de conforto dentro de uma situação econômica imprevisível, típica dos dias de hoje (isto é, *não* em uma das raras ocasiões nas quais o ambiente de negócios está estável, os clientes não estão mudando e os mercados se mantêm constantes), você se afastará do mercado e de seus clientes. A queda de desempenho é garantida. Michael Tushman e Charles O'Reilly chamam isso de "síndrome do sucesso"[17].

Como isso acontece? Você pode encontrar sinais claros de complacência em três elementos-chave do sistema de gestão de sua empresa: *estratégia, liderança* e *cultura*. Com o tempo, e em consequência dos sucessos anteriores, essas três áreas do sistema de gestão se tornam cada vez mais consolidadas e coordenadas: o sistema como um todo funciona com cada vez mais eficiência.[18] Se não ocorrerem mudanças no âmbito dos negócios, ou se os elementos do sistema de gestão se tornarem em grande parte automáticos ou rotineiros, concentrados em proteger o *status quo* em vez de questioná-lo e desenvolver ideias inovadoras, as empresas tornam-se complacentes – e dominadas pela energia confortável.

Vamos analisar a crise financeira da Lufthansa dos anos 1990 pelas lentes de seus sistemas de gestão – a estratégia, a liderança e a cultura da empresa. No início daquela década, a energia confortável excessivamente alta da Lufthansa era claramente percebida na *estratégia* da empresa por meio de um conceito auto-atribuído e há muito consolidado: "A Lufthansa é uma companhia aérea com um mandato nacional", isto é, a Alemanha sem a Lufthansa era inconcebível (a companhia aérea foi fundada em 1926 como uma empresa estatal). Essa verdade nunca era questionada e, apesar de a Lufthansa estar perdendo o equivalente a 3,5 milhões de dólares a cada dia no início dos anos 1990, seus executivos apontavam o ciclo de negócios e a crise geral do setor de transporte aéreo à época para se convencer de que não havia nada de errado com o direcionamento da empresa. Ocorrências cíclicas similares já haviam afetado o mercado da Lufthansa no passado. No entanto, em razão da reunificação da Alemanha, a empresa na verdade estava vivenciando uma explosão no número de passageiros no início dos anos 1990 e, mesmo assim, perdia milhões. A *liderança* da Lufthansa no início dos anos 1990 era caracterizada por intensa formalização, burocracia, padronização e centralização. O direcionamento baseava-se no cumprimento das regras. A empresa valorizava a eficiência e o pensamento sinérgico. A diretoria precisava ser incluída em todos os detalhes dos processos e constantemente tornava-se um gargalo. Relacionamentos externos, parcerias e redes eram menosprezadas em favor da autonomia e da independência.

A Lufthansa foi dominada pela *cultura* do conforto durante os anos de crise, 1991-1992. A cultura refletia-se claramente nos valores fundamentais mantidos pela companhia aérea: as chamadas virtudes alemãs de segurança, precisão técnica, pontualidade, confiabilidade e amor pela ordem. Essa cultura era reforçada por normas rigorosas e por um acordo rígido com valores baseados na confiança e na lealdade. Os gestores eram excessivamente tolerantes em relação a suas equipes, evitando dar um *feedback* honesto e valioso a seus subordinados, especialmente se fosse negativo. O empreendimento era demasiadamente focado para o lado interno e muito pouco alinhado com o mercado e os clientes. Juergen Weber, CEO na época, descreveu com franqueza a postura dominante da empresa em relação aos passageiros: "Os passageiros deveriam considerar uma honra voar com a Lufthansa". Tratava-se de uma empresa mais bem caracterizada pelo orgulho próprio, por uma identidade marcante e uma crença na própria infalibilidade. O que essa energia confortável significou para o desempenho da Lufthansa, ou seja, para seus resultados financeiros? Apesar de a companhia aérea usufruir de uma explosão no número de passageiros na Alemanha, ainda assim continuava perdendo dinheiro – mais de 3 milhões de dólares por dia – ao postergar ou ignorar cortes de custos e mudanças necessárias em sua frota e suas rotas.

Que lição podemos tirar disso? Executivos de empresas que vivenciam sucesso a longo prazo, assim como a Lufthansa antes da crise, devem analisar com seriedade seu sistema de gestão, para se certificar de que permanecem abertos às mudanças necessárias. Mais especificamente, você deve esmiuçar continuamente tanto a estratégia como a visão da empresa, para garantir que eles não estão obsoletos, fundamentados em fórmulas de sucesso do passado ou em um senso prevalecente de segurança. Além disso, o caso da Lufthansa ilustra alguns dos sintomas mais comuns de padrões de liderança complacente aos quais você, como executivo, deve permanecer alerta: excesso de bajuladores e de gestores profundamente orientados às regras em todos os níveis hierárquicos. Portanto, você deve analisar o clima de liderança e se perguntar se a empresa não está centralizada demais ou burocrática demais, com processos decisórios labirínticos que acabam por prejudicar a inovação e a energia[19]. Analise também a cultura de sua empresa: será que os valores, os hábitos e as premissas básicas da empresa representam uma camisa de força restringindo o senso de responsabilidade, a agilidade mental e o comportamento proativo na organização[20]? Ou será que sua cultura encoraja o *feedback* aberto, o questionamento do *status quo* e a ação?

A menos que você impeça proativamente ou combata de forma irreconciliável a complacência, sua empresa corre o risco de se tornar cada vez mais confortável e acomodada – especialmente se estiver obtendo sucesso –, perdendo a capacidade de se transformar. Quando isso acontece, a energia confortável domina a empresa, que perde a capacidade de gerar forças produtivas.

Para ter uma ideia do grau de susceptibilidade de sua empresa a uma energia confortável excessiva, responda, individualmente ou com a ajuda de sua equipe, às perguntas do quadro *Sua empresa é refém da armadilha da complacência ou do excesso de energia confortável?*. Nós utilizamos regularmente essas perguntas nos nossos *workshops*. No Capítulo 2, apresentaremos ferramentas para ajudar empresas de sucesso a dominar a armadilha da complacência e, no Capítulo 5, descreveremos estratégias para sustentar a energia e gerar um senso de urgência proativo na organização.

Sua empresa é refém da armadilha da complacência ou do excesso de energia confortável?

- A empresa está satisfeita demais com a situação atual em que se encontram produtos, serviços e processos?
- As inovações não são realmente bem-vindas na sua organização?
- Sua empresa está envolvida principalmente na otimização do *status quo*?
- A empresa desenvolveu cultura e valores fortes que impedem com frequência a implementação de novas ideias?
- Os gestores e os funcionários identificam-se excessivamente com a situação atual da empresa?
- A tomada de decisões na sua empresa envolve um processo longo?
- Você tem a impressão de que a maioria de seus executivos e funcionários tem poucas conexões diretas ou contato ineficiente com mercados relevantes?

Inércia resignada

Uma seguradora norte-americana passou por longas fases de mudança e reorganização que a forçaram a entrar em uma espiral de inércia resignada. Três anos e meio após a implementação de seu programa de reestruturação, que se concentrava em corte de custos, os funcionários começaram a exibir sinais de apatia, o que colocou a empresa à beira da estagnação. Muitos funcionários chegavam atrasados ao trabalho ou saíam antes da hora; o absenteísmo aumentou significativamente. As metas de unidades individuais passavam despercebidas, sem serem atingidas. Quaisquer novas iniciativas, até para eventos sociais, eram cortadas pela raiz. Quando o gerente de grandes contas tentou promover o aprimoramento do trabalho em equipe por meio de encontros informais, as pessoas expressaram ceticismo: "Preferimos passar nosso valioso tempo com nossos amigos e parentes, não com colegas de trabalho. Não conte conosco para qualquer atividade social relacionada ao trabalho. Seria melhor que vocês nos dessem individualmente o dinheiro e o tempo que gastaríamos nessas atividades".

Funcionários em todos os níveis hierárquicos e setores se resignavam à montanha-russa de mudanças e simplesmente tentavam sobreviver com os menores danos possíveis e o mínimo de envolvimento pessoal. Era comum ouvi-los fazendo comentários cáusticos – uma reação comum em situações como essa, pois permitem que as pessoas lidem mental e emocionalmente com experiências negativas sem incorrer em nenhuma ação ou iniciativa[21]. Com o tempo, à medida que os funcionários perdiam as esperanças de que a empresa um dia se estabilizaria, a energia da organização caiu para o patamar mais baixo de toda a sua história. Altos níveis de resignação dominavam a empresa, e os processos de trabalho estavam quase totalmente entorpecidos.

Enquanto a energia confortável ainda retém algumas qualidades positivas, a inércia resignada entra totalmente no quadrante negativo, de baixa intensidade e má qualidade, como foi claramente o caso dessa seguradora. Há alguns fatores a serem avaliados com urgência pelos executivos que intuírem a energia da empresa apresentando inércia resignada. Em primeiro lugar, essa empresa pode apresentar baixos níveis de produtividade com um grau bastante reduzido de comunicação ou interação interpessoal. Em segundo lugar, setores estratégicos da empresa podem estar divergindo nas principais questões, o que demonstra abertamente a indiferença em relação às metas da empresa, e os funcionários normalmente vivenciam sentimentos de frustração, decepção e mágoa. Em terceiro lugar, e talvez o maior problema do estado de inércia resignada, a empresa apresenta uma capacidade debilitada de mudar e inovar. Até mesmo medidas substanciais para incentivar a mudança costumam fracassar, porque a resignação dominante, a falta de esperança e a dissociação interna são simplesmente intensas demais, constituindo uma grande ameaça à eficiência e ao desempenho.

Nossa pesquisa empírica revela que empresas com alto nível de inércia resignada são significativamente menos bem-sucedidas em vários critérios em relação a empresas com baixo nível de inércia resignada. Por exemplo, a intenção dos funcionários de sair da empresa é em média 17% maior em empresas de alto nível de inércia resignada, ao passo que o comprometimento com a organização é 16% inferior. A fidelidade do cliente é 19% menor, e a satisfação do cliente, 13% mais baixa. Os níveis de eficiência de processos de negócios internos em empresas com alto nível de inércia resignada são 17% menores, o crescimento 9% mais baixo e a produtividade dos funcionários, 16% inferior. Finalmente, essas empresas apresentaram um desempenho geral 20% menor em relação a empresas que não apresentam o problema[22].

Vamos nos voltar agora para como seu pessoal é afetado individualmente quando a empresa passa pela experiência da resignação. Líderes de empresas diante de altos níveis de resignação, como no exemplo da seguradora, podem esperar que apenas 46% de seu pessoal seja altamente comprometido com a organização, em comparação com o índice de 81% em organizações com baixo nível de resignação. Trata-se de uma parcela consideravelmente baixa, constituindo uma enorme diferença de 35%. O número de pessoas que afirmam "pensar com frequência ou sempre em pedir demissão" salta de 2% para 13% em empresas com alto grau de resignação. Além disso, se considerarmos a satisfação em empresas com alta inércia resignada, só 60% das pessoas estão altamente satisfeitas com o trabalho (em comparação aos 82% de empresas com baixo nível de inércia resignada). Ademais, 64% das pessoas estão satisfeitas em relação aos colegas (contra 90%), e somente 49% dos funcionários aprovam seus supervisores (contra 83%). Os executivos dessas organizações devem lidar com um número enorme de pessoas com um nível baixo ou medíocre de comprometimento com a empresa e deixam de identificar pessoas que poderiam apresentar um desempenho melhor se trabalhassem na posição adequada, porque esses funcionários desaprenderam a vivenciar a energia produtiva ou já saíram da empresa. Não é uma situação muito agradável.

Por que as empresas caem em um estado de inércia resignada?

Vamos analisar o caso da ABB, excelente exemplo de empresa que, antes altamente energizada e bem-sucedida, caiu na inércia resignada, com implicações dramáticas para seu desempenho. Após uma série de mudanças realizadas pelos CEOs e de iniciativas de reestruturação, a empresa, num primeiro momento, perdeu sua orientação norteadora. Depois, reagiu com aceleração em excesso e perdeu a autoconfiança como organização, antes de finalmente conseguir se recuperar.

Fundada em 1987 por meio de uma fusão do Swedish Asea Group com o Swiss Brown Boveri Group, a ABB tornou-se um dos maiores grupos industriais da época, que empregava 170 mil pessoas[23]. Sob a liderança do CEO Percy Barnevik, o faturamento da empresa cresceu de 17,8 para 36,2 bilhões de dólares entre 1988 e 1995, enquanto seu resultado operacional saltou de 854 milhões para 3,2 bilhões de dólares. Já nos dois primeiros anos, Barnevik comprou outras 55 empresas – manobra que, na época, era considerada indicador do sucesso da empresa; no entanto, posteriormente seria vista como sinal de crescimento excessivo e mudança incessante.

No início, a estrutura matricial da ABB, que consistia em operações em vários países e áreas de negócios diferentes, permitia uma integração em grande parte fluida das empresas recém-adquiridas. A ABB era celebrada como uma "gigante dançante", e Barnevik era muito admirado[24]. Contudo, depois de oito anos de crescimento permanente, a ABB começou a perder seu foco estratégico, e os primeiros sinais negativos da excessiva complexidade da empresa começaram a surgir. A tensão saudável na estrutura matricial da ABB começou a se degenerar em intensas rivalidades que distraíam a empresa do foco nos mercados e ameaçavam a sua eficácia e o seu desempenho.

Os dois sucessores de Barnevik, Göran Lindahl e, em seguida, Jörgan Centerman, tentaram reestruturar a empresa de várias maneiras entre 1997 e 2002, em uma tentativa de reparar os problemas associados à matriz. Mas a recuperação esperada nunca aconteceu, e as vendas e lucros continuaram a cair. Logo vários grupos de *stakeholders* passaram a criticar cada vez mais a ABB ao passo que funcionários, clientes, analistas e acionistas confiavam cada vez menos na empresa. Em 2001, ela declarou prejuízo de 691 milhões de dólares e, em meados de 2002, sua dívida atingiu a marca sem precedentes de 5,2 bilhões de. A ABB transformara-se em um caso clássico de empresa imersa em inércia resignada. As equipes, em geral, também demonstravam retraimento emocional, frustração, decepção e mágoa. Como um gerente nos contou: "Eu me sinto simplesmente exausto e sobrecarregado. Até os menores obstáculos parecem quase insuperáveis. E o resto da organização não pode fazer nada quanto a isso porque estão todos na mesma situação".

Continuaremos a história da ABB mais adiante, e mostraremos como a empresa escapou de uma decadência vertiginosa. Mas, por enquanto, podemos extrair dela os três principais fatores causadores da inércia resignada que você deve monitorar com atenção: processos de mudança que parecem não ter fim ou mudanças frequentes na cúpula administrativa, falta de perspectivas claras e otimistas e excesso de aceleração.

Processos de mudanças intermináveis ou malsucedidos e mudanças frequentes na cúpula administrativa. Como aconteceu na ABB, funcionários de empresas imersas em um estado de inércia resignada normalmente relatam que não veem luz no fim do túnel das mudanças. Ou como nos disse um gestor de uma empresa que se encontrava nessa situação: "Ficaríamos contentes se ao menos soubéssemos que estamos em um túnel". Os funcionários dessas empresas acabam por ficar desiludidos e emocionalmente exauridos.

Processos de mudança que parecem não ter fim muitas vezes são o resultado de mudanças frequentes na cúpula administrativa, especialmente entre CEOs, como foi o caso da ABB. Os executivos dessas empresas devem monitorar e combater a existência de um movimento em direção a um estado crônico de resignação e o surgimento de um arraigado ceticismo contra mudanças de todos os tipos por parte dos funcionários. Um gestor de uma empresa francesa de porte médio nos disse: "Passei seis anos trabalhando nessa empresa. Durante esse período, ela mudou três vezes de nome, tive cinco chefes diretos diferentes e quatro CEOs assumiram a direção". Nessa empresa, em vez de desenvolver ideias para melhorar o negócio, os funcionários voltaram sua criatividade para o ceticismo. Circulavam piadas sobre como seria melhor instalar um botão de ejeção na cadeira do novo CEO para facilitar o trabalho de livrar-se dele rapidamente.

Falta de uma direção clara ou positiva. Um segundo fator que causa a inércia resignada é a falta de direção clara ou positiva, mesmo na ausência de verdadeiras iniciativas de mudança iminentes. Isso pode acontecer quando empresas passam por longas fases de incerteza em relação ao futuro, ou se veem diante de um desenvolvimento corporativo insatisfatório causado por retrações nas vendas, perda de participação no mercado, inovações fracassadas ou apenas moderadamente bem-sucedidas. A sequência de CEOs que assumiram o controle da ABB, por exemplo, primeiramente tentaram mudar o direcionamento da empresa, antes substancialmente descentralizada e orientada para a tecnologia, para torná-la uma empresa de conhecimento organizada em divisões e focada em Internet e e-commerce. Depois, três anos mais tarde, os líderes redirecionaram o foco da ABB para os clientes. Com o tempo, essa nível de desorientação e tantas promessas não cumpridas podem provocar um aumento drástico na resignação e apatia entre os funcionários.

Excesso de aceleração. Um terceiro fator causador de inércia resignada é o que chamamos de *armadilha da aceleração*. Assim como uma máquina com excesso de volume de trabalho, a eficiência da empresa é profundamente debilitada quando os recursos e o potencial humano são constantemente sobrecarregados. Esse foi um erro fundamental cometido por Barnevik quando promoveu o crescimento excessivamente acelerado da ABB, adquirindo 55 empresas em um período muito pequeno[25]. E é um problema bastante frequente nos dias de hoje: diante das pressões do mercado e retrações financeiras, empresas reduzem drasticamente ciclos de inovação, aumentam o número e a velocidade das atividades, elevam metas de desempenho e implementam novas tecnologias de gestão ou sistemas organizacionais, tudo ao mesmo tempo. As empresas muitas vezes conseguem atingir elevados índices de sucesso produzindo e atuando mais com menos recursos. Mas, então, ao ver que a empresa é capaz de trabalhar em plena capacidade, executivos iludidos presumem que esse ritmo furioso pode se transformar no novo ritmo normal. Dessa forma, eles exigem ainda mais aceleração. À medida que outros executivos se unem ao clamor, o que começou com uma explosão excepcional de realizações se transforma em uma enxurrada desenfreada de atividades.

Da mesma forma como a estafa em uma pessoa prejudica a sua capacidade de realização, a exaustão coletiva prejudica o desempenho de empresas[26]. Em um estudo sobre a síndrome da estafa, Gilbert Probst e Sebastian Raisch descrevem a magnitude do impacto do crescimento desmedido ou da mudança incessante[27]. Por exemplo, antes do colapso, os lucros da Enron tinham aumentado

2.000% entre 1997 e 2001. A WORLDCOM, durante sua fase hiperativa de quatro anos, adquiriu 75 empresas. E, no conglomerado Tyco, as aquisições de novas empresas chegaram a mais de 200 por ano. Em todos esses casos, o fracasso se aproximava rapidamente na esteira das mudanças frenéticas e do crescimento exponencial. A falta de foco corporativo que resulta desse fenômeno confunde os clientes, ameaçando a marca. O ritmo subverte a motivação dos funcionários que ajudaram a empresa a sobreviver à crise. O número de erros começa a subir, as reclamações dos clientes aumentam e o desempenho da empresa despenca. Os gestores reagem intensificando ainda mais a pressão, o que só fortalece a armadilha da aceleração. Exaustão e resignação começam a tomar o controle da empresa, e os melhores funcionários pedem demissão.

Para avaliar o nível de inércia resignada em sua organização, responda às questões apresentadas no quadro *Sua empresa está imersa na inércia resignada?*. O Capítulo 3 descreverá estratégias e instrumentos para manter uma perspectiva positiva. O Capítulo 4 oferecerá ferramentas para ajudar empresas de sucesso a dominar a armadilha da complacência e, no Capítulo 5, descreveremos estratégias para sustentar a energia e gerar uma urgência produtiva e proativa na organização.

Sua empresa está imersa na inércia resignada?

- Sua empresa está envolvida em um processo de mudança que já dura tanto tempo que seus funcionários reclamam não conseguirem ver uma luz no fim do túnel?

- Você tem a impressão de que seus funcionários não se importam mais com o bem-estar da empresa?

- A maioria dos funcionários na sua empresa expressa negativismo em relação à viabilidade das novas iniciativas e mudanças?

- Parece que seu pessoal só se comunica ou interage uns com os outros quando é absolutamente necessário?

- Seus funcionários expressam abertamente sentimentos de frustração, decepção ou mágoa?

- O estado de espírito de sua organização é de ceticismo?
- É difícil para executivos e gestores empolgar seus subordinados porque tantas atividades de mudança fracassaram no passado?
- Você sente que os departamentos e as equipes de sua organização parecem cansados ou estão demonstrando outros sinais de estafa?

Energia corrosiva

Em comparação com os estados de energia confortável e de inércia resignada, a energia corrosiva é caracterizada por elevada intensidade: um alto nível de atividade, postura alerta e envolvimento emocional. A qualidade dessa energia, no entanto, é bastante negativa, não alinhada à empresa e suas metas, chegando até mesmo a se voltar contra elas. Os funcionários apresentam emoções negativas intensas, como irritação, medo ou raiva em relação, por exemplo, a um projeto amplo de mudança, a disputas interdepartamentais ou a problemas interpessoais com os colegas. Lembre-se das grandes greves na BSH, que comentamos na Introdução. Ao longo de vários anos, os funcionários da BSH resistiram ao fechamento da fábrica em Berlim. Em um determinado ponto, o sindicato trabalhista chegou a anunciar um processo contra a administração da BSH para defender a posição dos funcionários. Quando a energia corrosiva permeia uma empresa, as pessoas usam sua energia de modo destrutivo para impedir mudanças ou inovações ou para enfraquecer as outras visando benefícios pessoais.

A energia produtiva de uma empresa industrial alemã, por exemplo, tornou-se rapidamente corrosiva em razão das medidas adotadas pela administração quando se deparou com uma crise econômica. A cúpula administrativa informou a todos os funcionários que a situação enfrentada pela empresa era crítica e que mudanças precisavam ocorrer urgentemente. Os funcionários, de maneira geral, acreditaram nas vívidas descrições apresentadas pela administração e mostraram-se dispostos a fazer os sacrifícios necessários para superar a crise. Durante a negociação coletiva então conduzida, funcionários se prepararam para aceitar modestos aumentos de salário. Até a celebração tradicional de Natal foi cancelada por razões financeiras. Portanto, quando eles descobriram que os membros do conselho de administração deram a si mesmos um aumento salarial de 14%, a situação deteriorou-se rapidamente. A energia da empresa se transformou rapidamente de altamente produtiva em corrosiva, caracterizada por contrariedade e agressividade.

O resultado foi uma difícil disputa interna, com as negociações mais inflexíveis já presenciadas pela empresa, na qual os trabalhadores exigiam um aumento salarial de 17%. Greves se estenderam por semanas, e uma crise no processo de negócios da empresa forçou a diretoria a sair em seis meses. Três anos depois, a empresa ainda lutava com os efeitos da explosão de energia destrutiva, tanto financeiros como relacionados à confiança fragilizada dos funcionários na diretoria. Ou seja, as fundações da cooperação futura estavam em frangalhos.

Se os executivos dessa empresa alemã tivessem detectado os sinais de energia corrosiva surgindo entre seus funcionários, poderiam ter evitado que a situação chegasse a esse ponto. Você pode identificar a energia corrosiva logo no início mantendo-se alerta às seguintes características essenciais: altos níveis de raiva e fúria, direcionamento do estado de alerta e da criatividade para a busca de oportunidades de prejudicar e enfraquecer os outros, conflitos internos destrutivos, atividades micropolíticas ou resistência ativa à mudança. Em outras palavras, quaisquer tendências de debilitação de sua unidade em favor da maximização dos interesses individuais acabam drenando a vitalidade e o vigor da organização e gerando energia corrosiva.

Por que as empresas caem em um estado de energia corrosiva?

Identificamos três principais fatores responsáveis pela energia corrosiva, aos quais você, na qualidade de líder, deve ficar alerta. Vamos analisá-los detalhadamente.

Concorrência negativa entre unidades internas. A concorrência interna muitas vezes pode gerar resultados positivos, estimulando a energia produtiva de uma maneira saudável, especialmente quando todas as unidades concorrentes são de alguma forma recompensadas. No mínimo, isso pode proporcionar às unidades de desempenho inferior acesso ao *bench learning* da organização – ou seja, aprender como as unidades "vencedoras" administram a energia –, o que as beneficia essas unidades, se elas não forem estigmatizadas como "perdedoras". No entanto, vimos com muita frequência em nossa pesquisa o lado insalubre da concorrência interna, do qual você deve estar ciente e tentar impedir.

Mais especificamente, se houver vencedores e perdedores no jogo, a concorrência implícita ou explícita entre unidades provavelmente gerará a energia corrosiva. Foi exatamente o que uma recente reestruturação de um empreendimento industrial sueco acabou acarretando. Como resultado do processo, a empresa dividiu-se em três divisões, declaradas iguais tanto em termos de recursos quanto de prioridade estratégica. No entanto, a distribuição de verbas entre essas divisões mostrou rapidamente que elas não eram de fato consideradas iguais perante a cúpula administrativa da empresa, que favorecia uma delas. Sem nenhuma razão explicável, a nova tabela salarial sugerida para as equipes da divisão favorecida era bastante superior à de todas as outras, para cargos e funções similares. À medida que notícias como essa se espalhava pela empresa, os funcionários percebiam cada vez mais que a suposta igualdade não passava de uma farsa, e a energia corrosiva desgastou o moral da empresa.

Felizmente, há uma maneira melhor de utilizar a concorrência interna para que ela não se degenere em energia corrosiva. Foi o que fez Martin Strobel, CEO do Baloise Group desde janeiro de 2009[28]. Quando era o CEO da Baloise Switzerland, Strobel criou um sistema de remuneração diferente para as equipes de vendas da seguradora, incorporando uma dimensão competitiva ao sistema de remuneração variável que antes dependia unicamente de o funcionário alcançar as suas próprias metas. A remuneração variável passou a depender do desempenho individual de cada funcionário comparado ao desempenho total do departamento. Ao mesmo tempo, Strobel encorajou a troca de conhecimento interno e a cooperação entre os funcionários. Para isso, ele limitou os parâmetros de comparação do novo sistema de remuneração a cada região, para que assim, além dessas, o conhecimento pudesse ser trocado entre funcionários de regiões diferentes.

Comportamento egoísta em grupos, gestores e funcionários. Como no caso da empresa industrial alemã descrita anteriormente, cujos membros do conselho de administração deram a si mesmos um aumento salarial de 14% enquanto pediam aos funcionários que "apertassem os cintos" durante uma crise econômica, o comportamento egoísta ou injusto de indivíduos pode gerar energia corrosiva. O mesmo se aplica ao comportamento de um subgrupo da empresa, como, de um determinado grupo de profissionais ou equipe de projetos. A greve dos pilotos da Lufthansa em 2001 ilustra o imenso poder destrutivo que o comportamento negativo de um pequeno grupo é capaz de acarretar[29]. Quando o sindicato trabalhista dos pilotos exigiu um aumento salarial de aproximadamente 30%, eles decidiram reforçar as exigências com uma ameaça de greve. Após várias tentativas por parte do conselho executivo de administração de manter a abordagem orientada ao consenso da empresa (um membro do conselho se encontrou informalmente com os pilotos para tentar solucionar o problema), o sindicato sentiu que suas demandas ainda não estavam sendo atendidas. A administração da Lufthansa então se recusou a fazer quaisquer concessões voluntárias. O conflito chegou ao auge quando, durante uma manifestação pública dos pilotos no aeroporto de Frankfurt, o pessoal que opera em terra firme decidiu fazer sua própria contramanifestação para expressar como a greve dos pilotos estava perturbando a Lufthansa. O encontro dos dois grupos no aeroporto provocou uma discussão agressiva que beirou a agressão física.

A barreira entre o sindicato trabalhista dos pilotos e a administração da Lufthansa cresceu a ponto de, treze dias e sete rodadas de negociação malsucedidas depois, os dois lados ainda não terem conseguido chegar a um acordo. Nesse ponto, Hans-Dietrich Genscher, ex-secretário de Estado alemão, foi chamado para arbitrar as negociações. Com sua ajuda, um novo acordo salarial foi finalmente fechado, nada menos que oito meses depois da exigência inicial dos pilotos.

A greve dos pilotos teve um amplo impacto sobre a Lufthansa. Além do custo fixo não recorrente de 103 milhões de dólares provocado pelos dois dias e meio de greve e dos custos permanentes anuais com funcionários, totalizando cerca de 170 milhões de dólares, a cultura da empresa, em especial seu espírito comunitário e coletivismo, sofreu um forte golpe. A má vontade dos pilotos para chegar a um meio termo acabou ampliando ainda mais a lacuna historicamente existente entre os pilotos e o pessoal de terra firme. O episódio deixou cicatrizes na organização, cicatrizes que ainda podiam ser percebidas anos mais tarde.

É interessante notar que o agravamento da greve dos pilotos se deu principalmente por razões emocionais. Talvez se os pilotos se sentissem mais apreciados na organização e acreditassem que seus interesses estavam sendo levados a sério, a greve e seu enorme impacto negativo poderiam ter sido evitados. Constatamos que a energia corrosiva é intimamente relacionada a uma carga emocional negativa: unidades inteiras compartilham raiva ou agressividade a curto prazo. Como as pessoas tendem a se lembrar mais de incidentes negativos, esses eventos orientam o seu comportamento durante um longo tempo. Mesmo depois de superar a mais grave crise já enfrentada pela Lufthansa – as ondas de choques emocionais e econômicos do 11 de setembro –, os antigos sentimentos compartilhados de raiva, dor, humilhação, incômodo e desejo de vingança persistiram entre os funcionários, e os danos da greve foram sentidos por anos.

Energia corrosiva entre as equipes da cúpula administrativa. Em muitos casos, a energia corrosiva começa no topo, e você deve começar a combatê-la e evitá-la na sua própria equipe. Comportamento tóxico, concorrência negativa ou micropolítica no escalão executivo constituem as bases para raiva, disputas e envolvimento destrutivo na organização. Funcionários que observam falta de alinhamento, confiança e integração no conselho de executivos muitas vezes também reagirão com atitude destrutivas e agressividade contra os próprios colegas[30].

Discussões acaloradas a ponto de levar a um verdadeiro conflito não são surpresa em equipes da cúpula administrativa – e são, até certo ponto, um ingrediente necessário em equipes que tomem boas decisões. A tensão é particularmente intensa se a administração for confrontada com o que Amy C. Edmonson e Diana McLain Smith chamam de "tópicos quentes"[31].

Os tópicos quentes são aquelas questões ambíguas e permeadas de incertezas que geram entre os executivos pontos de vista discordantes, baseados nos valores e nas crenças individuais de cada um, e apresentam riscos altos. Toda equipe que toma decisões estratégicas a longo prazo se depara com circunstâncias desse tipo inúmeras vezes. Faz uma enorme diferença, contudo, se os executivos optarem por abordar esses tópicos problemáticos de maneira construtiva ou corrosiva. A energia produtiva implica envolvimento em discussões construtivas, ao passo que a energia corrosiva possui uma qualidade negativa e insidiosa focada em prejudicar indivíduos ou usar inapropriadamente o poder em vez de progredir no tema em questão.

As equipes administrativas corrosivas que observamos apresentam altos níveis de atividade, alerta e envolvimento emocional, mas o pleno envolvimento das equipes se direciona contra as ideias e iniciativas dos outros membros da equipe. Os membros mobilizam de fato seu pleno potencial, mas não para solucionarem juntos os problemas da empresa. Em vez disso, lutam de maneira destrutiva pelos próprios interesses e combatem as realizações alheias que ameaçem suas posições e ambições – com efeitos substanciais sobre os resultados da empresa.

Em nossa pesquisa, descobrimos que 1% das equipes de cúpulas administrativas apresentavam níveis elevados de energia corrosiva. Estas vivenciavam, em média, 47% de energia corrosiva, enquanto em equipes pouco corrosiva esse número caia para 24%[32]. Empresas com equipes de liderança que apresentavam alta energia corrosiva apresentaram índices de desempenho 20% abaixo do de empresas que não tinham esse problema. Além disso, o crescimento nessas empresas foi 16% abaixo da média, a confiança, 16%, e a eficiência, 21%. Todas essas observações salientam a necessidade de os altos executivos agirem com rapidez e firmeza assim que identificarem os primeiros sinais de energia corrosiva em sua equipe.

Ao se envolver em batalhas destrutivas, os membros do conselho de administração precisam se lembrar de que a energia corrosiva é altamente contagiosa, principalmente quando surge na cúpula administrativa, por causa da grande visibilidade dos executivos. Como regra geral, qualquer disputa na liderança da empresa só levará a mais conflitos e a uma dinâmica negativa por toda a empresa. Encontramos fortes evidências disso em nossas pesquisas. Empresas cujas equipes da diretoria apresentavam um alto nível de energia corrosiva possuíam consistentemente mais incidência dessa energia negativa (40%) como um todo, em relação a empresas que não apresentavam esses problema (18%)[33].

Por que a energia corrosiva é tão perigosa?

Esse tipo de energia é perigosa por duas razões: se intensifica rapidamente e destrói a confiança e o valor. Vimos com frequência situações que começam como eventos corrosivos de relativa baixa gravidade, mas que se agravam rápida e perigosamente, transformando processos positivos em eventos negativos. As empresas devem combater rapidamente essa energia destrutiva; caso contrário, é possível que elas se vejam presas em uma curva descendente, com cada vez mais agressividade e destruição direcionada à organização[34]. Gestores e subordinados normalmente reagem com comportamento negativo para se proteger ou conseguir vantagens individuais. Para piorar ainda mais a situação, esses últimos tendem a adotar ou até exagerar as reações emocionais que percebem nos colegas e superiores[35]. Portanto, eventos vivenciados coletivamente em um grupo (como funcionários) podem levar a emoções e atitudes coletivas intensamente compartilhadas contra outros grupos (como a administração ou outros departamentos internos)[36].

De forma mais perigosa para os executivos, os efeitos contínuos das forças corrosivas (como Peter Frost observa em seu livro *Emoções tóxicas no trabalho*) representam um golpe nas bases da empresa, podendo incapacitar rapidamente valores corporativos, cultura e apoio mútuo, provocando danos a longo prazo[37]. Nossa pesquisa demonstra que empresas com alto nível de energia corrosiva, em comparação com aquelas que não apresentam indícios alarmantes desse problema, demonstraram um senso de identidade significativamente reduzido entre os funcionários, isto é, o entendimento de pertencer a um grupo e de lutar por metas compartilhadas foi prejudicado de maneira grave.[38] Até mesmo a credibilidade cultivada ao longo de muitos anos pode desmoronar rapidamente diante de tamanha energia negativa. As empresas, em linhas gerais, levam anos para se recuperar desse tipo de dano.

Tudo isso para dizer que você deve combater imediata e decisivamente a energia corrosiva e seus efeitos negativos para o desempenho da empresa. Energia e emoções tóxicas, como aponta Frost, aumentam as chances de os funcionários ficarem estafados e a produtividade corporativa ser prejudicada. Nossa pesquisa mostra que o impacto destrutivo da energia corrosiva sobre o desempenho supera significativamente os efeitos positivos da energia produtiva. Um de nossos estudos comparou empresas de baixo e alto níveis de energia corrosiva (Figura 1.2). As empresas de alto nível de energia corrosiva apresentaram índices maiores de exaustão emocional e rotatividade de funcionários. Além disso, essas empresas apresentaram níveis reduzidos de desempenho geral, produtividade, eficiência de processos de negócios, satisfação e fidelidade do cliente, satisfação no trabalho e comprometimento dos funcionários com a organização. A elevada energia corrosiva também restringe a coordenação interna e a melhoria de processos. E, mais importante,

A matriz da energia

essas organizações perdem de vista questões relacionadas ao cliente, inovações e melhorias de produtos e serviços. Pela nossa experiência, as empresas também perdem significativamente mais tempo em questões burocráticas e administrativas, bem como em conflitos e negociações, do que organizações ou unidades caracterizadas por alta energia produtiva. Esse tempo adicional naturalmente custa dinheiro às empresas.

Figura 1.2 – Empresas com alta energia corrosiva e desempenho

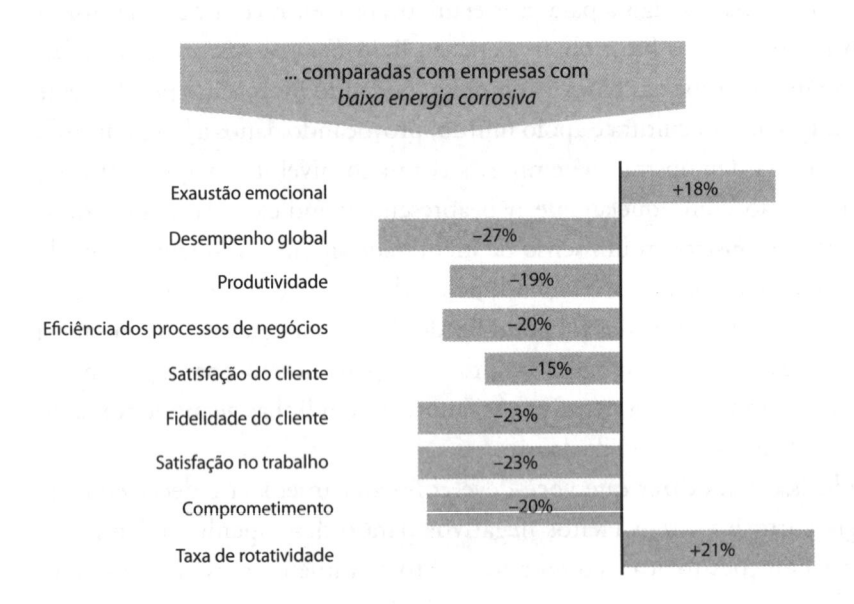

	... comparadas com empresas com baixa energia corrosiva
Exaustão emocional	+18%
Desempenho global	–27%
Produtividade	–19%
Eficiência dos processos de negócios	–20%
Satisfação do cliente	–15%
Fidelidade do cliente	–23%
Satisfação no trabalho	–23%
Comprometimento	–20%
Taxa de rotatividade	+21%

Nota: Dados baseados em subamostras de levantamentos com 104 empresas alemãs em 2009: 3.789 participantes responderam perguntas sobre os estados de energia; 3.886 sobre comprometimento; 3.555 sobre exaustão emocional; 3.673 sobre intenção de rotatividade; e 225 executivos participaram de tópicos sobre medidas de desempenho (desempenho geral, produtividade, eficiência de processos de negócios, satisfação do consumidor e fidelidade do cliente).

Vamos dar outra olhada nos índices relacionados às pessoas que realmente se sentem comprometidas com a empresa na qual trabalham. Em empresas com alta energia corrosiva (em comparação com empresas com baixa energia corrosiva), o número de pessoas que se sentem comprometidas com a empresa cai de 88% para meros 51%[39]. Para empresas altamente corrosivas, o número de pessoas que "pensam com frequência ou sempre em pedir demissão" constitui 10% da organização (contra 2% em empresas que não enfrentam esse problema). No que se refere à satisfação no trabalho, onde há energia corrosiva somente 65% das pessoas estão muito satisfeitas com seu emprego (contra 82%), 69% estão satisfeitos com os colegas (em comparação com 92%) e 56% aprovam seus supervisores (contra 84%). Em todos os casos, o número de pessoas apegadas e satisfeitas com a empresa cai abruptamente, o que deveria ser um motivo de preocupação e um desafio para qualquer executivo.

No Capítulo 3, ofereceremos algumas ferramentas práticas para lidar com a energia corrosiva. Por enquanto, algumas questões sugeridas no quadro *Sua empresa está mostrando sinais de energia corrosiva?* o ajudarão a analisar a energia corrosiva potencial na sua organização ou departamento.

Sua empresa está mostrando sinais de energia corrosiva?

- Você tem a impressão de que muitos funcionários não estão trabalhando para atingir as metas da empresa, mas, sim, tentando maximizar os próprios benefícios?
- A mentalidade de silos prevalece em muitas de suas unidades?
- É impossível para você implementar novas ideias ou novos processos porque pelo menos um grupo de funcionários está ativamente trabalhando contra você?
- Os conflitos são característica da diretoria?
- Você tem a impressão de que determinados grupos de funcionários atacam, desconfiam e até odeiam uns aos outros?
- Questões sobre a integridade da administração e sobre "agir de acordo com o discurso" exercem um papel apenas secundário na sua empresa?
- Você nota um declínio no apoio mútuo de seus funcionários?

Mensurando a energia organizacional

Até agora, neste capítulo, descrevemos os quatro estados de energia encontrados em nossa pesquisa. Salientamos que você, na qualidade de líder, deve monitorar a sua empresa em busca das características de cada um desses estados de energia para mensurar a situação do potencial humano da sua empresa.

A matriz da energia

Vamos analisar agora as maneiras nas quais as empresas podem mensurar, mais especificamente e de maneira mais tangível, o estado de energia da organização, divisão ou equipe.

Por que você deveria mensurar a energia organizacional, isto é, a extensão na qual a sua empresa mobiliza seu potencial humano visando atingir suas metas? Pelo que vimos, a maioria dos executivos já tem uma ideia intuitiva do estado da energia de sua empresa. Mas, diferentemente das avaliações concretas que os líderes conduzem para monitorar as finanças ou a participação de mercado, o conhecimento dos executivos sobre a utilização do *potencial humano* das organizações muitas vezes é desprovido de precisão, clareza e um vocabulário compartilhado. Além disso, os executivos têm dificuldades em articular seu sentimento intuitivo para melhorar sistematicamente a energia da organização. Por essas e outras razões você deve avaliar e mensurar regularmente a energia da sua empresa ou unidade.

Lembre-se do exemplo da CWT Netherlands que apresentamos na Introdução. Quando Jan Dekker, o vice-presidente executivo da empresa para o norte da Europa, constatou com clareza o verdadeiro estado da energia de sua unidade, ele e sua equipe de executivos puderam agir mais decididamente para contornar a situação[40]. Essa nova clareza também possibilitou a eles concentrar melhor suas iniciativas de liderança na implementação da estratégia e visão. Como você, na qualidade de executivo ou líder de equipe, pode descobrir quais dos estados de energia organizacional é predominante em sua empresa e alavancar essa informação (o *perfil de energia* da sua empresa) para ajudar no sucesso da organização? Além de observar e descrever esses estados de energia, há diferentes maneiras de fazer com que a energia seja mais tangível. Começaremos explicando como trabalhar com o nosso método central de mensuração de energia, o QEO. Também apresentaremos diferentes maneiras de mensurar a energia organizacional (levantamentos com funcionários, averiguações de energia, *workshops* e auditorias) e descreveremos como os executivos podem se beneficiar dessas práticas.

O Questionário de Energia Organizacional (QEO)

O QEO é um instrumento padronizado de levantamento de informações que utilizamos para mensurar e analisar o perfil de energia das empresas (inclusive de cada uma de suas unidades, departamentos e equipes). Na maioria dos casos, também avaliamos os principais fatores geradores de energia, como clima de liderança inspiradora, integração da equipe administrativa, comprometimento com a estratégia e uma cultura revigorada, bem como os fatores que prejudicam a energia, como a armadilha da aceleração, a falta de cooperação ou a coesão insuficiente entre as equipes administrativas. O QEO faz com que os instintos e as crenças vagas dos líderes em relação à energia corporativa se tornem tangíveis e administráveis.

Em meados de 2010, mais de 250 mil pessoas em mais de 700 empresas já tinham respondido ao questionário de energia que aplicamos em 55 países e em 24 idiomas. Trabalhamos com duas versões do questionário nas empresas. Uma versão bem detalhada consiste em 36 questões (o QEO 36)[41] e que muitas vezes – principalmente em grandes empresas – leva semanas para ser concluído. Mas, na maioria dos casos, aplicamos uma versão mais compacta, porém igualmente útil, e é essa que apresentaremos neste livro: o QEO 12[42]. Essa autoavaliação de energia consiste em 12 questões: três questões para cada um dos quatro estados de energia. Das três questões, uma é emocional, uma é cognitiva e uma é comportamental, e essa distinção tem o propósito de revelar as diferentes facetas dos respectivos estados de energia (Figura 1.3). Apresentamos o QEO 12 na íntegra, além de um guia de implementação em detalhes no Apêndice deste livro, para que você possa utilizá-lo na sua própria empresa.

O resultado da mensuração de energia organizacional (EO) – que chamamos de índice EO da empresa[43] – inclui uma imagem precisa de seus quatro estados de energia, ilustrando o grau de intensidade e a inter-relação entre eles. Como *todos os quatro* estados de energia se fazem presentes simultaneamente em qualquer organização, os executivos não precisam posicionar sua empresa (ou unidade ou departamento) em um único quadrante de energia. Em vez disso, a pergunta a ser respondida é: "qual o nível de intensidade de cada um dos quatro estados de energia individualmente?". E é isso que essa mensuração mostra: uma imagem clara das forças produtivas e contraprodutivas na organização. Munido dessa diagnóstico, você pode promover ações de liderança para melhorar o perfil de energia de sua empresa. Por exemplo, diante dos resultados do QEO, você pode decidir mobilizar a energia produtiva, eliminar as fontes de resignação ou trabalhar para reduzir a agressividade ou o comportamento destrutivo na empresa – ações bastante diferentes umas das outras, mas que podem precisar ser realizadas simultaneamente, dependendo do perfil de energia da organização.

Quando mensuramos a energia da empresa em todos os seus níveis hierárquicos, chegamos a um resultado – o índice EO – mais completo, que reflete com precisão os quatro estados de energia e, normalmente, mostra a predominância de um ou dois deles. O índice EO da empresa oferece um primeiro indicativo da situação de energia, e sugere ações iniciais de liderança. O segundo passo é detalhar e analisar o perfil de energia de cada unidade, departamento e equipe da organização, assim como pelos níveis hierárquicos e entre colaboradores. A abordagem multifacetada permite que altos executivos e gestores monitorem a energia, indicando até que ponto o potencial de energia positiva de uma empresa foi ativado focando atingir as metas, onde há potencial inutilizado latente e os outros pontos em que o envolvimento destrutivo na organização é proeminente.

Figura 1.3 – Questões do QEO 12®

	As pessoas do(a) meu(minha) _____ (preencha com "empresa", "departamento", "unidade" ou "equipe")...
1.	... gostam do que fazem.
2.	... não têm muito ímpeto.
3.	... sentem-se relaxadas no trabalho.
4.	... sentem-se furiosas no trabalho.
5.	... sentem-se entusiasmadas no trabalho.
6.	... não têm desejo algum de fazer algo acontecer.
7.	... especulam com frequência sobre as verdadeiras intenções de nossa administração.
8.	... realmente se importam com o sucesso da empresa.
9.	... são eficientes na condução do trabalho.
10.	... se comportam com frequência de maneira destrutiva.
11.	... fazem de tudo para assegurar o sucesso da empresa.
12.	... sentem-se desanimados no trabalho.

(Para a versão completa do QEO 12®, instruções de pontuação e maneiras de interpretar os resultados, consulte o Apêndice.)

Analisando e visualizando a energia organizacional com o índice EO

Enquanto os resultados do QEO mostram a extensão na qual o potencial humano e a energia da empresa são ativados de maneiras distintas, o índice EO permite visualização da atuação da empresa nesse contexto. A Figura 1-4, por exemplo, mostra um índice EO que calculamos para uma grande organização internacional. A parte cinza indica até que ponto cada estado de energia está presente nessa organização; as linhas mais escuras indicam o mesmo para duas divisões na empresa.

Figura 1.4 – O Índice de Energia Organizacional

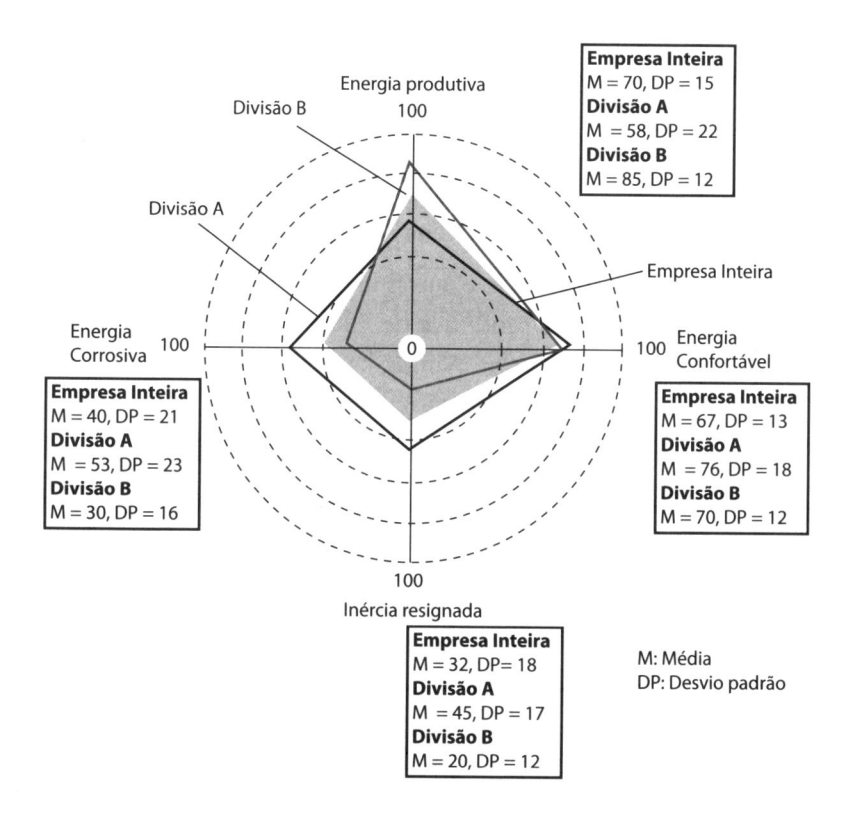

Energia produtiva
- Empresa Inteira: M = 70, DP = 15
- Divisão A: M = 58, DP = 22
- Divisão B: M = 85, DP = 12

Energia Corrosiva
- Empresa Inteira: M = 40, DP = 21
- Divisão A: M = 53, DP = 23
- Divisão B: M = 30, DP = 16

Energia Confortável
- Empresa Inteira: M = 67, DP = 13
- Divisão A: M = 76, DP = 18
- Divisão B: M = 70, DP = 12

Inércia resignada
- Empresa Inteira: M = 32, DP = 18
- Divisão A: M = 45, DP = 17
- Divisão B: M = 20, DP = 12

M: Média
DP: Desvio padrão

Vários fatores devem ser levados em consideração ao se analisar índices EO. Em primeiro lugar, a extensão de cada um dos quatro estados de energia é traduzida em uma escala porcentual de 0 a 100, com 0% representando o grau mínimo e 100%, o grau máximo para cada estado de energia. Da mesma forma que é possível dizer que as melhores empresas são como os gênios, que utilizam uma porcentagem maior do cérebro do que uma pessoa comum, as empresas na zona de *energia produtiva* exploram quase 80% de seu potencial, ao mesmo tempo em que apresentam, normalmente, uma baixa pontuação em energia negativa.

Em segundo lugar, tenha em mente que os estados de energia são independentes uns dos outros, e que o índice EO refletirá isso. Dessa forma, porcentagens como as apresentadas na Figura 1.4, e as da maioria dos índices EO, não resultam em 100%. Por exemplo, a sua empresa pode ter mobilizado até 70% de sua energia produtiva, mas seu pessoal também pode vivenciar altos níveis de energia confortável (67%), sentindo-se extremamente satisfeitos e à vontade no trabalho.

Vamos analisar em detalhes a Figura 1.4, que representa o Índice EO de uma grande multinacional. Apesar de o grau de *energia produtiva* (com uma pontuação de 70%) parecer mediano, em grandes organizações essa pontuação é na verdade relativamente alta. Isso não significa que grandes empresas não sejam capazes de utilizar a maior parte de suas forças produtivas, mas que, como regra geral, possuem algumas áreas mais, e outras menos, dinâmicas. Ao mesmo tempo, uma pontuação de energia produtiva de 70% significa que a empresa não utiliza seu pleno potencial (100%) e ainda há espaço para melhorias. O *benchmark* de uma grande organização internacional é de 77%, enquanto, para empresas menores, esse número sobre para 81% ou mais[44]. No mesmo estudo de *benchmark*, as empresas com pior índice (10%) da amostra apresentaram apenas 55% de energia produtiva.

Prosseguindo com a nossa análise, lembre que a pontuação de *energia confortável* não pode ser interpretada isoladamente. É isso que faz com que seja tão difícil trabalhar com os resultados de levantamentos de satisfação de todas as equipes. E, em geral, os executivos têm dificuldades de responder à pergunta: "em que medida seu pessoal deveria se sentir satisfeito em circunstâncias ideais?". É difícil julgar se o nível de conforto é alto por causa do entusiasmo com o trabalho e os resultados, ou se a energia confortável domina porque os funcionários apreciam o ritmo lento da empresa. Dessa forma, com a energia confortável, você deve não apenas analisar o nível absoluto, mas também, e o mais importante, como esse índice se relaciona com o nível de energia produtiva. Em nosso exemplo, a empresa apresentava 70% de energia produtiva e 67% de energia confortável. Nesse caso, o nível de conforto é alto demais: os executivos devem concentrar as atividades de liderança para mobilizar ainda mais energia produtiva. Os líderes também devem se assegurar de que essas atividades desencorajem a ênfase no *status quo* ou a atmosfera adversa às mudanças na organização. Isso explica por que algumas empresas evitam utilizar a satisfação como o principal critério em levantamentos com as equipes, pois o conforto por si só não conta toda a história do potencial humano de uma empresa. Por outro lado, nossa pesquisa revela que as empresas também sofrem quando o conforto cai abaixo de um certo nível. Organizações com baixa energia confortável, em comparação com aquelas com alta energia confortável, apresentaram pontuações inferiores em termos de desempenho geral (–16%), produtividade dos funcionários (–14%), eficiência dos processos de negócios (–11%), satisfação do cliente (–7%) e fidelidade do cliente (–15%)[45]. Além disso, em empresas com baixa energia confortável, os funcionários expressaram 16% mais intenção de sair da empresa e 15% menos comprometimento com ela.

À luz dessas estatísticas concluímos que que não existe um *benchmark* absoluto de melhores práticas para a energia confortável. Em vez disso, é importante que esse tipo de energia não seja o estado dominante e que a energia produtiva seja pelo menos igualmente alta. Para a organização representada em nosso exemplo, os índices desses dois tipos de energia é razoável. Encorajamos os executivos a monitorar constantemente o nível de energia produtiva para se assegurar de que não haja quedas e, melhor ainda, que suba ainda mais. O nível de conforto por si só não foi considerado crítico nem alarmante.

De preferência, o índice dos dois estados de energia negativa devem ser próximos a zero. Não é realista querer que uma empresa ou até uma única unidade de trabalho ou departamento que não tenha algum grau de frustração ou agressividade. No entanto, quando o grau de negativismo vai além do considerado normal, deve receber prioridade máxima. Por quê? A energia negativa age diretamente contra as metas organizacionais. A energia corrosiva é altamente contraproducente, e a inércia resignada puxa as pessoas para baixo, destrói o moral e atua como uma força constante contra qualquer objetivo. Por isso, você deve lidar com o aumento dos níveis de energia negativa imediatamente e com muito vigor.

De acordo com nossos estudos de *benchmark*, a pontuação não deve exceder os 20% a 25% tanto para a inércia resignada como para a energia corrosiva. Uma pontuação acima disso indica a necessidade de intervenção imediata: considere o *benchmark* como um desafio, uma meta para empresa. Estudos de *benchmark* demonstraram que as 10% melhores empresas da amostra apresentavam em média 12% de inércia resignada e 18% de energia corrosiva. O perfil de energia da empresa do exemplo apresentado na Figura 1.4 mostra altos níveis de energia negativa, incluindo uma inércia resignada ligeiramente elevada, indicando que os executivos deveriam agir para identificar e eliminar as fontes de frustração da empresa.

O mais alarmante, contudo, é o nível de agressividade e de atitudes destrutivas detectado na empresa. O nível de energia corrosiva de 40% representa muito mais do que apenas um ruído. Os líderes dessa empresa precisam encontrar rapidamente maneiras de neutralizar a energia corrosiva. Com muita frequência, contudo, os executivos não sabem ao certo se realmente devem enfrentar esse tipo de negativismo: muitos esperam que o envolvimento corrosivo desapareça sozinho. Outros se sentem paralisados por não saber como lidar com o problema.

Mas os líderes precisam lembrar que essas forças negativas atuam diretamente contra as metas da empresa. Como um líder eficaz, portanto, você deve eliminar tanto a energia corrosiva quanto a inércia resignada de maneira rápida e certeira. A energia corrosiva é devastadora: as pessoas frustram intensamente o alcançar das metas. A inércia resignada coloca as pessoas para baixo, drenando o moral de sua organização. As duas formas negativas de energia são altamente contagiosas. Elas não desaparecerão por conta própria; ao contrário, elas tendem a crescer, contaminar os outros e, muitas vezes, se transformar em espirais negativas. Por esse motivo, a ação imediata é de importância crucial. No Capítulo 2, descrevemos como superar a inércia resignada, e no Capítulo 3, veremos estratégias para neutralizar a energia corrosiva.

Algumas vezes, perfis de energia fundamentalmente diferentes podem coexistir dentro de uma organização. Por exemplo, em empresas grandes e descentralizadas, com unidades independentes, grandes diferenças de estados de energia são frequentes e podem ser utilizadas como a base para o *benchmarking* e o *bench learning*. Diferenças acentuadas entre departamentos fazem, na verdade, com que um *benchmarking* interno seja bastante útil. Ao decompor a energia entre as diferentes unidades da empresa, é possível identificar centros de energia produtiva e abordagens de melhores práticas, bem como sentimentos de resignação, bolsões de energia corrosiva e tendência à complacência. Enquanto isso, é possível formar as bases para as divisões aprenderem sistematicamente umas com as outras. Na qualidade de líder, você pode identificar possíveis agentes de mudança capazes de assumir uma posição de liderança em iniciativas de mudança envolvendo a empresa como um todo, além de possíveis gargalos ou outros setores particularmente difíceis da organização, que possam precisar de apoio ou de uma gestão mais intensa.

Para monitorar processos de mudança, de implementação de estratégia e de revitalização, você pode considerar particularmente interessante comparar as mensurações ao longo do tempo, em intervalos de, digamos, 12, 18 ou 24 meses, ou como uma rotina de monitoramento em intervalos ainda menores. Além disso, *benchmarks* entre empresas podem ser bastante elucidativos, especialmente por se afigurarem como procedimentos que acessam sistematicamente os fatores *soft* da organização avaliados dentro de um determinado setor ou em relação às melhores empresas da categoria.

Utilizando e aplicando o QEO

Na posição de líder, você pode utilizar o QEO de três maneiras: como um levantamento periódico com funcionários da organização, um monitoramento de energia organizacional (para, por exemplo, verificar o andamento de processos de reestruturação) e uma checagem instantânea da energia para utilizar em *workshops* voltados para a diretoria. Nas seções a seguir, apresentaremos exemplos de como trabalhamos com várias empresas dessas três maneiras – e as lições que podem ser úteis para aplicar o QEO à sua própria empresa.

O QEO como um levantamento com funcionários. Quando utilizado em levantamentos com funcionários, o QEO pode revelar não apenas os estados de energia (como foi o caso da CWT Netherlands, que vimos na Introdução) como também os fatores que de forma mais relevante geram energia, os que mais a prejudicam, e suas consequências benéficas e prejudiciais de cada um. Como líder, você pode utilizar o *feedback* dos funcionários para obter *insights* detalhados de questões como: onde se encontram os grupos mais dinâmicos e onde são apresentadas tendências de inércia e sintomas de exaustão? Como nos comparar às melhores empresas do nosso setor, porte ou região? A implementação de nossa estratégia está no caminho certo? Existe uma mentalidade de silos na organização ou uma boa colaboração ao longo da cadeia produtiva? A energia está concentrada adequadamente de acordo com o contexto? Qual é o nível de intensidade de nossa paixão pelas questões relativas aos clientes? Como se relacionam os estados de energia da empresa e os fatores que impulsionam a sua energia e o seu desempenho? Quais alavancadores podemos utilizar para melhorar a energia e o desempenho?

Aplicando o QEO você pode começar a responder esse tipo de pergunta utilizando os resultados.

Por mais de seis anos, a Alstom Power Service (APS), divisão de negócios suíça do francês Alstom Group, incluiu o conceito de energia no levantamento com funcionários, como parte de seus esforços para reforçar a compreensão de sua própria companhia[46]. Para dar resposta aos resultados do levantamento, a APS nomeou o que chama de "defensores da identidade" para cada uma das cinco divisões regionais[47]. Os defensores da identidade facilitaram *workshops* em divisões, unidades de negócios e organizações nos diferentes países onde a empresa atua e adotaram medidas de acordo com as conclusões dos respectivos levantamentos. Como resultado dos *workshops*, cada unidade identificava problemas referentes ao seu estado de energia e outras duas questões relevantes – envolvimento e alinhamento – que a cúpula da empresa havia determinado como pontos estratégicos para o processo de reforço da identidade.

Com isso, os gestores de linha locais passaram a implementar ativamente a estratégia, desenvolver uma identidade organizacional e melhorar o nível de energia do grupo. Ao integrar essas atividades, os gestores podiam lidar com as questões específicas de seu grupo, como crescimento excessivamente acelerado em alguns países e recessão em outros. Até que QEOs realizados posteriormente permitiram não só que a administração da empresa enxergasse onde as unidades ainda poderiam melhorar, mas, também, como a identidade APS havia se fortalecido de maneira geral, sustentando as ambições de negócios da empresa. Um defensor da identidade nos contou: "Os resultados das repetidas aplicações do QEO enviaram com o tempo um sinal claro e tangível aos gestores e à organização de que o processo de identidade proporcionava um caminho para o avanço da APS".

Depois do período inicial e do reforço das competências ao longo de 2005, a APS continuou conduzindo uma mensuração anual de energia como parte de sua pesquisa de opinião realizada com funcionários. Além disso, a empresa vinculou ainda mais estreitamente esse processo aos sistemas de gestão já existentes. Metas para níveis de energia, resultados dos levantamentos e atividades delineadas foram incorporados à auditoria administrativa anual para que os gestores de linha de frente, que possuíam atividades predefinidas, como treinamentos de liderança específicos, padronizassem procedimentos de negócios em diferentes países e aprimorassem o bom desempenho da organização.

Na qualidade de líder, você também pode utilizar o QEO como um levantamento a ser realizado com os funcionários para se aprofundar no monitoramento da qualidade da energia. Conduza regularmente esse levantamento e, assim, será possível monitorar as melhorias em diversos projetos-chave. Isso fomenta um sentimento de progresso, canalizando a energia organizacional para atividades relevantes e preservando o entusiasmo que normalmente só existe no início dos projetos. Além disso, os resultados precisam ser estreitamente alinhados à estratégia da empresa e às atividades de negócios planejadas: o índice EO não é relevante nem eficaz em um mundo paralelo, mas somente como um componente das atividades de negócios da empresa. É assim que o conceito de energia passa a fazer parte da linguagem corporativa, da cultura e do estilo de fazer negócios das organizações, como aconteceu na APS.

O QEO como monitoramento da energia organizacional. Monitoramentos podem ser ferramentas poderosas para acompanhar a implementação de estratégias ou iniciativas de mudança nos estágios iniciais. Dessa forma, em vez de utilizar o QEO em intervalos de 18, 24 ou 36 meses, você pode aplicá-lo com mais frequência, até mesmo uma vez ao ano.

Especialmente em momentos de mudança, as empresas precisam desenvolver e preservar a energia produtiva, ao mesmo tempo em que impedem ou reduzem a energia negativa – a energia corrosiva e a inércia resignada, responsáveis diretas por atravancar o sucesso das transformações. Uma mudança fundamental na empresa costuma provocar incerteza entre os funcionários: "Como a mudança ocorrerá?", "Quais são as implicações disso para mim?". Os funcionários percebem essas situações de incerteza como estressantes, e a energia negativa, na forma de resistência, agressividade ou frustração, provavelmente se desenvolverá[48]. Em certas fases da reestruturação, as atitudes, emoções e ações das pessoas flutuarão, e essas importantes variações de energia podem ser monitoradas com a ajuda da verificação do QEO.

Os executivos, muitas vezes, preocupam-se com o fato de que, durante momentos de mudança, o moral cai inevitavelmente – então, para que revelar esse negativismo em números? Essa também é a razão pela qual as pesquisas de opinião com funcionários muitas vezes são descontinuadas durante processos que provoquem transformações. Mas não é uma decisão sábia ignorar ou postergar medidas para lidar ativamente com as flutuações de energia assim que essas aparecerem. É necessário ter coragem para realizar monitoramentos durante mudanças dolorosas ou críticas, e isso acaba impulsionando o envolvimento de todos. Um monitoramento demonstra, em primeiro lugar, que você, como líder, se interessa pelas opiniões das pessoas e pelos estados de energia também em momentos difíceis, e não apenas nos fáceis. Em segundo lugar, é importante demonstrar uma administração profissional e sistemática da energia humana, particularmente em momentos de dificuldade. Veremos mais a respeito no Capítulo 2, mas esse tipo de levantamento sistemático reforça um mecanismo de enfrentamento dos obstáculos que permite aos funcionários entender as variações de energia em momentos de mudança, ao mesmo tempo que lhes proporciona a oportunidade de expressar seus sentimentos e preocupações.

Esse foi o caso do Deutsche Annington Immobilien Group (DAIG), uma das maiores empresas do mercdo imobiliário da Alemanha, durante um processo estratégico. O grupo utilizou o QEO como uma ferramenta de monitoramento para sustentar uma importante mudança estrutural. A empresa alemã emprega mais de mil pessoas e oferece aproximadamente 217 mil apartamentos para locação e compra por toda a Alemanha, além de prestar serviços administrativos para condomínios e locatários. Em 2009, a empresa começou a se transformar em uma empresa moderna de atendimento completo, com ofertas inovadoras e controle de qualidade, o que envolveu grandes transformações em vários de seus departamentos, e essas mudanças iam desde a estruturação e localização geográfica de importantes funções até a nova composição de grupos de trabalho e criação de novos cargos.

O DAIG utilizou o QEO de duas maneiras: em primeiro lugar, como uma ferramenta para avaliar como se desenvolvia a identificação dos funcionários com a iniciativa de mudança com o passar do tempo e, em segundo lugar, para identificar fatores que impulsionariam (por exemplo, transparência, clareza dos papéis e liderança transformacional) o sucesso o novo projeto. O entendimento desses fatores geradores de energia foi especialmente relevante para a gestão da empresa.

Um grupo-alvo de cerca de 150 pessoas, inclusive das alta e média gestões, bem como alguns funcionários selecionados, foi convidado para responder o levantamento *on-line* no início do projeto de mudança e também meio ano mais tarde, quando as principais mudanças estruturais começaram a ser implementadas. Os resultados mostraram aos líderes da empresa quais aspectos foram bem administrados e quais poderiam ameaçar o sucesso de toda a mudança. Como um gestor de nível médio nos disse: "É bom ver que a minha equipe entendeu por que iniciamos esse processo de mudança e o que eles estão dispostos a mudar. Nem sempre é fácil para os gestores serem tão transparentes, mas no final, ajuda". Outras mensurações com o QEO foram realizadas no decorrer do processo em 2010, para avaliar o sucesso da iniciativa.

Normalmente é possível conduzir um monitoramento como esse com relativa frequência: trimestral ou semestralmente. Como a resistência emocional, mental e comportamental à mudança se relaciona à energia corrosiva, monitoramentos são em algumas ocasiões realizados semanalmente, em especial nas fases mais dinâmicas da mudança. Algumas vezes o QEO em formato de monitoramento é aplicado na própria força-tarefa da iniciativa de mudança, para ajudar os membros a expressar suas atitudes e sentimentos em relação ao andamento do processo. Mas independentemente de como o questionário é empregado, o principal benefício é que você, na qualidade de líder, pode intervir rapidamente para combater os obstáculos, aumentando consideravelmente as chances de sucesso de todo um processo de mudança.

O QEO como uma verificação instantânea de energia em workshops para a cúpula administrativa. Uma última maneira de utilizar o QEO é como uma verificação instantânea de energia no formato de um *workshop*. O objetivo é obter rapidamente uma imagem de como os participantes do *workshop* percebem a energia; essa fotografia instantânea serve como uma base para uma análise em conjunto e para o planejamento de uma estratégia de melhoria. Muitas vezes esses *workshops* fazem parte de uma reunião de estratégia. O número de participantes é flexível, variando de seis a doze executivos seniores durante uma reunião de estratégia a grandes grupos de 200 ou 300 em conferências de gestão estratégica. (Veja o quadro *Sete passos para uma verificação instantânea da energia*.)

Vimos seguidamente os resultados positivos que verificações instantâneas como essas podem produzir nas empresas, ajudando-as a manter altos níveis de energia produtiva e superar tendências de inércia ou energia demasiadamente confortável. *Workshops* de energia também são particularmente eficazes sempre que há uma tensão negativa, resignação ou um clima destrutivo nas organizações. Nas fases iniciais dos processos de mudança, esses *workshops* podem ter um valor inestimável, acionando a mudança e conscientizando as pessoas sobre a necessidade de agir.

Neste capítulo, vimos que toda empresa tem o próprio perfil particular de energia identificável e mensurável, e que essa energia organizacional difere de acordo com sua intensidade e qualidade. A identificação e a compreensão do perfil específico de sua empresa representam o primeiro passo para administrar os seus fatores *soft*. Nos próximos capítulos, ilustraremos o que você pode fazer para canalizar ativamente o potencial emocional, cognitivo e comportamental de sua empresa na direção de suas principais metas a fim de sustentar a energia produtiva.

Vamos agora nos voltar ao Capítulo 2 e começar a responder uma questão-chave: "como é possível mobilizar e orquestrar o potencial de energia da sua organização?".

Sete passos para uma verificação instantânea da energia

Veja como você pode verificar instantaneamente a energia de suas equipes, unidades ou empresas, em um workshop direcionado para esse fim ou como parte de um reunião sobre estratégia da empresa:

1. Familiarize os participantes do workshop com o conceito de energia e as estratégias de liderança. Os executivos devem determinar uma linguagem em comum para interpretar resultados e tirar conclusões.

2. Mensure com o QEO 12 a energia da organização entre os participantes do workshop. Em grandes grupos de 50 a 250 pessoas, mensure também a energia das várias unidades representadas no workshop – e trace perfis de energia separadamente.

3. Os próprios executivos ou facilitadores devem apresentar os resultados do QEO e dar início ao diálogo para interpretar os resultados.

4. Se houver grandes grupos de mais de 20 pessoas, divida os participantes em grupos pequenos para interpretar os resultados e identificar as causas dos pontos fortes e fracos localizados no perfil de energia. Se você mensurou a energia das várias unidades representadas no workshop, reserve tempo para duas discussões: uma com as unidades em si e outra com todos os participantes.

5. Peça que o(s) grupo(s) identifique(m) atividades concretas para melhorar o perfil de energia ou estados de energia em particular, como a energia corrosiva.

6. Volte a reunir o grupo maior para apresentar e debater as constatações e recomendações. Pela nossa experiência, os workshops levam rapidamente a um entendimento compartilhado da situação e das atividades cruciais a serem realizadas. Os facilitadores devem questionar e evitar jargões e clichês como "os líderes precisam ser figuras exemplares" e revelar as verdadeiras questões. Insista em um conjunto concreto de atividades que possam ser atribuídas e na definição de prazos para darem os devidos feedbacks.

7. Para grupos menores, dedique pelo menos três horas do workshop; para grupos maiores, você precisará de pelo menos meio período, ou um dia inteiro, dependendo da profundidade e da abrangência da discussão, das conclusões e das atividades concretas.

CAPÍTULO 2

MOBILIZANDO A ENERGIA DE SUA ORGANIZAÇÃO

Escapando da armadilha da complacência

O que você pode fazer quando descobre que sua empresa se encontra com baixa energia? Há duas estratégias que encontramos e comprovamos que são capazes de estimular o potencial emocional, cognitivo e comportamental de quase qualquer empresa, e que chamamos de matar o dragão e conquistar a princesa[1]. Essas duas estratégias enfatizam a mobilização de um nível mais elevado de energia produtiva e, portanto, representam as principais ferramentas para combater a armadilha da complacência, quando sua empresa está presa a um ciclo de pouca energia positiva. Essas duas estratégias também são eficazes no combate da inércia resignada e podem ser utilizadas em uma ampla variedade de situações e combinações, como demonstraremos em mais detalhes neste capítulo.

Para colocar rapidamente a empresa no caminho da energia produtiva, você deve ajudá-la a identificar uma grande ameaça ou desafio (o dragão) ou uma oportunidade promissora (a princesa) – e apontar maneiras de superar o desafio ou se beneficiar da oportunidade[2]. Essas duas estratégias ativam a energia organizacional por demandarem envolvimento e comprometimento de todos os funcionários – algo que não costuma ser atingido com atividades de rotina. Essas estratégias podem ser particularmente poderosas quando utilizadas em conjunto; mais adiante neste capítulo, discutiremos como funciona esse sequenciamento.

Cada estratégia vem acompanhada do próprio conjunto de iniciativas e processos de mudança. Vamos começar analisando como você pode utilizar ameaças externas para energizar a organização.

Matando o dragão: utilizando desafios externos para mobilizar sua empresa

Quando sua empresa cai na armadilha da complacência ou na inércia resignada, identificar uma ameaça e dar apoio a seus funcionários para que combatam esse desafio pode elevar os níveis de energia produtiva intensa e rapidamente. Apesar de a estratégia do dragão intensificar a energia de uma organização em situação de crise, ela também funciona quando a empresa estiver em boa forma. Nesse caso, a dificuldade de conscientizar as pessoas de uma possível ameaça ou perigo é ainda maior. Na ausência de uma ameaça evidente e imediatamente tangível, a principal tarefa da liderança é apresentar questões possivelmente ameaçadoras e conscientizar as pessoas a respeito delas – mesmo quando a empresa continua progredindo sem percalços. Utilizada dessa maneira, a estratégia de matar o dragão concentra-se na prevenção de uma ameaça ou desafio antes de seu surgimento.

A Lidl, uma cadeia internacional de supermercados para o público de baixa renda, sediada na Alemanha, entrou no mercado suíço em março de 2009. O CEO Andreas Pohl não queria correr nenhum risco. Apesar de a empresa estar indo bem, ele sabia que deveria preparar seu pessoal para uma possível recepção negativa no novo mercado. Ele lançou uma estratégia de caça ao dragão tanto para promover a coesão e o comprometimento de seu pessoal quanto para impedir qualquer tipo de confusão ou incerteza durante a transição. Ele sabia que entrar em um novo mercado seria um processo árduo, que demandaria toda a energia do pessoal recém-contratado e queria que os funcionários estivessem completamente energizados desde o início da operação.

Pohl poderia ter optado por apresentar o mercado suíço como uma princesa e não como um dragão – enfatizando a oportunidade da entrada da Lidl em um novo país –, mas um escândalo envolvendo a Lidl alemã havia se tornado público em 2008, e ele enxergava o risco de as reações públicas negativas afetarem a filial da Suíça. A equipe gerencial suíça, pressentindo esse risco, queria fazer o possível para lidar com qualquer percepção de ameaça ao sucesso das novas lojas. Por exemplo, seu pessoal poderia ter de responder perguntas ou reagir a comentários negativos por parte dos clientes, dos amigos ou do público. Os gestores decidiram que seria muito melhor se o novo pessoal da Lidl na Suíça se preparasse para lidar com essas questões *antes* da inauguração das lojas. Como explicou Silja Drack, líder de recursos humanos da Lidl na Suíça: "Precisamos tomar medidas proativas para proteger e tranquilizar nossos novos funcionários".

Na mesma linha, Pohl organizou um *workshop* com a diretoria da empresa na Suíça para identificar todos os problemas que a futura equipe de vendas poderia confrontar. Três principais questões vieram à tona durante o *workshop*:

- **"Lá vêm os alemães de novo!"** Outra rede alemã do mesmo setor já havia entrado no mercado suíço em 2005, representando uma enorme ameaça a redes de supermercados suíças. A Lidl representava ainda outra corporação alemã que viria a ameaçar a viabilidade de marcas e produtos locais.

- **Percepção de más condições de trabalho** A outra rede alemã também foi duramente criticada pelas más condições de trabalho – oferecia em grande parte trabalho temporário aos funcionários suíços, na tentativa de poupar custos. Os suíços poderiam achar que as condições de trabalho seriam similares na Lidl da Suíça, o que provocava insegurança entre futuros funcionários potenciais.

- **Escândalo público** Em 2008, a Lidl sofreu com uma publicidade muito negativa na Alemanha, quando a administração foi acusada de espionar seus funcionários com câmeras de vigilância ocultas. Esse escândalo resultou em um clima geral de insegurança entre os todos os funcionários e em uma percepção por parte do público de que a Lidl explorava a sua mão de obra. Dessa forma, mesmo antes de a Lidl entrar na Suíça, a empresa precisava se adiantar a essas impressões.

Com as questões na mesa, a equipe pôde desenvolver medidas para combatê-las. Nas semanas que precederam a inauguração das lojas da Lidl na Suíça, por exemplo, os novos funcionários locais receberam um treinamento intensivo que visava tanto prepará-los para a inauguração quanto para lidar com as três ameaças potenciais detectadas pela equipe administrativa. Para começar, os contratos de emprego e pacotes de previdência social para os funcionários suíços foram elaborados a fim de assegurar que os temporários recebessem os mesmos benefícios que os contratados. Depois, para evitar acusações por parte dos funcionários, nenhuma câmera foi instalada nas áreas internas das lojas (apesar de esta ser uma prática usual na maioria das lojas de varejo, para impedir furtos). Por fim, para assegurar que todas as políticas da empresa estivessem em conformidade com a legislação e as expectativas locais, sem impor uma ameaça indevida aos mercados regionais, todos os detalhes foram aprovados por autoridades suíças. Além disso, a equipe administrativo começou a negociar com os sindicatos trabalhistas suíços um plano alternativo no caso de quaisquer acusações virem à tona.

Como um segundo passo, em fevereiro de 2009 (um mês antes da inauguração das lojas na Suíça), a Lidl lançou uma campanha da mídia estrelada por funcionários reais que concordaram voluntariamente em demonstrar seu comprometimento e orgulho de fazer parte da nova equipe da Lidl na Suíça. Fotos desses funcionários e suas declarações pessoais foram reproduzidas em pôsteres e livretos, voltados tanto a clientes potenciais quanto a futuros funcionários. Por exemplo, um casal de funcionários disse: "Nós apreciamos a atmosfera de trabalho da Lidl e seus benefícios!". E o diretor da Lidl na Suíça se dirigiu diretamente aos clientes: "O meu tempo está à sua disposição!". No verão de 2009, a Lidl lançou outra campanha na mídia – dessa vez baseada nas possíveis preocupações mencionadas anteriormente, como espionagem de funcionários e condições de trabalho desfavoráveis. Qual era o principal objetivo dessas ações? Transmitir a novos e futuros funcionários a impressão de que as condições de trabalho seriam boas e que a administração apoiaria todo empregado que fosse acusado ou atacado por consumidores locais ou supermercados concorrentes.

As duas campanhas tiveram um extraordinário sucesso, reforçando a confiança, o orgulho e a coesão de todos os funcionários. Os anúncios também ajudaram a familiarizar o público suíço da Lidl, facilitando o vínculo dos consumidores com a rede de supermercados. Em consequência, todos os funcionários da Lidl na Suíça puderam se concentrar plenamente na grande inauguração das lojas – um momento crucial para o sucesso da entrada em um mercado –, e no empenho continuado durante o período que se seguiu à entrada da Lidl no mercado suíço.

No final, a iniciativa da administração para reforçar proativamente a confiança dos funcionários – ajudando-os a matar o dragão da publicidade negativa – fez toda a diferença. Vinte e nove lojas foram abertas, o que excedeu o plano inicial da Lidl de abrir 26, e outras 30 inaugurações foram agendadas para 2010. As lojas apresentaram um desempenho melhor do que o planejado em 2009, atingindo e superando as metas financeiras. Pelo fato de a empresa ter identificado logo no início a ameaça e trabalhado com todos os seus funcionários para solucionar o problema, todos se sentiram altamente energizados para enfrentar o desafio.

É importante esclarecer que não estamos propondo a invenção ou o exagero de uma ameaça para impulsionar a energia organizacional. Alguns pensadores do mundo dos negócios recomendam levar empresas excessivamente presunçosas à beira de uma crise[3]. Essa estratégia pode ser bastante eficiente se aplicada abertamente. No entanto, criar dragões imaginários pode prejudicar a integridade da administração, se essa for uma tática duvidosa, utilizada de forma manipuladora. Se as pessoas não estiverem cientes do fato de que a ameaça é imaginária, levá-las à beira de uma crise pode mobilizar inicialmente a energia organizacional, mas não levará a uma energia produtiva a longo prazo. Em vez disso, a desilusão provocada quando os funcionários percebem que a crise foi artificialmente produzida faz com que a paixão, a postura alerta e o empenho entrem em declínio rapidamente. Além disso, quando uma verdadeira crise surgir, mais cedo ou mais tarde, será praticamente impossível conquistar confiança dos funcionários para que eles se mostrem dispostos a agir.

É por isso que rejeitamos a ideia de inventar "dragões potenciais" ou até dramatizar desproporcionalmente os existentes. A ameaça, bem como a interpretação desta, deve ser sempre autêntica. Em vista disso, você tem ainda mais uma razão para se manter vigilante para identificar e priorizar ameaças, mesmo na ausência de uma situação de crise.

Durante a nossa pesquisa, vimos repetidas vezes empresas reagirem positivamente a ameaças autênticas, de maneira similar ao que aconteceu com a Lidl. Mas mesmo a ameaça sendo real, não há nenhuma garantia ou certeza de que sua equipe se tornará engajada no combate a ela. Você provavelmente já viu isso acontecer: em muitas empresas, ameaças externas geram um estresse que pode se tornar um agente contaminador[4]. Em alguns ambientes, os funcionários podem desenvolver uma espécie de estresse coletivo capaz de levar a uma maior inércia resignada, que se manifesta sob a forma de níveis mais elevados de incerteza, envolvimento reduzido, estafa e até estagnação. Por isso, não recomendamos utilizar a estratégia de "matar o dragão" em uma empresa que já apresenta inércia resignada. Essas empresas se beneficiariam mais recorrendo à estratégia de "conquistar a princesa".

Figura 2.1 – A estratégia de "matar o dragão"

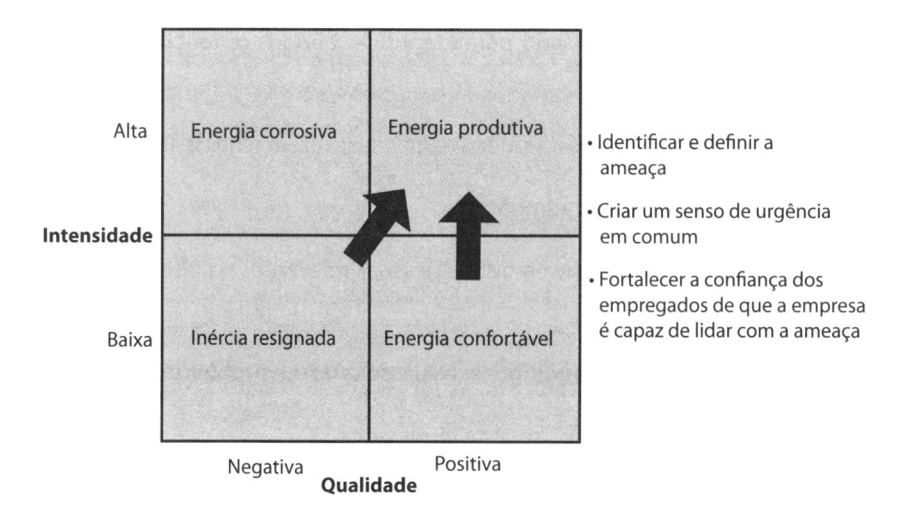

	Negativa	Positiva	
Alta	Energia corrosiva	Energia produtiva	• Identificar e definir a ameaça
			• Criar um senso de urgência em comum
Baixa	Inércia resignada	Energia confortável	• Fortalecer a confiança dos empregados de que a empresa é capaz de lidar com a ameaça

Intensidade (eixo vertical); Qualidade (eixo horizontal)

Não importa como você decida "matar o dragão" – seja energizando rapidamente sua organização para sair da inércia ou implementando uma iniciativa de gestão de crises –, a chave para o sucesso dessa estratégia é a sua liderança e a maneira como você envolve sua equipe. Gerar energia produtiva requer mais do que identificar ameaças existentes ou potenciais e articulá-las. Em vez disso, você também deve envolver as pessoas de toda a empresa na resolução do problema ou na prevenção da ameaça. Você deve promover uma convicção compartilhada de que os desafios serão enfrentados coletivamente e fazer dela um aspecto-chave do trabalho de cada um. Essa abordagem intensifica o envolvimento emocional e o alerta mental, e leva as pessoas a irem além dos próprios limites percebidos. Isso elimina o *status quo* e modifica formas de pensar, procedimentos, crenças e comportamentos. Desse modo, implementar a estratégia de "matar o dragão" envolve três tarefas, cada uma desdobrando-se em vários passos (Figura 2.1). O quadro *Resumo das tarefas para "matar o dragão"* apresenta um esboço dessas tarefas.

Resumo das tarefas para "matar o dragão"

Identificar, interpretar e articular uma ameaça à empresa

1. Leve o tempo que for necessário para identificar perigos potenciais e entendê-los plenamente.

2. Aprofunde-se na compreensão da ameaça e suas raízes e, em seguida, interprete-as.

3. Pinte uma imagem vívida do "dragão".

4. Envolva a equipe administrativa e outras pessoas relevantes na interpretação e definição da ameaça.

Mobilizar a comunicação para conscientizar as pessoas de um problema em comum

1. Apresente o perigo de maneira realista e relevante.

2. Apele às emoções dos funcionários.

Fortalecer a confiança coletiva de que a empresa é capaz de lidar com a ameaça

1. Apresente a ameaça como um desafio.

2. Proporcione uma prática desafiadora, criando exemplos a serem seguidos baseados em sucessos passados.

3. Ofereça encorajamento emocional.

Identificar, interpretar e articular uma ameaça

Para líderes que precisam energizar rapidamente suas empresas "matando o dragão", a primeira grande tarefa é identificar e compreender a fundo as ameaças externas. Trata-se de um desafio essencial para você, na qualidade de líder, porque é nesse ponto que poderá perceber a gravidade e a lógica da ameaça iminente, ou não. Dessa forma, você deve se envolver plenamente nas tarefas a seguir para assegurar que a ameaça à sua organização se transforme no veículo que impulsionará a energia organizacional.

Dedique tempo para identificar potenciais perigos. Nem sempre é claro quais perigos são verdadeiramente relevantes: os indícios de ameaças no mercado podem, muitas vezes, ser muito discretos, de forma que acabam sendo negligenciados com facilidade. É por isso que você deve começar pela análise e pela interpretação em profundidade da situação da organização em busca de sinais de possíveis problemas. Como esses sinais de perigo podem ser sutis, você raramente saberá interpretar suas implicações logo no começo. Como regra geral, a imagem inicial é vaga e complexa, demandando tempo e atenção para criar uma visualização clara e focada da ameaça mais relevante e das possíveis consequências para a empresa.

Muitas vezes a ameaça é um concorrente invasor. A simplicidade dessa abordagem é atraente: é fácil ativar com eficácia o espírito da competição concentrando-se em uma empresa concorrente. Mas você também deve levar em consideração outras abordagens para mobilizar energia, por exemplo, apresentar aos funcionários ameaças reais, como a concorrência internacional, a falência iminente ou uma tecnologia radicalmente nova que poderia fazer com que os produtos ou serviços da empresa ficassem obsoletos.

Identificar e apresentar o perigo ou outros desafios à organização é especialmente difícil para empresas com um bom desempenho no mercado, ou que estão tendo sucesso. Mas esses perigos estão sempre presentes: você pode estar diante de um concorrente em crescimento, pode ser a número dois no mercado e querer atacar a número um – ou, como a Lidl, pode estar diante de desafios inerentes a novas oportunidades de crescimento. Não se permita – nem à sua equipe – tornar-se vítima da presunção a ponto de ignorar essas potenciais ameaças. O quadro *Identificando "o dragão" nos bons momentos: o programa D--Check da Lufthansa* apresenta um bom exemplo de como uma empresa evitou a armadilha da complacência excessiva.

Infelizmente, planejar uma estratégia para combater uma ameaça iminente é a exceção e não a regra na maioria das empresas. Muitos líderes e gestores tendem a subestimar ou ignorar totalmente problemas potenciais, mesmo quando notam indícios dos problemas. Donald B. Bibeault chama essa síndrome de *negação defensiva*: em vez de identificar com precisão uma ameaça potencial, os gestores a reinterpretam ativamente de maneira tranquilizadora, convencendo-se de que a estratégia atual está correta e que a ameaça não existe[6]. Na verdade, a própria Lufthansa quase seguiu esse caminho de negação defensiva.

Identificando "o dragão" nos bons momentos: o programa D-Check da Lufthansa

A Lidl tinha "um dragão" bem definido a ser combatido na sua entrada no mercado suíço. Mas o que você, na qualidade de líder, pode fazer em momentos relativamente bons para convencer seu pessoal da necessidade de uma injeção de energia, mesmo não estando diante de uma ameaça evidente? Peça que seus gestores elaborem os piores cenários para seus departamentos, que sejam realistas, e desenvolvam soluções potenciais e planos de *backup*. Foi justamente o que a Lufthansa fez com seu programa D-Check que, como você pode recordar de nossa discussão no Capítulo 1, a companhia aérea expandiu na esteira do 11 de Setembro[5].

O D-Check foi lançado no início de 2001. Batizado com um jargão do setor que se refere à abrangente revisão técnica de uma aeronave, o D-Check da Lufthansa foi um programa de mudança estratégica para desmontar, examinar e melhorar completamente a competência funcional da empresa. Mas quando o CEO Juergen Weber decidiu lançar o D-Check, a Lufthansa tinha acabado de passar pelo melhor ano de sua história (em 2000), com lucro antes dos impostos recorde de cerca de 1,7 bilhão de dólares. Por que Weber considerou necessário lançar o D-Check? Sua equipe administrativa notara os indícios de uma crise iminente no setor de transporte aéreo. Era uma ameaça que, se bem administrada, poderia energizar rapidamente a empresa para colocá-la à frente da concorrência.

A primeira tarefa para Weber e os líderes das unidades de negócio era definir meticulosamente a ameaça. Eles dedicaram um tempo significativo para pesquisar e compreender todos os problemas que poderiam surgir. Depois, em um *workshop*, Weber envolveu a diretoria para discutir e avaliar os riscos à sobrevivência da empresa. Mais especificamente, ele pediu que todos os líderes de unidades de negócios estimassem, no pior cenário possível – contanto que realista –, o maior risco dentro dos próximos três anos para suas unidades (isto é, flutuações de preço, quedas súbitas da capacidade de carga e gargalos na infraestrutura). Analisando todos esses riscos juntos, em todas as unidades de negócios, os gestores desenvolveram um cenário pessimista para a organização e calcularam que a Lufthansa teria de gerar 1 bilhão de euros (cerca de 1,4 bilhão de dólares) em fluxo de caixa adicional, ao longo de um período projetado de três anos, a fim de preparar a companhia aérea para riscos futuros. Dessa forma, o D-Check mobilizou uma grande energia –

um total de 1.320 projetos de corte de custos – para atingir essa meta financeira, que acabou sendo superada em margem grande.

Até o CEO Juergen Weber assumir o comando, a tempo de reconhecer a crise e dar início a uma revitalização em 1991, a administração da Lufthansa vinha explicando e justificando o desempenho da empresa a si mesma (e aos funcionários e acionistas) como meramente parte de uma "flutuação normal do mercado de transporte aéreo", apesar de, durante esse período, a empresa perder vários milhões de dólares todos os dias.

Por que tantos líderes sucumbem à negação defensiva ou deixam de reagir a sinais de perigo? Indícios de ameaças inicialmente são tratados com baixa prioridade, já que interpretá-los pode ser trabalhoso e demandar muito tempo: esses sinais normalmente se perdem entre as demandas de negócios do dia a dia. Dessa forma, especialmente em épocas de crise, é indispensável identificar, analisar e interpretar sistematicamente as ameaças. Como explica Weber: "Quanto menos tempo se tem disponível, mais disciplina é necessária para fazer análises meticulosas e planejamentos precisos". Você deve detectar os sinais de ameaças potenciais ou de outros problemas e atribuir prioridade máxima a eles – mesmo quando a ameaça ainda não se mostrar urgente.

Aprofunde-se para compreender a ameaça e suas raízes. Os gestores muitas vezes dedicam atenção insuficiente à análise de ameaças potenciais ou à interpretação rotineira dos acontecimentos recentes no mercado, que deveriam ser utilizados para a constante elaboração de cenários possíveis para a empresa. Por quê? Há duas razões para isso. As empresas muitas vezes não têm suporte suficiente para identificar sistematicamente indícios de problemas, muito menos para analisar profunda e regularmente os efeitos desses sinais em processos específicos. Uma outra razão está no fato de os líderes terem pouco tempo, o que resulta em uma análise superficial ou inadequada, deixando passar batido as causas fundamentais do perigo. Por uma ou outra razão, os líderes muitas vezes acabam por atacar apenas os sintomas e não as verdadeiras causas da ameaça, desperdiçando, dessa forma, um tempo precioso.

Para superar o primeiro problema – a falta de sistemas de identificação –, você deve se concentrar em se adiantar às ameaças e interpretar seus efeitos por meio de análises regulares de mercado. Envolva seus funcionários nesse processo ou recorra a especialistas externos, que não são acometidos pelas barreiras de visão típicas em discussões sobre estratégia pela liderança das empresas. Informar-se sem demora sobre o conhecimento e as opiniões alheias permite uma abordagem consideravelmente mais proativa, e você poderá mobilizar a energia produtiva muito mais cedo e para uma variedade muito mais ampla de possíveis desafios. Para lidar com o segundo problema – a pressão das decisões urgentes –, você deve se aprofundar ainda mais a fim de descobrir o que está acontecendo na empresa. Sua análise deve ser detalhada e prontamente acionável, para que a organização possa ter uma esperança de atacar a ameaça antes de ela se tornar incontrolável.

O desafio é evitar a superficialidade e, em vez disso, aprofundar-se, analisando e compreendendo a fundo as dimensões do problema e suas causas fundamentais. Você deve, principalmente, assegurar uma reflexão cuidadosa, criando processos ou plataformas para discutir as questões estratégicas, as possíveis ameaças e as tendências relevantes. É crucial que você reserve tempo suficiente, crie uma atmosfera na qual os participantes possam se distanciar do trabalho cotidiano e garanta uma discussão aberta e ponderada.

Foi o que vimos na Lufthansa com o programa D-check. Weber fez questão de pesquisar meticulosamente seu setor e incluir seus gestores no processo *antes* da retração econômica. Ao fazer isso, ele identificou a ameaça desde o início e foi capaz de atacá-la rapidamente.

Mas até ameaças iminentes que não sejam externas ou que não afetem o setor inteiro precisam ser meticulosamente analisadas. Em 1995, Pius Baschera, CEO da Hilti de 1994 a 2006, notou que algo tinha mudado na maneira como a empresa tentava atingir suas metas estratégicas. A empresa, uma líder do mercado em construção e manutenção de imóveis com sede em Liechtenstein, não estava conseguindo atingir a meta de crescimento de dois dígitos nas vendas, nem os aumentos esperados de lucratividade e produtividade.

Com uma taxa de crescimento de 6,6%, era possível argumentar que a Hilti não deixara de ser bem-sucedida. A administração, no entanto, tinha a impressão de que, apesar de a Hilti ter as condições necessárias para avançar mais rapidamente, precisava gastar cada vez mais energia só para obter os mesmos resultados de antes. Por mais nebulosa que fosse a ameaça, Baschera a levou a sério, promovendo um intenso diálogo e amplas pesquisas na empresa para descobrir a resposta. Ele atribuiu à pesquisa prioridade máxima, caracterizando-a mais tarde como "difícil e profundamente importante". Em 1996, cada um dos quatro membros do conselho executivo de administração já tinha, de maneira isolada, dedicado aproximadamente 50 dias ao problema. Sob a liderança da diretoria e dos líderes de mercados regionais da Europa, Ásia e Estados Unidos, a empresa conduziu milhares de entrevistas com os clientes e pesquisou tendências do setor, chegando a conduzir uma conferência internacional para discutir o assunto.

Em consequência desse intenso processo, a Hilti confirmou que, apesar de a estratégia que a empresa vinha seguindo há cerca de uma década estar basicamente correta, orientações e incentivos mal alinhados encorajavam a força de vendas a oferecer pacotes de produtos que faziam pouco sentido, prejudicando primeiro as margens de venda e depois os níveis de inovação. Ao identificar as raízes do problema e interpretá-las, Baschera e sua equipe administrativa foram capazes de reforçar os pontos fortes da estratégia existente e corrigir o direcionamento, afastando-se do crescimento das vendas para se concentrar no crescimento lucrativo sustentável.

Com essa reestruturação, o lucro operacional da empresa subiu de 127 milhões de dólares, em 1996, para 258 milhões de dólares, em 2000.

Pinte uma imagem vívida "do dragão". A estratégia de "matar o dragão" só funciona quando os líderes conseguem chamar a atenção de toda a empresa e canalizar a energia para um desafio em particular. Portanto, você, como líder, deve fazer duas coisas. Em primeiro lugar, deve se concentrar em uma ameaça ou desafio decisivo – "o dragão" – e articular isso como um perigo claro e iminente. Não basta simplesmente identificar todas as possíveis ameaças: você também deve selecioná-las, de preferência definindo o desafio central. Em segundo lugar, você deve pintar uma imagem vívida dessa ameaça relevante, preocupante e perigosa.

Com muita frequência, os líderes negligenciam o segundo passo. Em nossa pesquisa, vimos repetidamente como os executivos, ao tentar retratar de modo vívido a ameaça, acabam desenvolvendo e comunicando uma imagem muito complexa, excessivamente analítica e com detalhes em demasia. O quadro geral do problema e o desafio central se perdem. É difícil para os funcionários se conectarem emocionalmente a apresentações abstratas de problemas.

Gerar energia significa mobilizar emocionalmente seu pessoal, de modo a lhe dar uma injeção de adrenalina para se preparar para atacar "o dragão". Você precisa ajudar as pessoas a perceber a ameaça de maneira emocional, ao mesmo tempo em que os inspira a pensar com criatividade em como lidar com o problema. Informações sobre possíveis ameaças muito cerebrais, excessivamente abstratas, complexas ou puramente voltadas a números prejudicam esse tipo de envolvimento apaixonado. Por esse motivo, você precisa reunir coragem para se concentrar no desafio crucial que for o mais relevante possível para o futuro.

Por que é tão difícil para os executivos fazerem isso? Temendo que desafios menores, porém importantes, sejam negligenciados, os executivos muitas vezes apresentam uma lista abrangente de "dragões" aos funcionários, em vez de ajudá-los a se concentrar em apenas um. Apesar de esse impulso ser compreensível, vimos que, em todos os momentos em que as prioridades não são estabelecidas, os líderes arriscam perder o próprio foco e o de seu pessoal.

Na qualidade de líder, você precisa, portanto, estabelecer o foco e, de preferência, delinear uma imagem vívida do desafio crucial. Se uma imagem visual "do dragão" puder ser criada com sucesso, o direcionamento será claramente demonstrado, e os funcionários serão capazes de identificar os inúmeros componentes menores do problema que precisam ser levados em consideração e combatidos.

Uma forma pela qual você pode apresentar "um dragão" de modo bastante concreto e de maneira que provoque intensas emoções entre os funcionários é identificar um concorrente-chave como a principal ameaça – e fazer dele "o dragão" a ser visualizado pelos funcionários. Ryoichi Kawai, então CEO da Komatsu, empresa japonesa de maquinário pesado para construção civil, enfrentou o desafio da entrada da Caterpillar em seu, até então protegido, mercado local com um *slogan* interno, o *Maru-C* ("Circundar a Caterpillar"). Kawai alavancou essa concorrência com a Caterpillar em um processo altamente disciplinado e eficaz de fortalecimento dos pontos fortes e do posicionamento de mercado da Komatsu. O *slogan* único revela o foco da empresa em sua ameaça primária.

Envolva toda a equipe administrativa. Apesar de identificar e interpretar ameaças ser principalmente uma tarefa da liderança, os altos executivos devem encontrar maneiras de envolver também a gerência no processo. Ao coletar deliberadamente informações, percepções e interpretações de vários níveis hierárquicos, entre outras fontes, você pode chegar a uma imagem mais completa da empresa e informações sobre quaisquer ameaças ocultas.

No decorrer de nossa pesquisa, ouvimos com frequência declarações bastante diferentes de vários gestores em relação às mesmas iniciativas de mudança. Essa falta de clareza e de consenso é crítica, porque o comportamento da administração, suas interpretações e atitudes afetam consideravelmente o modo como a energia da empresa é canalizada. Os executivos permanecem sendo o ponto de partida para o modo como a situação da empresa é interpretada pela organização como um todo: quanto mais incerta for a situação, mais os funcionários recorrem à diretoria em busca de orientação. Dessa forma, a diretoria precisa investir no desenvolvimento de uma imagem clara e inequívoca da situação e envolver outros gestores e funcionários no processo. Esse tipo de envolvimento compartilhado não é somente algo "interessante de se ter": ele é fundamental para o sucesso da estratégia. Funcionários da linha de frente observam uma grande parte da empresa que você, na posição de líder, não tem como enxergar – particularmente o comportamento no âmbito da gestão ao qual eles estão subordinados.

A fábrica de cerveja Schneider, da Bavária, envolve deliberadamente a sua equipe gerencial na análise de tendências para identificar e conter ameaças potenciais. Essa cervejaria de sexta geração, atualmente liderada por Georg Schneider VI, opera em um mercado de cerveja global e dinâmico. Para identificar mudanças importantes, cada gestor recebe um formulário padrão para preencher com tendências relevantes em diferentes áreas (por exemplo, mercado, sociedade, concorrência, legislação). Durante o *workshop* anual de estratégia, as informações desses formulários são avaliadas, priorizadas e interpretadas. O resultado é uma imagem bastante clara do cenário organizacional, bem como um entendimento compartilhado entre os gestores que a criaram. Por exemplo, uma dessas análises de tendências revelou que bebidas misturadas, como cerveja com sabor de toranja ou refrigerante, estavam entrando no mercado – uma tendência que afetava os negócios da Schneider. A empresa reagiu decidindo deliberadamente se ater à sua tradição de produzir e vender cerveja *Weisse* pura. Outra ameaça identificada por meio desse monitoramento de tendências da Schneider foi a deterioração da imagem da cerveja. Em razão desse comportamento dos adolescentes, o bares "rodízio" (nos quais os clientes pagam um valor fechado para beber o quanto quiserem), e outras formas de abuso de álcool, a imagem da cerveja estava sendo gravemente prejudicada. Após a análise coletiva conduzida pelos gestores durante um *workshop* de estratégia, Schneider decidiu investir no desenvolvimento de uma "cultura da cerveja" na Alemanha – comparável à cultura do vinho –, que ajudaria a posicionar a cerveja tradicional como uma iguaria, mais do que como um tipo de bebida alcoólica qualquer. Schneider decidiu que toda a sua força de vendas deveria ser treinada como *sommeliers* da cerveja. Essa medida foi tão ousada e inovadora que provavelmente nunca teria sido aprovada – e os gestores nunca teriam sido capazes de compreendê-la e internalizá-la – sem o monitoramento de tendências, que envolveu a todos eles.

Processos como esse agregam a vantagem de gerar uma visão mais ampla e de envolver proativamente os gestores, sendo, por si só, a melhor maneira de combater a energia negativa. Quando você não dedica tempo e esforço suficientes para envolver seus gestores e funcionários, arrisca perder o apoio deles ou, no mínimo, sua força de trabalho demonstrará pouco comprometimento até mesmo perante a situação mais ameaçadora para a empresa. Quando a cúpula administrativa exclui as outras pessoas da empresa desse processo de coleta e análise de informações, os funcionários de melhor desempenho são, muitas vezes, os primeiros a abandonar o barco durante um processo de mudança.

Mobilize a comunicação para conscientizar as pessoas de um problema em comum

A segunda atividade de liderança que você precisará promover ao "matar o dragão" é comunicar a ameaça ou o perigo de uma forma que crie uma verdadeira e profunda conscientização do problema que assola a organização[7]. A comunicação é crucial para incitar a ação, como afirmam Ronald A. Heifetz e Donald L. Laurie: "Em vez de proteger as pessoas de ameaças externas, os líderes devem permitir que o incômodo da realidade as estimule a se adaptar"[8]. Dessa forma, você envolve os funcionários na resolução do problema – em especial aqueles que desenvolveram conhecimento e sabedoria por meio da experiência na linha de frente da empresa.

Com muita frequência, os líderes não se empenham em comunicar a ameaça por toda a empresa. Eles deixam de mostrar o problema de forma relevante aos funcionários e não os envolvem. Por que não? Alguns executivos temem ser vistos como fracos se falarem abertamente sobre uma ameaça, ainda mais se envolverem os membros do *staff* no processo de resolução de problemas, em vez de os solucionarem sozinhos. Outros gestores temem provocar ansiedade entre o seu pessoal

– ou fazer com que as pessoas entrem em pânico e até abandonem a empresa – se revelarem a verdade nua e crua sobre potenciais problemas organizacionais.

Mas até tentativas mais bem-intencionadas de proteger os funcionários dos problemas normalmente têm o efeito oposto. Eles sentem quando os procedimentos operacionais apresentam dificuldades, os clientes estão se afastando ou os mercados estão entrando em colapso. É comum também ficarem sabendo da verdade sobre a situação da empresa por alguma outra fonte, e isso faz com que percam a confiança na liderança da empresa. Em vez disso, você deve mostrar o perigo de maneira realista e relevante ao seu pessoal.

Apresente o perigo de maneira realista e relevante. Muitos gestores subestimam o quão profunda a comunicação precisa ser para que os funcionários se tornem pessoalmente interessados pelo problema a fim de desejarem fazer algo a respeito[9]. Em vez disso, os próprios executivos encarregam-se de um processo muito longo para analisar, entender e interpretar a situação real até desvendarem à exaustão o problema. Só quando "o dragão" está absolutamente claro e evidente para eles é que os líderes comunicam o desafio para toda a organização. O problema é que, nesse ponto, já terão perdido de vista o longo trajeto que eles próprios percorreram para chegar a essa conclusão. Eles acabaram de passar por um processo verdadeiramente catalisador para visualizar com clareza a ameaça à organização – e depois só informam brevemente essa ameaça, algumas vezes sob a forma de uma comunicação única e isolada, ao seu pessoal. Não é de espantar que os funcionários não percebam plenamente a gravidade do perigo!

Como regra geral, portanto, você deve comunicar possíveis ameaças ao seu pessoal logo no início, quando sentir os primeiros sinais, ainda que fracos, de que um problema pode vir à tona. Dessa forma, a ameaça se torna tangível e realista para *todos* – não apenas para você e sua equipe –, e, juntos, todos os funcionários podem analisar essa ameaça e elaborar um plano de ação.

A simplicidade da abordagem *Maru-C* da Komatsu para "matar o dragão", que mencionamos acima, é sedutora: é fácil ver como os líderes estimularam com eficácia a conscientização de uma ameaça. Nossa experiência tem demonstrado que o espírito de competição é facilmente energizado ao se concentrar em um concorrente importante. É mais difícil, contudo, perceber e concretizar outros desafios, como a concorrência internacional, os problemas financeiros, a perda de clientes ou uma tecnologia inovadora capaz de tornar os produtos ou serviços da empresa obsoletos. Especialmente em empresas que não se encontram em uma crise evidente, ou que estão passando por um período de prosperidade, o maior desafio é encontrar "um dragão plausível", não teórico ou abstrato demais, e próximo o suficiente para ajudar a mobilizar rapidamente os funcionários.

O SKF Group, uma importante multinacional de produtos, soluções e serviços em sistemas de lubrificação, rolamentos, lacres e mecatrônica, com sede em Gotemburgo, Suécia, realizou com sucesso uma intensa campanha de comunicação para apontar a relevância de "um potencial dragão". Entre 2004 e 2005, em meio a um longo histórico de sucesso, a SKF organizou um *workshop* de desenvolvimento de lideranças para seus 170 executivos mais seniores, que chamou de Step Up. Os *workshops* foram desenvolvidos para promover o sucesso contínuo da empresa, fortalecendo e energizando a liderança de toda a empresa. Tom Johnstone, CEO da SKF, foi pessoalmente a todas as quinze sessões e conversou com cada grupo sobre questões estratégicas e desafios importantes. A fim de sensibilizar os executivos para problemas potenciais que a SKF logo enfrentaria, Johnstone exibiu um gráfico comparando salários ao redor do mundo. Esse gráfico mostrava que os salários na Suécia e na Alemanha eram em média cerca de 30 vezes mais altos do que na China. Ele disse aos seus executivos: "Queremos permanecer no mercado europeu. Queremos manter nossa sede em Gotemburgo e queremos produzir globalmente, até mesmo na Suécia e na Alemanha. Por que não contratar 30 funcionários chineses em vez de um de vocês?". Essa ilustração concreta de uma possível ameaça foi o ponto de partida de inúmeras discussões produtivas sobre as finanças e a estratégia da empresa.

Apele às emoções dos funcionários. Você deve apresentar "o dragão" ou comunicar a ameaça por meio de apelos às emoções das pessoas. As emoções são um instrumento particularmente eficaz para estimular energia, e, mesmo quando negativas, nem sempre provocam um estresse danoso: em determinadas circunstâncias, essas emoções podem causar o chamado *eustresse* – uma forma positiva de estresse, capaz de produzir empenho e persistência extraordinários, que não poderiam ser catalisados sem os impulsos negativos[10].

Heinrich Huber, líder de uma empresa de tecnologia alemã de médio porte, fez uso do fator surpresa para criar entre seu pessoal uma preocupação emocional em relação a uma ameaça iminente. Quando a empresa ainda era uma *start-up*, ela era enérgica e viva, e seu pessoal se mantinha continuamente envolvido no trabalho. Mas no momento em que a empresa começava a se consolidar, seu pessoal passou a mostrar sinais de complacência. Huber se dedicou a descobrir maneiras de injetar uma espécie de conscientização e uma percepção renovada da urgência da situação em seus gestores. Suas tentativas iniciais fracassaram pelo fato de a situação financeira da *start-up* parecer sólida o suficiente.

Então, em uma viagem à China, Huber encontrou uma solução. Ele comprou uma caixa cheia de produtos chineses que sua empresa também produzia. Na reunião seguinte da administração, ele verteu o conteúdo da caixa na mesa. "Tudo isto custa 25 dólares", disse aos seus gestores: "Todos vocês sabem o quanto esses produtos custam quando nós os produzimos". Todos sabiam que os produtos custavam quase 2 mil dólares. "Quais as implicações disso para nós?", Huber perguntou. "Como podemos nos orgulhar do sucesso de nossa *start-up* quando nossos custos se tornaram tão altos?" A franqueza de Huber chocou os gestores, e eles acabaram se convencendo da importância de agir antes de a ameaça se transformar em um problema urgente.

Outras empresas criam uma preocupação emocional por meio dos *feedbacks* dos consumidores. Hans-Georg Krabbe, CEO da Busch-Jaeger, usou o fator surpresa para conscientizar seu quadro de funcionários de uma ameaça iminente a essa subsidiária da ABB, que emprega cerca de mil pessoas em Lüdenscheid e Aue, na Alemanha. Krabbe notou que, depois de décadas ocupando a posição de líder do setor de tecnologia de instalações elétricas, a empresa estava desenvolvendo produtos cada vez mais sofisticados, porém complexos demais do ponto de vista dos clientes. Em 2002, Krabbe recebeu uma carta de reclamação de um cliente junto com um painel de controle quebrado para persianas de janela. Ele, enfurecido, tinha esmagado o painel de controle por ser complicado demais. Na reunião seguinte da empresa, Krabbe colocou o produto destruído na mesa e disse: "Nosso cliente ficou tão nervoso que destruiu nosso produto". Mais uma vez, como reação a um objeto tangível diante deles, tanto funcionários como gestores expressaram uma intensa preocupação em relação à ameaça e deram início a um *brainstorming* visando encontrar soluções para simplificar o *design* de seus produtos.

Também é importante fazer o acompanhamento da iniciativa. Krabbe manteve o painel de controle destruído em sua mesa, mencionava-o em cada reunião e confrontava continuamente os funcionários com o problema. O nível de preocupação na empresa era tão alto que as pessoas se sentiram intensamente motivadas a desenvolver um produto que fosse muito mais simples de se operar. Nove meses mais tarde, o novo painel de controle ficou pronto e os funcionários o lançaram com orgulho no mercado.

Para conseguir dar uma verdadeira sacudidela em sua organização, você deve apelar às emoções das pessoas ao mesmo tempo em que comunica um argumento racional. Seu pessoal precisa sentir não apenas a sacudidela emocional como também uma intensa preocupação compartilhada em relação às mudanças necessárias – criando, dessa forma, uma prontidão coletiva para a ação por toda a empresa.

Fortaleça a confiança coletiva de que a empresa é capaz de lidar com a ameaça

Finalmente, para mobilizar uma empresa na direção da estratégia de "matar o dragão", você deve, na posição de líder, ajudar os funcionários a acreditar que, juntos, todos vocês serão capazes de superar o perigo – que os pontos fortes e as habilidades da empresa estão à altura do desafio[11]. Essa confiança pode fazer a diferença entre simplesmente provocar confusão, medo e inércia resignada e inspirar de fato as pessoas a desenvolver energia produtiva e positiva. Você pode utilizar quatro estratégias para desenvolver a confiança compartilhada diante de uma ameaça potencial. A primeira, e mais importante, é apresentar a ameaça como um desafio positivo. A partir desse ponto, e ao longo de todo o processo de "matar o dragão", você deve proporcionar uma prática desafiadora, apontar exemplos a serem seguidos baseados em sucessos passados e oferecer encorajamento emocional[12].

Apresente a ameaça como um desafio. Apesar de termos descrito "o dragão" como uma *ameaça* potencial, pesquisas demonstram que os líderes motivam melhor seu pessoal apresentando o perigo iminente como um *desafio*. Isso não significa dourar a pílula da situação. Pelo contrário, você deve informar aos funcionários todos os detalhes coletados e apresentar uma imagem clara da situação. Mas é necessário que você fortaleça a confiança das pessoas de que elas podem solucionar o problema, e que, como empresa, todos vocês podem se empenhar e superar juntos o desafio. Uma maneira de fazer isso é elaborar ações específicas e tangíveis que a organização possa realizar para superar o desafio.

No caos que se seguiu aos ataques terroristas de 11 de Setembro, por exemplo, os líderes da Lufthansa lembraram seu pessoal de que eles já enfrentaram crises antes (como as amplas mudanças financeiras e políticas envolvendo o setor inteiro nos anos 1990) e as superaram. As estratégias utilizadas para conter a crise incluíram mecanismos comprovados de resposta, como descontinuação da utilização de parte da frota de aeronaves, renúncias salariais voluntárias ou redução imediata de horas extras. Como a Lufthansa já tinha recorrido a esses e outros mecanismos de enfrentamento no passado, os funcionários, que conheciam bem a necessidade e a eficácia dessas medidas, não se chocaram com elas. Um gestor sênior mais tarde descreveu esse período pós-11 de Setembro nos seguintes termos: "Tínhamos desenvolvido instrumentos, técnicas e competências comprovadas para uma gestão de crises eficaz e sabíamos disso. As pessoas dessa empresa, portanto, já tinham certo grau de autoconfiança: se alguém sabia como superar situações críticas, éramos nós". A liderança da Lufthansa apresentou a mensagem da empresa aos funcionários com franqueza e convicção e, ao mostrar a ameaça como uma oportunidade, os executivos foram capazes de energizar seu pessoal para enfrentá-la.

Você não deve subestimar a capacidade de seus funcionários de desenvolver uma imagem bastante fiel da extensão na qual sua empresa pode ou não lidar com um perigo. Na verdade, você até pode se beneficiar disso. Por exemplo, uma empresa que avalia um perigo como maior do que sua capacidade de superá-lo, como um colapso do mercado que os líderes da empresa consideram insuperável, verá seus funcionários naturalmente caindo na inércia resignada, com os sentimentos de frustração ou ceticismo que esse estado de energia provoca. Felizmente, você pode mudar, na essência, a energia de sua empresa. Isso requer que você dissemine uma imagem coletivamente aceita de que, por meio dos pontos fortes e das habilidades, a empresa pode e irá superar o desafio[13].

Proporcione uma prática desafiadora, criando exemplos a serem seguidos baseados em sucessos passados. Com muita frequência, os executivos limitam-se a se voltar para metas futuras e deixam de reconhecer o longo, e em grande parte bem-sucedido, caminho já percorrido pela empresa. Mas os sucessos do passados são, sim, os melhores impulsionadores de confiança. Quando as pessoas vivenciam o sucesso, reforçam a confiança na própria capacidade de lidar com os desafios[14]. Como vimos no exemplo da Lufthansa, o mesmo se aplica a equipes, unidades de negócios e empresas inteiras: o sucesso produz uma reação imediata e positiva para acionar a capacidade compartilhada dos grupos de agir com o objetivo de superar os problemas.

Comparações positivas com o passado podem ser contagiantes, e se espalharem por todos os níveis hierárquicos, catalisando a confiança das pessoas de que mesmo metas difíceis serão atingidas, e que enormes ameaças poderão ser superadas[15]. Apresentar uma imagem precisa de uma história de sucesso organizacional significa valorizar as atividades específicas que foram necessárias a fim de superar a ameaça. Na qualidade de líder, você deve salientar exemplos eficazes de como funcionários fizeram a diferença, quais competências possuíam, quais ações realizaram para lidar com os desafios e quais recursos utilizaram.

Isso significa que, mesmo na ausência de uma ameaça, as empresas precisam se beneficiar da oportunidade em realizar tarefas desafiadoras. Como Bo Risberg, o CEO do Hilti Group, aconselha os gestores: "Escolham o caminho difícil. Procurem experiências com desafios realmente árduos. Elas os fortalecerão". Mas para que tarefas desafiadoras levem a uma maior confiança, os gestores devem atribuir o sucesso aos próprios funcionários e ao empenho compartilhado, e não a fatores externos, à administração, ao cenário econômico ou a outros fatores que influenciem o desempenho da empresa. Só então os funcionários poderão desenvolver a confiança necessária na própria capacidade para superar desafios futuros.

Outras fontes de histórias de sucesso potencial são avaliações de desempenho e conferências. Por exemplo, na CAS, uma desenvolvedora alemã de *softwares*, projetos desafiadores são apresentados regularmente em conferências internas de gestores. "Depois dessas conferências", o CEO Martin Hubschneider explica, "outras pessoas também querem subir ao palco e todos dizem a si mesmos: 'Eu também posso fazer o que ele fez'". A Phoenix Contact, uma desenvolvedora líder de tecnologia industrial eletrônica e elétrica líder, sediada na Alemanha, utiliza um processo interno formal para coletar histórias de sucesso de seu pessoal. A empresa escolhe os projetos mais sofisticados realizados aquele ano para serem apresentados por seu responsável na conferência anual. O processo de seleção dá visibilidade aos projetos escolhidos como as iniciativas mais especiais, encorajando a superação por toda a empresa.

Tudo isso significa que, especialmente em períodos difíceis, como em uma fase de "matança do dragão", você deve fazer pausas regulares, voltar o olhar para a organização e ressaltar entre seus funcionários as suas realizações, a fim de demonstrar que há competência necessária para fazer ainda mais. Olhar para o passado dessa forma impulsiona a confiança dos funcionários de que os desafios futuros também poderão ser superados.

Exemplos externos a serem seguidos – até de concorrentes – também podem inspirar e despertar a paixão dos funcionários para vencer uma ameaça. O Capítulo 5 descreve como o CEO Martin Strobel agiu de maneira exemplar na Baloise Switzerland diante de uma crise financeira e obteve bons resultados.

Ofereça encorajamento emocional. Outra maneira de reforçar a confiança na capacidade compartilhada da organização de superar com sucesso os desafios é criar um clima emocional positivo na empresa ou em suas unidades.

Quando a ABB estava à beira da falência em 2002, o CEO Juergen Dormann demonstrou apoio a seu pessoal circulando suas "cartas de sexta-feira", *newsletters* semanais que visavam fortalecer a identidade da empresa. Ao mesmo tempo em que informava sobre a situação financeira da empresa, as cartas também impulsionavam a confiança das pessoas em sua capacidade de superar os desafios. "Gostaria de garantir a vocês que estou confiante de que atingiremos nossas metas de negócios esse ano", ele escreveu em uma carta, reforçando a mensagem duas semanas depois, dizendo: "Há muito orgulho e determinação em nossa empresa. Isso fortalece minha convicção de que dominaremos e superaremos os difíceis desafios que nos aguardam"[16].

Na qualidade de líder, você pode estimular de forma similar a confiança dos funcionários comunicando sua percepção da capacidade da empresa de vencer o desafio, ou apontando explicitamente os pontos fortes. Mas você também pode voltar a atenção para os membros específicos que demonstrarem um nível particularmente elevado de autoconfiança, ou para pessoas mais diretamente afetadas pelo desafio: elas podem atuar como mensageiras e catalisadores da confiança, contagiando os outros com sua energia. De qualquer maneira, escolha um meio de comunicação (seja e-mail, vídeo ou reuniões da empresa inteira) que lhe permita se comunicar diretamente com suas equipes ou unidades e incentivá-las a acreditar nos próprios pontos fortes. Dessa forma, você assegura que sua mensagem pessoal não se dilua e chegue às pessoas da linha de frente.

Há outras maneiras pelas quais você pode oferecer um encorajamento emocional à sua organização para lidar com uma ameaça. Comunique-se abertamente com seu pessoal e interesse-se diretamente pelas ideias de cada um deles[17].

Foi exatamente o que fez a Phoenix Contact como parte da iniciativa de gerar energia produtiva e promover a confiança durante a crise econômica mundial que teve início em 2008. Nesse ano, a Phoenix, que ganhara então 1,5 bilhão de dólares, viu-se diante de uma alarmante previsão. A empresa conduzira vários levantamentos ao redor do mundo com seus melhores clientes para ter uma ideia da demanda futura, e as notícias não eram boas. Gunther Olesch, vice-presidente executivo e membro do conselho de administração, comunicou-se com os funcionários da Phoenix de forma aberta, direta e ágil sobre os resultados do levantamento – um mais soturno do que o outro. No fim, a queda do lucro mensal a partir de novembro de 2008 resultou em uma perda de 19% para 2009 – a queda mais acentuada que presenciara, e que aconteceria em um único ano, ainda mais abrupta do que a soma de todas as perdas percentuais desde a Segunda Guerra Mundial.

Apesar de o declínio ser enorme, os funcionários se mantiveram confiantes. "Em razão da imagem realista apresentada a eles durante a crise, além da cultura forte e o alto grau de energia antes da retração econômica, os funcionários se mantiveram unidos durante a época de dificuldade", conta Klaus Eisert, *partner* executivo. "Um ambiente saudável e um alto grau de confiança amorteceram o choque".

Desde o início, a Phoenix assegurou a seus funcionários de que não haveria demissões. Apesar de um esquema de trabalho em horário reduzido (redução geral da jornada de trabalho integral dos funcionários para eliminar a necessidade de demissões) ter sido introduzido para que a empresa se adaptasse à preocupante situação econômica e para proporcionar liquidez, nenhum corte adicional de orçamento foi realizado nos recursos humanos. Os membros do conselho de executivos também aceitaram uma redução salarial de 8,7% (o equivalente ao que os funcionários perderam em virtude da redução das horas de trabalho) como uma forma de se solidarizar com a força de trabalho e enviar uma mensagem positiva. A situação era tal que a Phoenix precisava cortar 123 milhões de dólares em custos. Por meio do envolvimento e das atividades proativas de redução de custos, a Phoenix Contact economizou 183 milhões de dólares em 2009.

Um direcionamento importante, além do corte de custos durante a crise, foi fomentar a confiança na organização ao estimular explicitamente a inovação. Apesar da redução de custo em todas as outras áreas, a verba para inovação permaneceu a mesma – a equipe gerencial manteve o mesmo volume de investimentos na área, como havia sido planejado para um aumento de receita de 9%.

A Phoenix já havia realizado *workshops* internos anuais de melhores práticas, no qual os funcionários apresentavam ideias à administração e aos colegas. Em 2009, a empresa realizou novamente o *workshop* duas vezes. Dar aos funcionários a oportunidade de expressar suas ideias com tamanha visibilidade não apenas estimulou a inovação como também enviou uma mensagem de apoio emocional: as ideias deles eram importantes. Em consequência, em 2009, a Phoenix apresentou 2.600 inovações na importantíssima feira comercial anual de Hannover, onde as empresas mostram seus novos produtos. Mesmo em meio à crise, a Phoenix apresentou na mostra mais produtos novos do que nunca. Aquilo representou um sinal positivo claro para o público, para os concorrentes e, não menos importante, para o próprio *staff* da empresa. A Phoenix demonstrou-se profundamente comprometida, confiante de que sairia, logo e fortalecida, da recessão.

A continuidade do sucesso da empresa desde então baseou-se na disposição de seu pessoal de trabalhar com toda a energia e todo o empenho, impulsionado pelo orgulho de ter superado a crise com tanto sucesso. No primeiro trimestre de 2010, os pedidos recebidos aumentaram 33%, o giro real cresceu 22% e a Phoenix contratou mais 290 pessoas.

Antes de "matar o dragão"...

"Os dragões", da mesma forma que as ameaças, são fenômenos poderosos que podem ser bastante perigosos se não forem tratados adequadamente. Portanto, você deve se conscientizar de três riscos que essa estratégia implica[18]:

- **Sobrecarregar a empresa.** Mobilizar empresas inertes requer romper camadas profundamente incrustadas de *status quo*. Mas nosso trabalho com empresas mostra que algumas organizações – aquelas que vivenciaram fases excepcionalmente longas de inércia ou conforto – muitas vezes perderam as competências necessárias para ativar seu potencial. Pânico, inativismo ou paralisia normalmente se estabelecem. Dessa forma, você deve encontrar maneiras de instigar a tão necessária sacudida, ao mesmo tempo em que evita sobrecarregar a empresa ou forçá-la a um estado de completa paralisia – um equilíbrio delicado enfrentado por muitos executivos.

- **Não canalizar de maneira suficiente a energia da empresa.** Mesmo quando as empresas recebem de alguma forma uma injeção de energia para entrar em ação, algumas vezes ainda não há o entendimento mútuo suficiente entre líderes e funcionários sobre como canalizar essa nova energia para as metas, os projetos e as atividades em comum. Como consequência, a energia pode se tornar negativa, chegando até a ser corrosiva. Nesse sentido, você deve encontrar o foco organizacional em comum para iniciativas dessa natureza. A energia produtiva emerge não apenas ativando o potencial de uma empresa, como também canalizando de maneira apropriada as forças geradas.

- **Superestimar *por quanto tempo* e *com que frequência* uma ameaça pode mobilizar as pessoas.** Quando os gestores tentam utilizar a estratégia de "matar o dragão" durante anos e a aplicam repetidas vezes, ela pode se tornar um tiro pela culatra. Essa estratégia só é eficaz a curto ou médio prazo. Quando a energia é mobilizada em torno de uma ameaça ou crise relevante, essa pode diminuir rapidamente quando o perigo for descartado[19]. A energia produtiva, assim, cai rapidamente – algumas vezes retornando ao nível anterior mais baixo. Empresas que utilizam repetidamente a estratégia de "matar o dragão" enfrentam o mesmo problema e, além disso, a ameaça precisa ser cada vez maior, mais perigosa ou mais dramática, e com o tempo, a administração necessita de cada vez mais pressão para mobilizar energia adicional. A longo prazo, esse processo pode levar uma empresa a um estado de estafa. É preciso, então, tomar cuidado para não utilizar esse tipo de estratégia de forma exagerada, ou por um período longo demais.

  Uma das maneiras de se evitar as três armadilhas acima é alternar a estratégia de "matar o dragão" com uma outra complementar e eficaz, que gere disciplina e determinação rapidamente e com um olhar de mais longo prazo nas oportunidades futuras e na visão organizacional. Essa abordagem complementar é a estratégia de "conquistar a princesa". Exploraremos essa estratégia na próxima seção.

"Conquistar a princesa": utilizando oportunidades para mobilizar a sua empresa

Apesar de o desafio de um perigoso "dragão" poder mobilizar com muita eficácia a energia organizacional, as empresas algumas vezes se beneficiam mais de uma abordagem positiva: incitar a busca por uma oportunidade promissora. Essa estratégia funciona melhor a longo prazo, já que a energia positiva pode ser desenvolvida lentamente com o tempo. Uma inovação atraente, um novo mercado em desenvolvimento, novos tipos de clientes ou uma nova visão ou missão organizacional são fatores que podem representar uma oportunidade futura capaz de gerar um grande potencial em uma empresa. Na verdade, quanto mais detalhada e concreta for a visão do futuro desejado, mais eficaz ela será para criar uma reestruturação organizacional fundamental[20].

Como nos referimos acima, essa estratégia de liderança é chamada de *conquistar a princesa*. Da mesma forma que "matar o dragão", essa estratégia pode livrar com eficiência as empresas da inércia resignada e da armadilha da complacência, e direcioná-las a um estado de energia produtiva (Figura 2.2). As estratégias "da princesa" e "do dragão" também compartilham muitas outras semelhanças e, na verdade, podem ser vistas como lados diferentes da mesma moeda. Por exemplo, as duas requerem uma liderança corajosa, uma sólida estratégia de comunicação e atenção às emoções dos funcionários. Na qualidade de executivo, você deve, portanto, trabalhar em estreito contato com as pessoas da empresa para definir, comunicar e apontar conscientemente um "objeto de desejo"[21].

Mas diferentemente de "matar o dragão", a estratégia de "conquistar a princesa" funciona particularmente bem em empresas imersas em inércia resignada. Quando a resignação, a dissociação interna e a frustração tomam conta de uma empresa, isso normalmente indica uma discrepância entre o que a cúpula administrativa acredita ser possível para resolver o problema e o que está realmente acontecendo. Nessas empresas, os funcionários costumam ser avessos a iniciar uma mudança, pois consideram que tiveram pouco sucesso – e talvez até tenham fracassado – em processos de mudança anteriores. Em uma situação como essa, se a administração lançar uma ampla estratégia de ameaça (isto é, de "matar o dragão"), a abordagem provavelmente não energizará a organização e talvez provoque mais resignação, já que os funcionários esperarão outro fracasso. Conquistar a princesa alavanca a tensão positiva que a administração deseja ao criar com uma imagem bastante clara e atraente de um futuro possível, algo que os funcionários sentem que valeria a pena buscar. Ativar a energia organizacional por meio de uma oportunidade gera uma tensão emocional positiva e também entusiasmo, e encoraja as pessoas a intensificarem suas atividades. Quando se sentem intimamente comprometidas com a busca de um sonho ou a uma meta profundamente desejada, elas naturalmente trabalham com mais eficácia e maior comprometimento e foco.

Figura 2.2 – A estratégia de "conquistar a princesa"

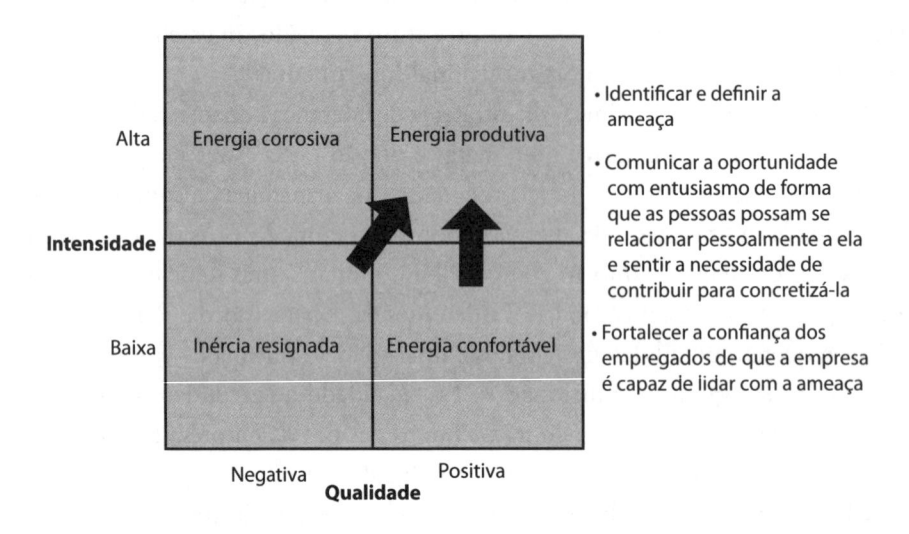

	Energia corrosiva	Energia produtiva	• Identificar e definir a ameaça
Alta			• Comunicar a oportunidade com entusiasmo de forma que as pessoas possam se relacionar pessoalmente a ela e sentir a necessidade de contribuir para concretizá-la
Intensidade			
Baixa	Inércia resignada	Energia confortável	• Fortalecer a confiança dos empregados de que a empresa é capaz de lidar com a ameaça
	Negativa	Positiva	
	Qualidade		

Contudo, uma oportunidade promissora por si só não basta para mobilizar a energia de uma empresa. Como na estratégia "do dragão", "conquistar uma princesa" pode gerar uma enorme energia produtiva ou pode mergulhar a empresa em ceticismo, frustração ou estresse negativo. Da mesma forma como na estratégia de "matar o dragão", tudo depende da execução. Para você, líder, isso significa encontrar uma maneira de transferir sua visão da oportunidade aos seus gestores e funcionários, alimentando neles o sonho e desenvolvendo a confiança de que a meta pode ser atingida.

Você pode aplicar a estratégia de "conquistar a princesa" realizando três etapas cruciais, correspondentes às da estratégia "do dragão". O quadro *Resumo das etapas para "conquistar a princesa"* apresenta um esboço delas e os passos necessários para atingir cada uma.

Resumo das etapas para "conquistar a princesa"

Identificar, interpretar e articular uma oportunidade
1. Desenvolver uma imagem clara e vívida do futuro, uma visão exclusiva para sua empresa.
2. Inspirar seus funcionários a trabalharem na direção de uma meta coletiva.

Comunicar apaixonadamente a oportunidade
1. Gerar entusiasmo pela visão, fazendo com que ela seja emocionalmente atraente para seus funcionários.
2. Desenvolver um *branding* claro para a visão.
3. Monitorar o progresso da empresa na concretização dessa visão.

Fortalecer a confiança coletiva na oportunidade
1. Participar pessoalmente e de modo visível na busca da concretização da visão ou oportunidade.
2. Lidar de forma rigorosa, porém justa, com os funcionários que não apoiarem a visão.
3. Alinhar estreitamente os sistemas de recompensa com a busca da concretização da visão ou oportunidade.

Identificar, interpretar e articular uma oportunidade

O processo de "conquistar a princesa" começa na identificação de qual "princesa" a empresa deseja conquistar – e na interpretação e definição clara dessa oportunidade ou visão. Essa é sua tarefa mais importante e difícil na qualidade de um membro da administração, especialmente considerando que as ideias iniciais tendem a ser relativamente abstratas. E é justamente por causa dessa natureza abstrata das visões ou oportunidades a longo prazo que empresas costumam fracassar na implementação dessa estratégia: se você não puder identificar claramente uma visão e ela permanecer no âmbito de generalizações vagas, como pode esperar comunicá-la por toda a empresa? Portanto, você deve desenvolver uma imagem clara e vívida do futuro – uma visão exclusiva da empresa – e inspirar seus funcionários a trabalhar para atingir uma meta coletiva.

Desenvolver uma imagem clara, vívida e única do futuro. Você precisa ajudar a empresa como um todo a enxergar uma imagem do futuro desejado ou uma oportunidade especial que espera conquistar[22]. A visão deve ser simples, de forma que possa ser explicada em algumas poucas frases, intuitivamente plausível, clara e convincente[23]. Munidos de uma imagem simples, porém vívida, das visão futura, você e sua equipe administrativa podem promover uma empolgação positiva e um maior senso de comprometimento entre os membros de toda a empresa[24]. Uma visão como essa deve ser naturalmente concreta e emocionalmente atraente, mas não tão precisa e detalhada a ponto de confundir os funcionários.

Como regra geral, portanto, qualquer visão ou oportunidade que você, na qualidade de executivo, apontar deve: 1) ser claramente distinta das visões de outras empresas, com detalhes bastante específicos para sua organização; 2) incluir imagens concretas, vívidas, positivas e ambiciosas; 3) ir além do escopo de uma mera estratégia ou um plano de negócios, incluindo um quadro geral ou uma ideia abrangente do futuro; 4) ser o mais simples, intuitivamente plausível, clara e convincente possível.

Assim, é crucial, por exemplo, fazer com que a oportunidade ou visão seja *específica* para a empresa. Você não quer se encontrar na posição de uma consultoria norte-americana que realizou um seminário para seus gestores seniores e pediu que eles identificassem, entre as cinco visões apresentadas, qual era a visão da própria empresa deles. Só 10% dos gestores identificaram a visão correta, enquanto quase 70% apontaram a visão do maior concorrente como se fosse a da própria organização. Acontece que a liderança não dedicou tempo suficiente para lapidar e refinar a visão com o objetivo de fazer com que ela fosse específica para empresa e, em vez disso, passou diretamente a tentar comunicar um plano bastante nebuloso. De forma similar, as visões precisam incluir imagens concretas, vívidas e ambiciosas, que sejam, sobretudo, *positivas*. Temos outra "história de advertência" para ilustrar esse caso, dessa vez da divisão de Tecnologia da Informação (TI) de uma rede francesa de supermercados. O líder da divisão, um gestor dedicado que usava todos os instrumentos de gestão mais atuais disponíveis para liderar sua equipe, levou seis meses para desenvolver e explicar com entusiasmo uma nova visão. Mas os membros da equipe não acreditaram na ideia: não foi difícil para o líder da divisão ver que ninguém falava a sério sobre a ideia nos corredores e que nada estava sendo feito a respeito. E o mais importante: seus gestores nem chegavam a compartilhar a visão com as equipes deles. O problema era a visão em si: "queremos ser o suporte". Apesar de a mensagem fazer sentido – afinal, a equipe de TI de fato prestava suporte para outras unidades da empresa –, ela era, na verdade, um tanto enfadonha. Quem quer ser o "suporte"? Não era uma visão capaz de inspirar as pessoas a sonhar grande. Em junho de 2008, o líder da divisão já tinha desistido de sua visão e recomeçado o processo.

Inspirar seus funcionários a trabalharem na direção de uma meta coletiva. O exemplo acima também salienta a importância de elaborar uma visão que se direcione não apenas para uma pequena parcela de funcionários, mas, também, para pessoas de toda a organização, enfatizando que a meta é coletiva (para exemplos de visões inspiradoras, veja o quadro *Algumas visões famosas e eficazes*). Por exemplo, é um erro acreditar que a visão é um sinônimo de estratégia ou plano de negócios. A visão simplesmente descreve a posição que uma empresa deseja ocupar no mercado, ou o quanto ela deseja cortar custos (por exemplo: "Queremos ser a número um" ou "Queremos ser a maior fornecedora do nosso setor"). Por outro lado, uma visão útil deve ajudar as pessoas a vislumbrarem oportunidades especiais que sejam relevantes e atraentes para todas as divisões da empresa. Se a visão só cobrir os interesses de alguns funcionários e excluir os outros, ela provocará resignação ou até comportamento corrosivo em vez de mobilizar a energia. Uma boa visão, portanto, dirige-se emocionalmente a parcelas substanciais do empreendimento e as instiga a cooperar, estimulando a massa crítica de potencial da empresa[25].

Comunicar apaixonadamente a oportunidade

Definir e comunicar com entusiasmo a oportunidade gera um alto nível de conscientização da visão. As pessoas conhecem, entendem e se sentem apegadas a visão ou oportunidade específicas da empresa. Nossa pesquisa demonstra que as organizações nas quais as pessoas estão altamente cientes de sua visão, em comparação com aquelas com baixo nível de conscientização, apresentam 13,5% mais energia produtiva e 18,8% menos energia corrosiva.

Algumas visões famosas e eficazes

- **John F. Kennedy:** "Levaremos um homem à Lua e o traremos em segurança de volta à Terra".

- **AT&T:** "Nosso serviço é universal – proporcionaremos a cada lar norte-americano um serviço telefônico padrão".

- **Ford:** "O nosso negócio é produzir automóveis em massa".

- **McDonald's:** "Somos a maior rede de restaurantes de fast food do mundo".

- **Domino's Pizza:** "Garantimos a entrega da sua pizza em 30 minutos, não importa onde você mora".

- **Nokia:** "Somos a maior fabricante de telefones celular do mundo e uma das maiores prestadoras de serviço de redes de telefonia fixa e sem fio".

- **Nike:** "Todo mundo que tem um corpo é um atleta. Ajudamos os atletas a se tornarem campeões".

- **Tata Motors:** "Produziremos um carro de 2.500 dólares [os Rs1-Lakh] em janeiro de 2008".

Ao mesmo tempo, em empresas com alto nível de conscientização da visão e, subsequentemente, em um estado elevado de energia produtiva, descobrimos indicadores de desempenho superiores. Empresas nas quais os funcionários apresentavam maior conscientização da visão mostraram um desempenho geral 17% maior, 22% mais produtividade dos funcionários e 125% mais crescimento. Vamos analisar agora como você pode reforçar a conscientização e o apego de seu pessoal à visão da organização.

Gerar entusiasmo pela visão, fazendo com que ela seja emocionalmente atraente para seus funcionários. A comunicação eficaz da estratégia "da princesa" requer que você, na qualidade de líder, especialmente se for o CEO, *venda* a sua visão[26]. Não basta comunicá-la: você e a sua equipe devem fazer com que ela seja emocionalmente atraente para toda a empresa[27]. Pense em maneiras de envolver as pessoas no processo de elaboração da visão em vez de tentar usar apelos puramente racionais ou tentar impor a visão a elas.

A Audi, fabricante alemã de automóveis, fez isso de uma maneira muito energizante e autêntica quando, após um período de grande crescimento entre 2000 e 2008, a empresa viu-se diante de uma queda nas vendas, em 2009. Em consequência da crise financeira global, as vendas caíram de 42,8 bilhões em 2008 para 37,3 bilhões de dólares em 2009, com 950 mil encomendas a menos. Foi quando Peter Kössler, líder da fábrica da Audi em Ingolstadt (apelidada PI), e Sieglinde Wolter, um consultor interno de processos de mudança e habilidades *soft*, decidiram conduzir a empresa por um processo de mudança que nomearam de *Imagine*, com a visão "Produzimos entusiasmo pela Audi". Na prática, isso significava derrubar fronteiras entre divisões da fábrica e inculcar um espírito de equipe no qual todo funcionário se sentiria motivado a buscar novas oportunidades para o sucesso da PI.

O primeiro passo foi envolver a equipe administrativa. Kössler e Wolter deram início a uma atividade chamada de *Children-Managers' Conference* – algo como 'a conferência dos gestores-mirins'. Antes do início da conferência, os 125 gestores seniores da PI foram solicitados a escrever uma história de sucesso pessoal na Audi no formato de um conto de fadas, que contasse como eles haviam superado desafios para atingir suas metas, realizações importantes para eles ou sua equipe e sucessos dos quais se orgulhavam. Eles receberam algumas histórias de amostra e perguntas como: "Qual era sua atribuição? O que você fez depois? Quais problemas ou desafios se colocaram no caminho do sucesso? Você atingiu a meta desejada e o seu sucesso foi permanente?".

Quando a conferência começou, todos os gestores participantes também receberam um "livro de visão" que incluía a história de sucesso pessoal do gestor, o conceito visionário da PI e perguntas para refletir sobre essa visão, como: "Onde estamos hoje?", "Como quero influenciar a PI e a minha divisão de acordo com a visão?", "O que é necessário para produzir entusiasmo pela Audi?". Os gestores foram solicitados a vincular a própria história pessoal na PI com a visão da equipe. Após uma breve apresentação da visão da Audi e da *Imagine*, os gestores foram divididos em grupos menores de dez participantes, nos quais cada gestor contava a própria história e ouvia a história dos outros. Depois o grupo escolhia a história de sucesso que mais se adequava à visão da Audi.

O evento tomou um rumo surpreendente quando 125 "gestores-mirins" – crianças da escola local convidadas a participar do evento – entraram no prédio da fábrica. "Achamos que, se pudéssemos fazer com que as crianças se entusiasmassem com os nossos sucessos, seríamos capazes de estender esse entusiasmo a todos os nossos funcionários e clientes", disse Kössler.

Dez crianças foram alocadas em cada uma das equipes já formadas pelos gestores e, essas novas equipes de 20 integrantes precisavam elaborar as histórias de sucesso para que as *crianças* pudessem apresentá-las aos outros gestores, às outras crianças e ao conselho de administração executivo da PI, que atuaria como o "juiz" da conferência. Cada criança recebeu uma camisa e uma gravata (para que se parecesse com um gestor-mirim profissional) e teve duas horas para se preparar para as apresentações, com a ajuda dos gestores. O resultado foi uma grande variedade de breves e criativas peças de teatro, representação de papéis, apresentações de *stand-up comedy*, tudo para apresentar as histórias de sucesso. Antes de se apresentar, as equipes aguardavam sua vez pelos corredores da fábrica, e a área logo se transformou em um palco ruidoso e animado, energizado pelo poder criativo coletivo das crianças e dos gestores. O entusiasmo deles contagiou a todos.

Um gestor participante, Christian Fritsche, descreveu o evento da seguinte maneira: "Eu uso muitos termos técnicos no meu dia a dia, mas ali eu precisei comunicar as mesmas coisas com uma linguagem compreensível para uma criança. Foi uma grande experiência". Utilizando o lema "A PI produzindo entusiasmo pela Audi", os gestores-mirins apresentaram a história de sucesso de sua equipe. Logo depois das apresentações, os gestores e as crianças tiveram uma hora para receber um *feedback*, refletir sobre sua apresentação e falar sobre a visão da PI junto com seus gestores de linha antes da conclusão da conferência. O evento foi considerado um sucesso por todos os participantes, inclusive pelas crianças, que adoraram as atividades criativas fora da escola. O método inovador de apresentar a nova visão à administração facilitou para os gestores pensar sobre o conceito e trabalhar ativamente nele – e depois transmitir a visão aos funcionários e "contagiar" toda a fábrica em Ingolstadt.

Mas comunicar uma oportunidade para a organização não é só uma questão de gerar entusiasmo: também é necessário ajudar seu pessoal a interpretar e compreender a visão de forma concisa e clara. Caso contrário, caberá aos funcionários especularem o que a visão implica para eles e para o trabalho em si.

Os executivos da Tata Steel proporcionam um bom exemplo de como você pode ajudar seus funcionários a se conectar pessoalmente à visão e de como ajustar as atribuições individuais de forma que os funcionários possam contribuir com ela (veja o quadro *Tata Steel: como implementar uma visão criando o desejo de ação entre os funcionários*).

Tata Steel: como implementar uma visão criando o desejo de ação entre os funcionários

A Tata Steel concentrou-se em seus funcionários de três diferentes maneiras durante um processo de reformulação da visão da empresa. Em primeiro lugar, a empresa envolveu seus funcionários na criação da visão. Depois, ela lançou uma abrangente campanha de comunicação das mudanças. Por fim, a empresa fez o acompanhamento por meio de uma iniciativa completa para elevar o nível de comprometimento dos funcionários com a visão[28].

O primeiro passo foi o desenvolvimento de ideias básicas para a visão em uma rodada de discussões de dois dias e com a participação de 40 executivos seniores da Tata Steel. Mas o CEO B. Muthuraman encorajou toda a força de trabalho da Tata Steel a participar da criação da visão. Por meio da intranet corporativa, os funcionários puderam fazer comentários sobre as primeiras ideias para a visão, expressar sua opinião ou apresentar as próprias ideias; mais de 80 mil trabalhadores aproveitaram a oportunidade para dizer o que achavam. Depois de coletar todas as ideias relativas à visão, um grupo de trabalho interno, com a colaboração de especialistas externos, definiu duas metas principais entre as várias ideias sugeridas pelos funcionários.

Uma vez definida, o próximo passo foi elaborar a visão e comunicá-la amplamente por toda a empresa. O projeto *Vision 2007* foi lançado em maio de 2002 e vários canais de comunicação, de pôsteres a *mousepads*, foram utilizados para fazer a divulgação entre os funcionários da Tata Steel. Além disso, a visão foi um tópico--chave de reuniões regulares de grandes grupos, como o Senior Dialogue, que envolvia 500 executivos seniores. Muthuraman também utilizou o jornal interno da empresa e *newsletters* para internalizar ainda mais o conceito visionário.

Uma iniciativa adicional foi lançada para elevar o nível de comprometimento dos funcionários com a visão e com o desejo de agir para concretizá-la. Chamada ASPIRE *(ASPirational Initiatives to Retain Excellence* – "Iniciativas Ambiciosas para Reter a Excelência"), seu lema foi: "Visão sem ação não passa de um sonho... Visão com ação pode mudar o mundo". Muthuraman explicou que o motivo para o lançamento da ASPIRE era fazer o acompanhamento da comunicação da visão realizada em 2002, envolvendo cada equipe e todos os outros funcionários em uma representação disciplinada e apaixonada da *Vision 2007*.

Para isso, foi criado o lema *Vision 2007: One Challenge* ("Visão 2007: Um Desafio"). Mais de 1.500 *workshops* com pequenos grupos de 20 a 25 pessoas foram conduzidos para ajudar os funcionários a relacionar suas metas individuais e de equipe à Vision 2007. Uma agenda ASPIRE foi entregue a cada participante para ajudar a segmentar a visão como um todo em tarefas individuais. Os funcionários foram solicitados a anotar o que faziam durante o dia de trabalho. Dessa forma, as pessoas começaram a conectar a visão ao seu trabalho cotidiano, associando a nova visão às próprias tarefas. A agenda de atividades passou a constituir um compromisso pessoal concreto e compulsório com a Vision 2007.

Desenvolver um *branding* claro para a visão. Um segundo princípio-chave para comunicar a estratégia de "conquistar a princesa" é um *branding* eficaz. Em outras palavras, você precisa elaborar a oportunidade central com uma linguagem facilmente reconhecível e apropriada ao tema.

Quando Ratan Tata, líder do Tata Group e CEO da Tata Motors, anunciou seu plano de produzir um carro pequeno e extremamente acessível – o Tata Nano –, ele explicou sua visão nos seguintes termos: "Tenho observado famílias inteiras locomovendo-se com lambretas: o pai dirigindo, o filho mais novo de pé na frente dele, a esposa sentada atrás com um bebê. Isso me levou a questionar se seria possível criar, para uma família como essa, uma forma de transporte segura, acessível e que possa ser utilizada em qualquer clima. É um prazer apresentar o *"people's car"* ["o carro do povo"] à Índia: esperamos que ele traga a alegria e o orgulho e que seja útil. Um carro para muitas famílias que precisam de mobilidade"[29]. Há uma enorme lacuna entre o custo médio de uma lambreta e de carros populares como o Maruti 800, vendido por cerca de 5.000 dólares, e a Tata planejava preenchê-la[30]. No entanto, o sonho de Ratan Tata só se tornou tangível quando recebeu um nome marcante. Ao chamá-lo de "*one-lakh car*" (um *lakh* equivale a aproximadamente 2.250 dólares), a empresa fez com que a ideia do carro ficasse imediatamente evidente: ele seria um carro do povo. Ele teria um preço acessível a todos

Depois de elaborar a linguagem certa, você deve tomar cuidado para não desgastá-la pelo excesso de uso. Com muita frequência, máximas e *slogans* inteligentes se transformam em coisas mundanas – e esquecíveis – quando são incluídos em todos os comunicados oficiais, discursos e discussões da empresa. O *branding* é mais eficaz quando utilizado com moderação e de forma concentrada, apoiando o objetivo essencial da organização.

Monitorar o progresso da empresa na concretização da visão. Uma vez comunicada a visão ou a oportunidade com a maior eficácia possível, você deve assegurar que as pessoas se mantenham focadas nela. Os processos de concretização de visão costumam ser longas jornadas, que muitas vezes vêm acompanhadas de bastante pressão para empresas e funcionários[31]. E fracassam quando as pessoas não sabem ao certo quanto falta para atingir a meta, ou mesmo se estão avançando na direção certa, pois logo se perde a energia para prosseguir com o processo[32]. Por esse motivo, você deve monitorar meticulosamente o progresso da empresa na direção de suas metas e comunicar os primeiros sucessos assim que possível – tomando o cuidado de não sinalizar cedo demais que o perigo passou e, dessa forma, reduzir a energia necessária para concretizar todo o projeto.

Por exemplo, o TeamBank, um banco sediado na Alemanha e que tem cerca de 1.200 funcionários, monitora sua visão de "Ser o número um em seu segmento de mercado até 2012" por meio de uma maquete de acrílico de uma cidade fictícia chamada Easy Town[33]. A maquete fica exposta no *hall* da matriz do banco, de forma que qualquer pessoa que entre no edifício possa ver facilmente a cidade de plástico. Cada elemento da Easy Town é um símbolo de um elemento da visão do TeamBank: trens para a Europa simbolizam novos mercados; a "fábrica de crédito", da qual saem pequenos rolos de papel, simboliza transações padronizadas e otimizadas; ruas são chamadas de "caminhos de crescimento"; e em uma parte da maquete, uma minúscula mulher sorridente caminha por um tapete vermelho com um prêmio de "melhor empresa para se trabalhar" nas mãos. Quando etapas do trajeto para atingir a visão são concluídas, a maquete de acrílico se acende nas respectivas seções. Assim, todas as pessoas da matriz podem acompanhar facilmente o progresso atual da empresa passando pelo *hall* de entrada, e outros funcionários podem ver a maquete por meio de fotografias postadas na intranet da empresa.

Fortalecer a confiança coletiva das pessoas na oportunidade

Para conquistar com sucesso "uma princesa", você precisa ajudar seu pessoal a acreditar que eles são capazes de tirar proveito da oportunidade – de forma que o grupo seja coletivamente confiante de que pode, com o tempo, preencher a lacuna existente entre onde está agora e a desafiadora visão do futuro. Porque se você, na qualidade de líder, não conseguir fazer com que seu pessoal acredite que a princesa de fato pode ser conquistada, perderá sua credibilidade e o programa de mudança ou visão não poderá ter sucesso (para um exemplo disso, veja o quadro *Perdendo "a princesa" na França*). Vamos primeiro percorrer os três elementos desse passo e depois analisar mais detalhadamente um exemplo de todos os três em ação.

Perdendo "a princesa" na França

A Mobility Technologics (MT), uma grande multinacional francesa de tecnologia, vinha tendo sucesso há décadas com uma estrutura descentralizada. A administração investiu enormemente nessa estrutura, com sistemas de prestação de contas e de remuneração que encorajavam a responsabilidade pelos lucros e pelo crescimento em todas as suas muitas divisões. Mas com o mercado cada vez mais globalizado e a crescente demanda dos clientes, além de uma maior concorrência proveniente de empresas asiáticas de baixo custo, o antigo e descentralizado modelo de negócios da MT estava começando a parecer obsoleto. "Atendimento completo proveniente de uma única fonte" passou a ser a visão para o futuro, desenvolvida pelo CEO Philipp Malkowich, que a apresentou com entusiasmo em uma série de *workshops* com 300 gestores seniores das várias divisões.

Apesar de esse novo direcionamento fazer sentido para a maioria dos gestores participantes, e apesar de o novo direcionamento da MT ter gerado algum entusiasmo, muitos funcionários permaneceram céticos. Não demorou a se tornar evidente que a cúpula administrativa da empresa não estava tomando as medidas necessárias para sustentar a visão e simultaneamente promover as atividades cotidianas do negócio. Os gestores não alteraram os sistemas de remuneração ou incentivos para promover a cooperação entre os departamentos. Os líderes das divisões, já sem pessoal suficiente para atender os pedidos existentes, não receberam recursos humanos adicionais e passaram a enfrentar carência crônica de pessoal para realizar os novos projetos integrados. Os mesmos líderes também tinham um longo histórico de trabalhar independentemente; além disso, os livros de registro de pedidos já estavam lotados, e novos pedidos só podiam ser feitos com prazo de três anos. Como a empresa poderia atender novos pedidos por meio de um sistema novo e centralizado? Quando os líderes das divisões perceberam a hesitação da diretoria de lidar com as questões relativas à visão, eles se desapegaram da ideia. Diante dessas realidades e da incapacidade de as pessoas imaginarem realmente como a empresa concretizaria a nova visão do CEO, ela acabou fracassando.

Participar pessoalmente e de maneira visível na busca da concretização da visão ou oportunidade. Como veremos mais detalhadamente no Capítulo 6, as ações e o comportamento dos próprios líderes em busca da concretização da visão são o coração da mobilização da energia da empresa para esse processo. Como vimos em *Perdendo "a princesa" na França*, assim que os gestores da Mobility Technologies perceberam que a empresa na verdade não estava disposta a sustentar a visão anunciada com os recursos adicionais necessários, a visão fracassou. De maneira geral, os funcionários observam atentamente o comportamento da cúpula administrativa e o utilizam como um indicador da extensão do comprometimento da empresa com a visão ou a nova oportunidade[34].

Dessa forma, você, na posição de um membro da administração, precisa adotar algumas medidas de alto impacto para sustentar sua causa, como investir em projetos de alta visibilidade e, assim, abrir caminhos para viabilizar a visão ou a oportunidade. Na verdade, você pode utilizar uma variedade de atividades simbólicas para impulsionar a confiança das pessoas na nova visão. Por exemplo, você deve alocar recursos de outras atividades da organização – de forma visível – aos novos projetos relacionados à visão. Você também pode logo no início refletir a visão na estrutura organizacional de sua própria unidade de negócios. Além disso, toda comunicação importante deve remeter à visão e salientar sua importância para a empresa. Dar grande visibilidade à realocação de recursos envia uma poderosa mensagem a toda a organização, deixando claro que a administração está levando a sério a nova oportunidade.

Lidar com funcionários que não apoiam a visão. Você precisa estar disposto a se separar dos membros da equipe sênior (e fazer algumas demissões, se necessário) que não apoiarem a visão. Você sem dúvida deve, antes de mais nada, fazer uma tentativa sincera de convencer os opositores da visão, mas essa não poderá ter sucesso se alguns membros da equipe administrativa estiverem trabalhando contra ela[35]. Se você não agir vigorosamente contra pessoas apegadas às antigas estratégias e visões, os funcionários perderão a confiança em quaisquer novas oportunidades que a empresa estiver tentando concretizar.

Alinhar sistemas de recompensa à busca da concretização da visão ou oportunidade. Para ajudar a fortalecer a confiança dos funcionários em uma nova busca, você pode vincular o sistema de remuneração à oportunidade ou visão. O dinheiro por si só é um símbolo poderoso, além de um incentivo tangível[36]. Ao oferecer recompensas em dinheiro e bônus, por exemplo, você pode reforçar com grande visibilidade o comportamento que apoia a visão. No fim das contas, qualquer visão cuja busca não for bem recompensada perderá sentido com o tempo – como vimos no exemplo da Mobility Technologics.

Líderes de muitas empresas já instituíram políticas de recompensas que não tinham nenhuma relação com a visão almejada. Isso passa uma mensagem contraditória e desencoraja as pessoas. Mais uma vez, se os funcionários ficarem sabendo que, por um lado, a visão importa, mas por outro lado, que outros comportamentos são recompensados, a administração perderá toda a credibilidade no que se refere à visão.

Vamos analisar como o CEO Hubertus von Gruenberg implementou todos esses três elementos para impulsionar a confiança dos funcionários – e a energia de sua empresa – ao implementar uma nova visão na Continental AG, fabricante alemã de sistemas automotivos e pneus. Na época, a participação de mercado no setor de pneus estava distribuída de maneira estável entre várias empresas. O produto já era altamente desenvolvido e, portanto, não havia possibilidade de impulsionar muitas inovações ou saltos tecnológicos. Enquanto isso, a indústria automobilística estava reduzindo significativamente o número de seus fornecedores, de forma que a Continental AG corria o risco de se tornar um fornecedor secundário. Em vez de adotar a estratégia "do dragão", Von Gruenberg escolheu identificar "uma princesa" e direcionar sua empresa para conquistar essa meta. Ele decretou uma reorientação estratégica que mudava o foco do fornecimento de pneus a consumidores finais para sistemas automotivos voltados à indústria automobilística, tanto para reduzir a dependência da Continental no negócio de pneus quanto para fomentar a inovação.

Mas alguns executivos da Continental não se convenceram: a empresa levaria vários anos para desenvolver capacidade tecnológica em outras áreas e, então, poder abandonar os pneus como seu produto principal. Em virtude da relutância da administração, a nova orientação estratégica não ganhou muita visibilidade na empresa.

No entanto, por meio de uma série de ações coerentes, claras e simbólicas, Von Gruenberg salientou repetidamente seu comprometimento com a visão de concretizar a nova oportunidade da empresa. Ele criou, por exemplo, uma divisão chamada Sistemas Automotivos. Estabelecida inicialmente como uma fornecedora de sistemas de pneus e rodas pré-montados, a divisão também foi encarregada de desenvolver uma série de ideias inovadoras de produtos para o chassi. Em dois anos, a divisão aumentou a venda de pneus já pré-instalados nas rodas de 10 mil unidades para 3 milhões.

Igualmente importante, Von Gruenberg utilizou repetidas vezes o jornal interno da empresa para assegurar que esses sucessos fossem amplamente conhecidos por todos, sem exceção. Ele também salientava os progressos da nova divisão em apresentações aos gestores e analistas e em muitas situações informais.

Von Gruenberg investiu pesadamente em novas ideias de produtos para chassis de carro utilizando as competências já existentes na empresa, ligadas à tecnologia de pneus. Apesar de ser claro que essas ideias de novos produtos não poderiam contribuir imediatamente para os resultados financeiros da organização, elas simbolizavam, com alto grau de visibilidade, o caminho da empresa para se transformar em um fornecedor de sistemas completos. Com a aquisição da Teves, a divisão de freios e chassis da ITT, alguns anos mais tarde, a Continental concluiu a execução de sua visão e se tornou a autoridade tecnológica global em sistemas de freios antitravamento e programas de estabilidade eletrônica que melhoraram ainda mais esses sistemas.

Von Gruenberg tomou uma medida adicional que, apesar de difícil, enviou a importante mensagem de que ele levava sua visão a sério. Como presidente do conselho da Continental AG, ele demitiu um colega do comitê executivo que não aderiu ao novo direcionamento e que questionava continuamente sua nova visão e seu posicionamento estratégico. Tanto para a administração quanto para os funcionários, a demissão foi um grande sinal de que o *status quo* da empresa estava mudando. Mesmo nem todos concordando com a demissão, a partir daquele momento nenhuma pessoa na Continental duvidou de que a implementação da nova visão era uma prioridade máxima e que devia ser executada em todos os níveis hierárquicos.

O resultado foi que, em 2008, a divisão de Sistemas Automotivos contribuiu em 18,8 bilhões de dólares (ou 62%) com as vendas totais da Continental, de 30,3 bilhões de dólares, além de apresentar um aumento nas vendas e no lucro pelo sexto ano consecutivo.

Antes de "conquistar a princesa"...

"Conquistar a princesa" é uma estratégia poderosa, mas da mesma forma como "matar o dragão", vem acompanhada do seu próprio conjunto de riscos:

- **Concentrar-se demais na oportunidade a longo prazo.** Apesar de a visão ou oportunidade futura ser o principal ponto para mobilizar energia, você também deve assegurar que, no processo, as várias outras atividades vitais para o sucesso da empresa não sejam negligenciadas. Trata-se de um equilíbrio delicado. Você deve encontrar o ponto de equilíbrio entre a visão a longo prazo e as atividades orientadas para o futuro por um lado, e as necessidades cotidianas do negócio por outro[37]. Você e a sua equipe devem, portanto, prover as condições básicas para que seus funcionários possam realizar o trabalho do dia a dia. Ao mesmo tempo, você precisa criar espaço para um direcionamento quase oposto, que estimule as pessoas a correr atrás da oportunidade e, se necessário, realizar extensas mudanças em suas práticas e processos de negócios.

- **Maiores demandas para a continuidade da liderança.** A estratégia de "conquistar a princesa", pela própria natureza, demanda esforços de longo prazo e, portanto, necessita de continuidade. Pense nela como uma maratona, e não prova de velocidade. Como é você, líder da empresa, que geralmente articula e influencia a visão ou o desejo de uma oportunidade, os funcionários normalmente associarão o sonho a você. Dessa forma, é pouco provável que você consiga transferir com sucesso a implementação de uma nova visão a um sucessor sem que essa perca alguma intensidade (algumas exceções incluem a Continental AG, a Volkswagen e a IBM). Normalmente, a visão morre ou se atrofia quando você (o exemplo a ser seguido) sai da empresa. As demandas por continuidade na administração, portanto, são especialmente importantes nessa estratégia, porque os processos de visão, como de costume, são caracterizados por um longo horizonte de tempo, de pelo menos três a cinco anos dependendo da complexidade, do conteúdo e da situação do mercado. Ainda, em empresas que seguem a estratégia de "conquistar a princesa", os funcionários normalmente se envolvem emocionalmente com o processo: eles se empolgam, confiam nos líderes e estão dispostos a dedicar sua energia e se empenhar de coração e alma na visão ou na oportunidade desejada. Se o processo for interrompido porque você, a principal figura de liderança, saiu da empresa, "a princesa" não apenas provavelmente permanecerá sem ser conquistada, como as pessoas que ficarem para trás também deverão sofrer e se traumatizar emocionalmente. No mínimo elas relutarão em seguir a visão de seu sucessor. Na qualidade de líder, você deve ponderar meticulosamente o risco antes de implementar a estratégia de "conquistar a princesa". Cabe a você, e só a você, estimar de maneira realista quanto tempo espera permanecer na empresa como sua principal força norteadora.

- **Negligenciar a limitação de tempo de uma oportunidade.** Por ser uma estratégia de mobilização rápida, "conquistar a princesa" não é eficaz para manter altos níveis de energia produtiva ao longo de períodos estendidos. Dessa forma, se você deseja aplicar essa estratégia de liderança, não superestime o impacto de sua visão ou presuma que buscar qualquer oportunidade em particular mobilizará eternamente a energia de sua empresa. Como diz Knut Bleicher, professor emérito da Universidade de St. Gallen, as visões são "sonhos com data de validade" – e isso é justamente o que deveriam ser. Como um sonho por um determinado período, uma visão é um instrumento bastante apropriado e poderoso para mobilizar energia. Depois de muito tempo, contudo, a tensão inerente a qualquer oportunidade futura ou visão começa a decair. Por esse motivo você deve levar em consideração determinar uma "data de validade" para sua visão, como fez Ratan Tata da Tata Motors, quando sonhou com o novo carro Rs 1-lakh, revolucionário por causa de seu baixo preço. Ele marcou a data de lançamento para janeiro de 2008, cinco anos depois de apresentar a visão à sua organização. A visão de Tata acionou uma enorme tensão criativa por toda a empresa – em parte por ter um limite de tempo tão claro: o carro Rs 1-lakh, o Tata Nano, foi lançado pelo Tata Group em uma exposição de automóveis em Delhi no dia 10 de janeiro de 2008.

Apesar desses riscos, a estratégia de "conquistar a princesa" reforça o orgulho, a força e a empolgação na sua empresa diante de uma nova oportunidade. Se utilizada com sabedoria, ela pode impelir a empresa na direção da produtividade e de um crescimento de longo prazo.

Orquestrando a utilização das estratégias "do dragão" e "da princesa"

Conforme vimos, as duas estratégias para concentrar a energia organizacional possuem suas limitações. "Matar o dragão" depende de mobilizar emoções negativas e transformá-las em energia produtiva para a resolução de problemas a curto prazo – o que arrisca negligenciar o desenvolvimento de longo prazo. "Conquistar a princesa" concentra-se em liberar e alavancar energia na busca de uma visão compartilhada para o futuro, mas pode desviar a atenção de problemas a curto prazo, como eficiência e produtividade.

Teoricamente você poderia combinar o imediatismo, a determinação e a disciplina de "matar o dragão" com a empolgação, a alegria e o orgulho de "conquistar a princesa". Na prática, contudo, é difícil combinar simultaneamente as duas estratégias, porque o foco vital de mobilização de energia se perde. A confusão relativa às prioridades pode mergulhar sua empresa ainda mais profundamente na inércia resignada ou na energia confortável, e você acaba com o pior de cada estratégia, sem obter qualquer um de seus benefícios. Quando perguntamos a Juergen Dormann sobre sua visão para a ABB em meio à crise, ele respondeu justificadamente: "Posso ter uma visão para a ABB, mas não falarei a respeito agora. Temos um problema que precisa ser resolvido e precisamos de toda nossa energia para isso. Não vou começar a incomodar as pessoas com visões ou outras perspectivas de prazo mais longo enquanto não sairmos dessa situação".

Felizmente, há algumas maneiras úteis de orquestrar a utilização das estratégias "do dragão" e "da princesa" e obter os benefícios das duas. Você pode "conquistar a princesa" depois de "matar o grande dragão" ou "matar pequenos dragões" a caminho de "conquistar a princesa". Vamos analisar como isso pode ser feito.

"Um dragão" seguido de "uma princesa"

Depois de uma estratégia "de dragão" ser concluída com sucesso, a energia renovada na organização pode ser utilizada para atingir mais, na busca de novas oportunidades. Mas se sua empresa passou tempo demais na estratégia "do dragão", continuamente focada em evitar perdas, ela provavelmente terá dificuldade de se voltar à estratégia "da princesa". Dessa forma, você precisa lançar explicitamente um período de "fim da caça ao dragão" para sinalizar o início de um novo período, fundamentalmente diferente. Ao mesmo tempo, o período "da princesa" deve ser abordado de maneira completamente diferente do que foi feito na fase "do dragão", em termos de comunicação da estratégia. Depois que a ABB concluiu com sucesso seu processo de revitalização, Dormann declarou explicitamente o fim da luta pela sobrevivência da empresa em uma de suas cartas semanais. Ele pediu que os funcionários comemorassem, olhassem com orgulho para o passado e dedicassem um grau similar de envolvimento para novos desafios, como inovação e crescimento sustentável, daquele ponto em diante. Além disso, a ABB conduziu um levantamento para verificar se os funcionários estavam ou não prontos para buscar uma visão. A grande maioria da força de trabalho, cerca de 80%, respondeu que estava pronta para se focar em um novo desafio e em uma visão para o futuro. E, assim, a empresa começou a buscar "sua princesa".

"Matar pequenos dragões" a caminho de "conquistar a princesa"

A única maneira eficaz de combinar simultaneamente a estratégia de "matar o dragão" com a "conquista da princesa" é criar um caminho para a visão a longo prazo que inevitavelmente inclua lidar com algumas ameaças e problemas imediatos. Foi exatamente o que Von Gruenberg fez quando transformou a Continental AG de uma fabricante de pneus em uma fornecedora de sistemas completos para a indústria automotiva. Durante a jornada em busca "dessa princesa", todos os funcionários sabiam que a visão só poderia ser atingida se os problemas operacionais fossem solucionados. Von Gruenberg combateu "pequenos dragões", como custos altos, redirecionando a produção para regiões do Leste Europeu, onde os salários eram mais baixos e estava mais próximo geograficamente da indústria automobilística. Em 1998, quando Von Gruenberg assumiu como presidente do conselho de administração, a empresa já tinha atingido um lucro líquido anual de 183,7 milhões de dólares e conseguido realizar uma transformação profunda, passando de uma fabricante de pneus a uma fornecedora global para a indústria automobilística.

A busca simultânea das duas estratégias funciona melhor durante uma crise financeira, quando empresas que já começaram o processo de concretização de uma nova visão são obrigadas a se perguntar: "Deveríamos abandonar a visão ou ignorar a crise?". Se você não informar seus funcionários sobre como a empresa lidará com a crise, eles receberão qualquer declaração de uma nova visão com ceticismo. Por outro lado, se você abandonar a busca da visão para lidar com a crise, terá dificuldade de conquistar comprometimento e confiança para processos de longo prazo no futuro. Na verdade, você deve se ater à visão ao mesmo tempo em que lida ativamente com a crise, concentrando-se nela e mobilizando energia para combatê-la. A única maneira de conseguir isso é por meio de uma linguagem em comum e uma mensagem compartilhada incluindo tanto a visão como a crise a curto prazo.

Vejamos, por exemplo, o caso de uma grande corporação industrial que, desde 2007, vinha seguindo uma visão chamada *Premium*. A visão – "Ser a número um no mercado" – fora amplamente comunicada e perseguida até o final de 2008, quando a empresa se viu diante de graves problemas financeiros resultantes da crise global. A história é conhecida: apesar de o conselho de administração executivo desejar continuar se concentrando na visão *Premium*, havia crescente inquietação, insegurança e preocupação entre os funcionários em relação à passividade dos líderes diante da crise. A ligação que eles percebiam entre a visão e a realidade, e o desafio que costumavam sentir em seu trabalho cotidiano, se dissiparam.

Dessa forma, depois de intensos debates com gestores de vários níveis hierárquicos e *workshops* com executivos, a empresa chegou ao seguinte consenso: dar início a um processo de "caça ao dragão" ao mesmo tempo em que a visão *Premium* era mantida. O programa de gestão de crises foi chamado de *Premium Sprint* e suas metas incluíam explicitamente atingir a visão, apesar da crise. O *Premium Sprint* foi um sucesso absoluto. Não houve demissões, e os funcionários se mostraram completamente envolvidos na superação da crise. A redução de custos e o fluxo de caixa adicional gerado excederam as metas do programa. Um levantamento com funcionários mostrou um comprometimento ainda maior com a estratégia do que antes da crise.

Apesar de tanto a estratégia "caça ao dragão" quanto a "conquista da princesa" poderem ser vinculadas de modo significativo em algumas situações, lembre-se de que elas são essencialmente estratégias de mobilização de energia, e esta provavelmente despencará quando o perigo tiver passado ou a oportunidade for concretizada. Outras estratégias são mais adequadas para superar a energia corrosiva, evitar estafa e sustentar energia a longo prazo, como veremos nos próximos três capítulos.

CAPÍTULO 3

RECUPERANDO A ENERGIA POSITIVA

Escapando da armadilha da corrosão

No capítulo anterior, descrevemos duas estratégias que podem ser utilizadas para energizar rapidamente uma empresa se ela cair em uma zona de baixa energia. Mas, algumas vezes, você se verá diante de problemas ainda mais graves. Lembre-se dos exemplos da Lufthansa e da BSI, entre outros, cujas energias se tornaram corrosivas. Esse estado de energia é a maneira mais destrutiva de utilizar o potencial da empresa. No entanto, pode ser traiçoeira, já que se manifesta com um aspecto energizado: uma empresa com energia corrosiva *aparentará* ter um alto nível de envolvimento emocional, ser criativa e ativa, mas pelas razões erradas e com um foco equivocado, já que essas forças são aplicadas em grande parte na agressividade interpessoal, em disputas e rivalidades internas.

Você precisa agir rapidamente quando se ver diante da energia corrosiva. Disputas, conflitos e os outros danos resultantes se agravam rapidamente, destroem a confiança e colocam em risco a colaboração futura. Em razão dessa natureza dinâmica e contagiante, a energia corrosiva faz com que os problemas se intensifiquem em vez de se dissiparem com o tempo[1]. Os líderes que não intervêm com vigor inevitavelmente arriscarão ver a empresa em uma espiral descendente de energias negativas; e quanto mais esses líderes esperarem para reorientar o foco da energia da organização, piores serão as consequências[2].

Vamos começar com uma explicação das razões pelas quais os líderes deixam de notar essas forças negativas traiçoeiras e como eles podem detectá-las. Depois analisaremos como você pode evitar na prática a armadilha da corrosão, ou se a empresa já caiu nessa armadilha, como eliminar quaisquer processos corrosivos que já estejam consumindo energia. Por fim, mostraremos como é possível impedir o retorno da energia destrutiva: a chave é um investimento sistemático na identidade da empresa.

Detectando forças corrosivas

A sua empresa já pode ter caído na corrosão sem que você tenha percebido. Ela pode aparentar ser extremamente ativa, alerta e emocionalmente envolvida – tudo isso enquanto a energia subjacente é mal direcionada e mal utilizada. A energia corrosiva prejudica as empresas e atua contra as suas metas, ao mesmo tempo em que enfraquece unidades ou maximiza a tendência de busca de benefícios pessoais às custas da organização como um todo. Por exemplo, conhecemos um CEO de uma corporação industrial norte-americana que fechou o maior contrato da história da empresa, enquanto competia com outra unidade de negócios de sua própria empresa, sem que o restante da corporação soubesse, e forçava essa segunda unidade a cortar bruscamente os preços. Esse incidente isolado destruiu todas as tentativas de reforçar a cooperação entre os três negócios independentes da corporação e, em vez disso, criou rapidamente uma intensa rivalidade interna.

Você também deve se lembrar do exemplo da greve dos pilotos na Lufthansa em 2001, que apresentamos no Capítulo 1. A greve ilustra os efeitos de ignorar os primeiros sinais do surgimento de uma tensão na organização, que pode levar a uma explosão de energia corrosiva com um imenso poder destrutivo. Os pilotos já vinham sentindo por um tempo que estavam sendo tratados injustamente[3], mas esse fato nunca veio verdadeiramente à tona ao ponto de os executivos poderem identificá-lo e agir de acordo. Como sugerimos no Capítulo 1, a desastrosa greve dos pilotos poderia ter sido evitada se o núcleo emocional essencial da energia corrosiva tivesse sido combatido desde o início.

Para impedir que as forças corrosivas destruam a confiança, o apoio mútuo e a identidade organizacional, você precisa ter uma imagem clara da situação da empresa e de sua energia corrosiva. Você deve primeiro reconhecer que está preso na armadilha da corrosão; depois precisa enfrentar diretamente a negatividade; finalmente, deve aprender a mensurar a energia negativa desde o começo.

Investigue a armadilha

Apesar de já termos trabalhado com empresas cujos próprios executivos provocaram a energia corrosiva, muitas vezes, eles simplesmente deixam de detectar as forças corrosivas que se acumulam ao seu redor. Eles *não enxergam e negligenciam ou até não admitem conscientemente* as forças negativas em ação.

Em primeiro lugar, na posição de líder, você pode não perceber que as pessoas se sentem afastadas da empresa ou da administração. Ou você pode deliberadamente se distanciar dos eventos que afetam os funcionários de níveis hierárquicos mais baixos. Muitas vezes os líderes também criam uma atmosfera na empresa que faz com que as pessoas ativamente filtrem as más notícias e dourem a pílula antes de elas chegarem à cúpula administrativa. Uma pesquisa realizada por Elizabeth Wolfe Morrison e Frances J. Milliken, pesquisadores das áreas de gestão e administração, demonstra que muitos executivos vivem em um mundo de sonhos, que tem pouca relação com a realidade e que gera uma espécie de silêncio organizacional[4]. Como os plebeus que orbitam ao redor da realeza, ninguém quer ser aquele que apontará os defeitos das "novas roupas" do imperador.

Nossa pesquisa confirma empiricamente essa tendência de dourar a pílula das más notícias que acomete algumas empresas. Como descrevemos acima, na maioria das organizações há uma diferença significativa na percepção do estado de energia entre a cúpula administrativa e os outros níveis da gestão: isso é especialmente recorrente no caso da energia corrosiva. Essa dicotomia não apenas impede os líderes de combater de imediato a corrosão, como, também, gera uma perda de confiança na liderança por parte dos funcionários.

Para impedir lacunas de percepção como essas, você deve promover uma cultura que encoraje o *feedback* e outras formas de comunicação aberta. Vimos que, em ambientes em que a comunicação é estimulada, os executivos de diferentes níveis hierárquicos compartilham percepções similares no que se refere à energia da empresa. E estas não apenas tendem a apresentar uma pontuação melhor em seus perfis de energia, mas, também, são significativamente mais bem-sucedidas do que as outras. Como descrevemos no Capítulo 1, empresas com baixos níveis de energia corrosiva apresentaram níveis 27% superiores de desempenho geral em relação a empresas com alta energia corrosiva. Além disso, a produtividade dos funcionários em empresas com baixa energia corrosiva foi 19% superior e a eficiência dos processos de negócios foi 20% maior[5]. Ademais, as bases para uma cooperação de sucesso eram muito melhores: o comprometimento das pessoas com a organização era 20% maior e elas tinham 21% menos intenção de pedir demissão. Os níveis de confiança também eram 39% superiores em empresas com baixa energia corrosiva.

Outra possibilidade é que os executivos por vezes negam ativamente as evidências de energia corrosiva e não querem enxergar a dinâmica destrutiva, ou por não saberem ao certo se serão capazes de resolver o problema ou por temerem ser mal vistos ao reconhecer as forças negativas, o que seria um sinal de fraqueza pessoal. Além disso, eles não têm coragem de confrontar as pessoas com um *feedback* negativo, e temem as consequências incômodas e inesperadas desse confronto.

É por isso que você precisa evitar esconder a energia negativa debaixo do tapete, na esperança de que os conflitos ou as fontes de agressividade se solucionem como que por mágica ou simplesmente desapareçam. Em vez disso, investigue de maneira ativa o surgimento desse estado de energia e confronte-o diretamente.

O problema é que, no que diz respeito a combater a energia corrosiva, os executivos muitas vezes possuem pouca experiência positiva de lidar com conflitos e superar a dinâmica negativa. Dois primeiros passos especialmente úteis no que se refere a detectar as forças corrosivas são: enfrentar diretamente o conflito e mensurar a extensão da corrosão pela empresa.

Enfrentar diretamente o conflito

Os líderes que enfrentam direta e rapidamente o conflito são mais capazes de detectar a armadilha da corrosão. Apesar de lembrar a antiga questão da galinha e do ovo, enfrentar até mesmo pequenos conflitos dessa forma o ajudará a desenvolver desde o início uma imagem clara da dinâmica de energia negativa por toda a organização. A detecção rápida é particularmente importante para executivos de empresas cujas unidades de negócios são muito autônomas, essas precisam colaborar diretamente com a fabricação de produtos ou prestação de serviços. Um CEO de uma grande empresa europeia de tecnologia de automação acertou na mosca: "Sempre presto atenção quando ouço falar de conflitos entre unidades, quando sinto discursos vazios em reuniões do conselho de administração, quando as pessoas relatam disputas permanentes entre unidades, e também quando converso com pessoas da empresa e elas sugerem não estar enxergando o direcionamento geral. Se elas têm a impressão de que todas as pessoas da empresa se concentram nos próprios interesses, sem reconhecer o panorama geral, fico vigilante. Para mim, esses são indícios fortes".

O método desse CEO aponta uma segunda tarefa crucial para você, na qualidade de executivo, assim que o comportamento negativo for detectado: lidar firmemente com essa realidade, fazendo com que as evidências das forças corrosivas sejam tangíveis para as pessoas envolvidas. Isso significa que você deve apontar as tendências destrutivas e as dinâmicas nas quais vê seu pessoal se envolvendo, e descrever como elas prejudicam a empresa. Elabore suas impressões e observações da maneira mais concreta possível, e vincule-as a incidentes específicos.

Por exemplo, em uma empresa que estudamos, os executivos, ao perceber a concorrência entre duas unidades de negócios independentes, pediram opiniões e sugestões de clientes. Com essas opiniões em mãos, os executivos puderam mostrar diretamente aos funcionários como esse comportamento era prejudicial. Outros executivos com os quais trabalhamos apontaram exemplos específicos de corrosão que viram atuando na empresa e vincularam esses exemplos a fatos concretos, como a queda dos indicadores de qualidade e os índices decrescentes de inovação interunidades. O quadro *Primeiros sinais da armadilha da corrosão* mostra alguns de seus importantes indicadores.

Primeiros sinais da armadilha da corrosão

Responda cada pergunta e some a pontuação (até 5 respostas afirmativas: praticamente nenhum sinal de uma armadilha da corrosão; 6 a 10 respostas afirmativas: cuidado, presença de alguns primeiros sinais de corrosão; mais de 11 respostas afirmativas: perigo, a empresa provavelmente já está presa à armadilha da corrosão).

Comunicação cortês *versus* diálogo verdadeiro

- Os executivos de sua organização parecem desconectados ou distantes de eventos que afetam os funcionários de níveis hierárquicos mais baixos?

- A atmosfera de sua organização faz com que as pessoas filtrem ativamente as más notícias ou dourem a pílula antes delas chegarem à diretoria?

- As reuniões em sua organização parecem se limitar a conversas afáveis, enquanto as verdadeiras questões já foram discutidas antes, em encontros informais?

- As pessoas de sua organização tendem a falar da boca para fora em comunicações diretas, mas criticam e reclamam pelas costas de seus superiores ou colegas?

- O *feedback* (especialmente sobre questões negativas) não é totalmente honesto?

Negar as tendências corrosivas *versus* lidar proativamente com as mesmas

- Os funcionários ignoram, negligenciam ou até escondem ativamente evidências de energia corrosiva, como conflitos entre equipes ou disputas de poder e micropolítica?

- Os funcionários parecem acreditar que expressões inequívocas de raiva, agressividade, hostilidade e rivalidade serão de alguma forma solucionadas por conta própria, sem esforços direcionados pela liderança?

Falta de alinhamento

- Sua organização possui unidades de negócios muito autônomas, que algumas vezes atendem bases sobrepostas de clientes?

- Houve uma queda súbita de confiança entre os executivos da empresa e os líderes das unidades de negócios?

- Sua organização está aos poucos perdendo o efeito de alinhamento proveniente de um foco e de uma estratégia gerais?

- Diferentes partes de sua organização competem ferozmente entre si por recursos, atenção ou poder?

Falta de confiança

- Os membros de sua empresa confiam totalmente nos supervisores?

- Ocorreram incidentes nos quais a confiança dos funcionários na administração foi abalada (por exemplo, greves, processos de mudança percebidos como injustos ou demissões)?

- Os funcionários de sua empresa não confiam totalmente na justiça dos procedimentos (promoções, remuneração, investimentos ou outras decisões críticas)?

Fraca identidade organizacional

- Sua empresa perdeu a percepção compartilhada de orgulho?

- Diferentes unidades da empresa otimizam as suas próprias submetas, mesmo às custas das metas compartilhadas da empresa?

- O foco muitas vezes é ser melhor que outra unidade da empresa em vez de ser melhor que a concorrência externa?

Mensure a corrosão presente na sua empresa

Tendo observado os indícios característicos da armadilha da corrosão e do surgimento de forças corrosivas na empresa, realize uma mensuração quantitativa da energia. Isso o ajudará a localizar com precisão as forças negativas em unidades ou departamentos de negócios específicos e lhe proporcionará informações mais robustas sobre as emoções e experiências de todos os gestores e funcionários envolvidos. Além disso, o anonimato proporcionado por um levantamento pode eliminar o medo das pessoas de apontar abertamente questões sobre tendências destrutivas na organização. Essa mensuração pode ser baseada no Questionário de Energia Organizacional (QEO) apresentado no Capítulo 1 e explicado em mais detalhes no Apêndice.

O anonimato é crucial. Na qualidade de líder, você precisa deixar claro ao seu pessoal que identificar e mensurar a corrosão não é uma questão de apontar culpados ou procurar um bode expiatório. Em vez disso, o processo implica procurar sistematicamente as causas da energia corrosiva e desenvolver, em colaboração, medidas para superá-la – mesmo se for o caso de os próprios líderes da empresa serem a causa fundamental.

Por exemplo, em um *workshop* que realizamos com a cúpula administrativa de uma empresa global sem fins lucrativos, uma mensuração de energia revelou que os executivos demonstravam um nível excepcional de energia negativa: a inércia resignada e a energia corrosiva eram significativamente elevadas. Apesar de os próprios gestores não se surpreenderem com o resultado – a mensuração simplesmente confirmava o que eles já sabiam intuitivamente –, o CEO da organização, David Miller, ficou estupefato[6]. Até aquele dia, ele não tinha percebido nenhuma força destrutiva na empresa. Mas nossa análise do perfil de energia revelou, entre outras coisas, que os gestores se sentiam frustrados pelo que percebiam como uma falta de comunicação combinada a uma profunda incerteza no que se refere ao direcionamento, especialmente em relação ao realinhamento da organização – um processo que Miller admitiu ser confuso até para ele. Decisões foram adiadas e prazos foram mudados, o que por si só teria sido tolerável se Miller tivesse comunicado melhor o processo. Em vez disso, os membros da administração só sabiam que estava prestes a ocorrer uma profunda mudança que os afetaria, muito provavelmente com demissões em todos os níveis hierárquicos. O foco da organização se perdeu, a desconfiança e a incerteza se espalharam, e ações micropolíticas e especulações passaram a absorver cada vez mais tempo e energia.

Tudo isso foi recebido com surpresa por Miller. O *workshop* lhe permitiu restaurar as linhas de comunicação dizendo a seus gestores qual era o verdadeiro problema: que ele mesmo tinha pouca informação do conselho administrativo sobre a mudança organizacional iminente e que nenhuma decisão final tinha sido tomada em relação a cargos ou funcionários em particular. Em consequência, os participantes concordaram com regras para lidar com o realinhamento e se comprometeram a estabelecer uma comunicação aberta, incluindo *workshops* regulares durante o período de transição iminente para monitorar a diretoria, e concordaram sobre algumas formas de liderar seu pessoal.

Limpando a atmosfera corrosiva

Vamos agora analisar o passo seguinte a detectar as forças corrosivas em sua empresa: limpar a atmosfera. Quando as forças negativas são percebidas, você precisa lidar com qualquer comportamento impróprio que poderia prejudicar a curto ou a longo prazo – e deixar claro que a ação corrosiva não será tolerada. Como nos disse um diretor de RH de uma grande companhia de serviços públicos: "O negativismo é visível ou oculto, mas não pode ser negligenciado. Uma vez que decidimos falar abertamente sobre as forças negativas e lidar com elas, facilitamos muito a nossa vida".

É fácil redirecionar a energia corrosiva para que se transforme em energia positiva? A resposta imediata é não. Então por que as estratégias "caça ao dragão" e "conquista da princesa" não funcionam para uma empresa presa à armadilha da corrosão? Quando uma empresa se encontra em estado corrosivo, ela já está mais imersa em negatividade do que se estivesse em inércia resignada ou energia confortável. A energia corrosiva, como regra geral, não pode ser simplesmente redirecionada e transformada em energia produtiva. A energia corrosiva e a energia produtiva originam-se de fontes diferentes: a primeira muitas vezes se relaciona a disputas de poder, percepção de injustiça e tendências egoístas, ao passo que a segunda tem relação com as metas, tarefas e iniciativas. Funcionários prejudicados por raiva, conflito e vingança pessoal não podem rápida nem facilmente voltar a confiar uns nos outros e cooperar mutuamente. Não é realista tentar criar paixão pelas iniciativas ou metas coletivas de sua empresa enquanto a empresa está dominada por forças negativas como desconfiança, mágoa ou sentimentos de vingança. Você deve lidar com essas emoções negativas antes de colocar as estratégias de "caça do dragão" ou "conquista da princesa" poderem ser colocadas em prática.

Em vez de tentar transformar a energia corrosiva diretamente em energia produtiva, você precisa se envolver em um processo de dois passos, que chamamos de *redirecionamento energético,* para escapar da armadilha da corrosão: em primeiro lugar, você deve reduzir gradualmente o negativismo e só depois, como um segundo passo, poderá voltar a energizar positivamente a empresa, desenvolvendo uma forte identidade organizacional (Figura 3.1)[7].

Se você reduzir gradualmente o negativismo, mas não liderar seu pessoal para uma nova e empolgante perspectiva em comum, sua empresa pode cair nas

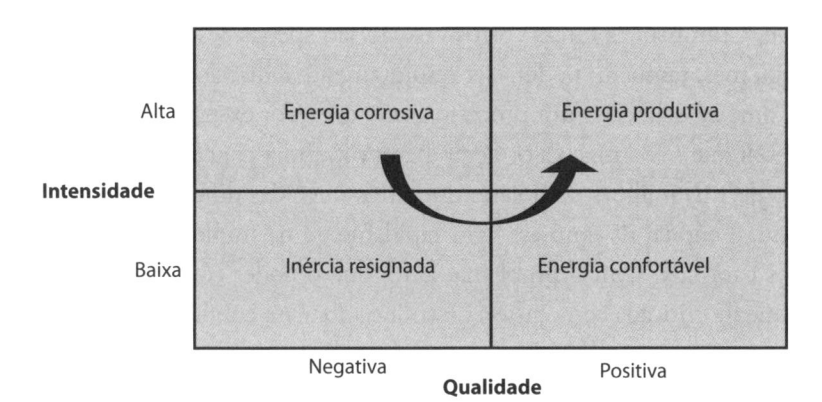

Figura 3.1 – Passando da energia corrosiva à energia produtiva

	Negativa	Positiva
Alta (Intensidade)	Energia corrosiva	Energia produtiva
Baixa	Inércia resignada	Energia confortável

Qualidade

garras da energia confortável. Como se isso não bastasse, você pode perder a oportunidade de criar um denominador comum e alinhar a organização em torno de uma nova perspectiva compartilhada, que estimulará a empolgação e o envolvimento.

Vamos começar analisando em mais detalhes a primeira tarefa: reduzir gradualmente o negativismo da empresa. Além de apenas identificar com rapidez esse negativismo, você, na qualidade de líder, precisa trazê-lo a tona e encorajar as pessoas a combatê-lo ativamente. Nossa pesquisa revelou três importantes ferramentas que podem ser utilizadas para dar início a esse processo: criar válvulas de escape para liberar a pressão; instigar sacudidas emocionais; identificar e apoiar os combatentes da toxicidade.

Criar válvulas de escape para liberar a pressão

As forças corrosivas muitas vezes desenvolvem-se ocultas por um longo período, antes de irromperem. Esses períodos de corrosão oculta são muito perigosos para sua empresa, bem como para os funcionários e executivos envolvidos: é nesse ponto que as tendências corrosivas se intensificam e, ao mesmo tempo, solidificam-se, consumindo cada vez mais tempo e atenção. Dessa forma, na posição de líder, você deve propiciar situações nas quais os membros da empresa possam expressar raiva, agressividade ou frustração. Chamamos essas ocasiões, intencionalmente concebidas para liberar a pressão, de *válvulas de escape de negativismo*. Para que essa válvula tenha um efeito tranquilizador, o evento deve ser realizado em um ambiente protegido ou acompanhado de um aconselhamento ativo. Com isso, as forças corrosivas não são apenas descarregadas de maneira indireta, mas, também, podem ser resolutamente redirecionadas ou evitadas.

Como se delinearia um processo como esse? Por exemplo, quando ficou claro na ABB que seu antigo CEO, Percy Barnevik, tinha concedido a si mesmo uma pensão de 116 milhões de dólares durante o auge das dificuldades financeiras da empresa, a cúpula da empresa agiu rapidamente na implementação de procedimentos para lidar com o problema, antes que o poder corrosivo dessa revelação amplamente criticada começasse a destruir o moral e a confiança dos funcionários[8].

Para ajudar a empresa como um todo a lidar com o choque, tristeza e raiva associadas à descoberta, a ABB contratou profissionais especializados para trabalhar com os pensamentos e as emoções negativas dos funcionários[9]. O departamento de Recursos Humanos criou uma linha telefônica direta temporária para responder perguntas sobre Barnevik. Um número enorme de funcionários da ABB ligou. Alguns ligaram para pedir informações e outros usaram a linha direta como uma oportunidade para falar abertamente sobre seus sentimentos e sua raiva. "Como esse homem, que admiramos e honramos, pôde fazer isso?" era uma pergunta recorrente. Outros ainda ligaram em busca de conselhos concretos e práticos para lidar com a raiva e a paralisia emocional. Muitos funcionários ligaram frequentemente e expressaram os mesmos sentimentos repetidas vezes. As pessoas informaram que essa oportunidade de expressar seu desânimo e sua raiva as ajudou consideravelmente no curto prazo. Para a ABB foi uma medida bem-sucedida de combater desde o início o agravamento de forças destrutivas.

Algumas empresas criam fóruns nos quais as tensões podem vir à tona antes mesmo de irromper uma crise. Quando o CEO Gabriel Marcano, líder da divisão espanhola de uma multinacional de telecomunicações, quer lançar uma nova ideia, ele utiliza regularmente uma técnica que a empresa chama de "gatinho e tigre" para identificar oposição e potenciais forças agressivas logo no início, e fazer com que essas forças se tornem administráveis[10]. A técnica funciona da seguinte maneira: a equipe administrativa conduz uma reunião na qual os membros são divididos em dois grupos. Os "gatinhos" são solicitados a identificar os aspectos positivos da nova ideia e a defendê-los em um debate, enquanto o outro grupo, os "tigres", procura argumentos contrários à ideia. O debate dura cerca de 45 minutos e é seguido de uma sessão na qual todos os argumentos são estruturados e documentados. Todos os participantes recebem uma lista com os argumentos discutidos e têm a chance de repensar as questões posteriormente. Alguns dias depois, as equipes se reúnem novamente e, depois de terem refletido sobre os argumentos e coletado mais informações, apresentam novas opiniões sobre a ideia em questão. Somente após essa reunião uma decisão final é tomada em relação à nova ideia – por Marcano ou, se necessário, por toda a equipe. Marcano descobriu não apenas que a decisão normalmente é aceita por unanimidade depois desse procedimento, como, também, que o processo atua como uma válvula de escape e é extremamente útil para combater qualquer dissidência e forças corrosivas ocultas.

Em empresas nas quais uma dissidência já está profundamente enraizada – por exemplo, nas quais conflitos entre a matriz e o pessoal de campo ou entre o marketing e a produção são comuns –, todas as pessoas envolvidas devem ter a chance de expressar qualquer agressividade contida. Mas, ao mesmo tempo, elas precisam de uma boa orientação voltada a superar a discordância, de forma que uma solução seja um consenso.

Uma grande rede de padarias no sul da Alemanha, com 250 funcionários e 27 lojas, proporciona um exemplo de como uma empresa pode ajudar a neutralizar a energia corrosiva possibilitando que seus funcionários deem vazão às tensões. A satisfação dos clientes vinha caindo constantemente, e a rotatividade de funcionários aumentara muito, em virtude de constantes conflitos entre o pessoal de vendas e os padeiros. O antagonismo intensificou-se a ponto de os padeiros começarem a adiar intencionalmente a produção dos pães, entre outras atitudes voltadas a dificultar a vida do pessoal de vendas, como misturar bolos velhos com bolos frescos. O pessoal de vendas também se saiu com maneiras criativas para prejudicar os padeiros: eles adiavam a devolução das bandejas à padaria ou as devolviam sujas; escondiam equipamentos e até removiam peças de maquinário.

O estado de energia geral da empresa vinha caindo por quase três anos antes de Hans Berg, fundador e proprietário da padaria, começar a combater ativamente a energia corrosiva[11]. Berg não conhecia muitos desses processos: ele não tinha uma imagem clara da situação e passou um bom tempo apenas observando desamparadamente as ações destrutivas de seus funcionários. Foi só quando seu cozinheiro-chefe de doces pediu demissão que ele decidiu agir. Começou conduzindo uma conversa aberta inicial com dez pessoas dos dois departamentos. Com isso, descobriu que a situação entre eles tinha chegado a um impasse, cercada de desconfiança e traumas.

Em uma série de seis reuniões com os dois departamentos, cada ponto de discordância, cada emoção negativa e todas as experiências ruins do passado foram discutidas. Berg contratou um mediador para se certificar de que o processo não causasse mais danos. Os participantes concordaram com regras de cooperação e utilizaram métodos de *feedback* aberto, como sempre apresentar a crítica como uma percepção pessoal, manter o *feedback* descritivo em vez de acusatório e não se defender ou se justificar ao receber um *feedback*. Os participantes formularam metas em comum e organizaram o que chamaram de "tardes de rodízio", nas quais os padeiros e o pessoal de vendas trocavam de papéis para entender melhor a posição uns dos outros. Eles também concordaram em conduzir sessões mensais de debate para liberar a pressão e manter a energia negativa sob controle.

No decorrer dessas seis reuniões iniciais, os dois grupos confrontaram-se com tudo que os irritavam uns nos outros, além das críticas dos clientes. Nas últimas reuniões, eles planejaram juntos como melhorar a situação. As sessões foram concluídas com um jantar no qual eles comeram os pães e doces que mesmos fizeram e falaram, do mesmo modo estruturado, sobre os pontos agradáveis de trabalhar uns com os outros. Eles deram muita risada e zombaram de si mesmos – fato fundamental para o sucesso desse tipo de processo. A partir dessas reuniões iniciais, a satisfação tanto dos clientes quanto dos funcionários deu um salto. E, apesar de os conflitos continuarem a irromper regularmente entre o pessoal de vendas e os padeiros, as sessões de debate mensais proporcionam uma válvula de escape para esses atritos inevitáveis, garantindo que eles não se intensificassem até se transformarem em energia corrosiva.

Portanto, para você, na qualidade de líder, o primeiro passo é combater o negativismo simplesmente dando aos seus funcionários a chance de liberar a pressão. A padaria precisava desses *workshops* orientados como um fórum inicial e dos debates mensais como válvulas de escape. Além disso, o assistente de Berg passou a fazer visitas quinzenais às padarias para conduzir conversas informais sobre os sentimentos e as preocupações dos funcionários. Isso permitiu que extravasassem a frustração contida, expressassem a raiva ou simplesmente desabafassem dizendo o que os incomodava.

No segundo passo, você deve garantir que sua organização faça mais do que apenas extravasar a pressão e trabalhe em soluções reais para resolver o problema em questão. Para superar juntos a energia corrosiva, especialmente em um *workshop*, os funcionários precisam admitir o conflito e se dispor a entender a perspectiva uns dos outros. Esse passo pode ser muito desafiador: em um estado de energia corrosiva, a maioria das pessoas tem dificuldade de enxergar os conflitos e as disputas do ponto de vista do outro[12]. Dessa forma, você deve criar modelos de atividades coletivas. Foi o que Berg fez, determinando regras para a cooperação durante o *workshop*, ajudando os participantes a formular metas em conjunto e realizando um jantar no qual as partes "adversárias" tiveram a chance de expressar por que gostavam de trabalhar umas com as outras. Com esses pequenos sucessos, você constrói as bases para uma energia produtiva futura e impede a corrosão da empresa.

As empresas podem abordar esses temas delicados com leveza e despreocupação. Uma forma particularmente lúdica de lidar com a energia corrosiva foi concebida pelo Otto Group, líder alemã de prestação de serviços e varejo, que possui 53 mil funcionários. Em setembro de 2005, o conselho de administração executivo decidiu utilizar um fórum especial para salientar a necessidade de mudança em diferentes departamentos e oferecer uma oportunidade para os funcionários expressarem suas opiniões e sugestões. Orientados por atores profissionais, os gestores foram divididos em dez equipes, e cada uma desenvolveu e ensaiou uma breve cena cômica incorporando os novos fatores de sucesso estratégico e os valores culturais representados pelo novo plano para 2012. Quando cada equipe apresentou sua cena diante do grupo todo, os benefícios de uma abordagem teatral ficaram claros: o humor e a ironia com os quais cada grupo apresentou sua percepção dos outros departamentos e da empresa como um todo abrandou tópicos de certa forma delicados, sem reduzir a relevância da questão. Nas palavras de Alexander Birken, membro do conselho de administração executivo do Otto: "Percebemos nossas próprias fraquezas brincando. E começamos a nos perguntar: 'Em que medida nossos clientes são influenciados pelos nossos *controllers*, nosso pessoal do RH, nossos colegas do departamento de atendimento?'. Com isso, fomos capazes de refletir sobre a realidade e de abolir barreiras e obstáculos".

O grupo descobriu que grande parte da tensão negativa que poderia surgir e da preocupação em relação ao futuro foi neutralizada por meio do exercício de representação de papéis. Por exemplo, uma cena cômica deixou claro que a área da recepção não era percebida como um espaço orientado para o cliente. Como consequência, o departamento deu início a um projeto chamado Happy Gate, para fazer da área de recepção e de seu pessoal os mais amistosos de Hamburgo. Isso porque, a crítica foi expressa por meio de um *feedback* construtivo, que serviu de orientação para o departamento. O resultado desse *workshop* foi a comunicação e implementação dedicada e energética da nova visão para o futuro.

Use pequenos chacoalhões emocionais para superar a negação da energia corrosiva

Algumas empresas passam muito tempo sofrendo com a energia corrosiva. Quando se encontram nessa situação, precisam de algo mais substancial do que uma mera válvula de escape para lidar com o aumento do negativismo: elas necessitam de um sinal de alerta drástico. Descobrimos que, depois de meses ou mesmo anos de hostilidade e animosidade, a natureza dos padrões de comportamento destrutivo se torna crônica. As organizações desenvolvem uma cultura de desconfiança, acusação e agressividade. Em culturas corrosivas, as pessoas perdem o foco nas metas gerais da empresa, mas muitas vezes negam que seu comportamento seja corrosivo. Por quê? Elas se acostumaram com esse comportamento. Quando isso acontece, as válvulas de escape deixam de funcionar: como a energia corrosiva não é percebida como um estado excepcional, ela se torna uma parte do cotidiano das pessoas.

É nesse ponto que, na qualidade de líder, você precisa fazer alguma coisa para sacudir emocionalmente a empresa, confrontando diretamente as pessoas com as consequências da energia destrutiva. E qual é o principal efeito desses chacoalhões? Uma ruptura das perspectivas internas mais profundamente enraizadas: aquelas que tendem a negligenciar metas, resultados desejados, clientes e estratégias da empresa. Se a intervenção for bem conduzida, uma nova perspectiva externa compartilhada surgirá depois dela. Intervenções drásticas normalmente são mais eficazes se realizadas logo no início: quando o negativismo começa a se estabelecer, as pessoas muitas vezes se fecham a soluções capazes de eliminar atitudes corrosivas – mesmo na ausência de uma alternativa. Descobrimos que dois tipos de chacoalhões são mais eficazes: confrontar abertamente a empresa em relação à energia corrosiva e utilizar um *brainstorming* destrutivo[13].

Confrontar abertamente a empresa em relação à energia corrosiva. Na qualidade de líder, você deve conversar abertamente com seu pessoal sobre o comportamento destrutivo e sobre como os conflitos internos prejudicam as pessoas e, especialmente, a empresa. Por exemplo, você deve apresentar sem meias palavras fatos sobre os clientes perdidos, a queda de faturamento, o custo das disputas internas e o impacto de todos esses problemas sobre a rotatividade de funcionários e as oportunidades de negócios. Repita afirmações específicas de clientes decepcionados – declarações que salientem os efeitos do baixo desempenho na vida pessoal e profissional do cliente.

Martin Frerks, um chefe de departamento de uma empresa de indústria química norte-americana, usou um chacoalhão como esse depois de passar oito meses tentando, sem sucesso, integrar funcionários de quatro unidades diferentes – que, apesar de estarem baseados em locais diferentes, tinham funções similares – em uma única unidade logística[14]. Essa equipe de 30 pessoas insistia em discutir os mesmos temas: não querer se deslocar até o novo local, não ter um sistema de TI tão poderoso quanto o que tinham na antiga unidade de trabalho e assim por diante. Além disso, Frerks foi acusado de favorecer os funcionários do local onde ele trabalhava antes. Apesar de a estratégia, os processos de negócios e as necessidades do cliente terem mudado, os funcionários se recusavam a aceitar que suas unidades, antes independentes, não eram mais relevantes. O clima era tenso: uma mistura de frustração, sabotagem consciente dos novos colegas e hostilidade aberta em relação uns aos outros e em relação a Frerks. Em consequência, o nível mensurado de qualidade e confiabilidade era de 50% – muito abaixo do nível anterior, de 95%, que era a meta estabelecida pela empresa para o departamento.

Foi só quando Frerks partiu para uma nova abordagem que a situação começou a mudar. Trabalhando em estreito contato com o chefe, Frerks confrontou o departamento com novas regras para o processo de mudança: em primeiro lugar, a unidade precisaria melhorar radicalmente o desempenho. Sem melhoria, ele informou o pessoal, ele mesmo seria transferido ou provavelmente demitido da empresa. Dessa forma, a situação passou a ser referente a Frerks e ao seu futuro, o que foi recebido pelos membros do departamento como uma enorme surpresa. E o departamento também estava em risco: as tarefas seriam terceirizadas. Esse chocante sinal de alerta para os funcionários refreou as forças corrosivas. Para evitar esse cenário desastroso, a gestão apoiaria a mudança com recursos adicionais, acima de tudo com desenvolvedores de negócios internos, além de especialistas em qualidade e mudança. A mensagem era clara: melhorem, senão... Frerks anunciou que marcaria reuniões pessoais com cada membro da unidade para conversar sobre suas opiniões e expectativas e coletar ideias sobre como planejar a mudança.

Nessas conversas individuais, Frerks descobriu que as pessoas não tinham entendido a gravidade da situação até então. Mas agora elas perceberam o que realmente estava acontecendo e viram que Frerks tinha claramente colocado o próprio emprego em jogo pelo departamento. Por meio da ação drástica de Frerks, agora todos compreenderam que a paciência dos líderes da empresa tinha se esgotado. As conversas funcionaram como um catalisador para a mudança, e Frerks foi capaz de desenvolver uma estratégia para combater aqueles pontos fracos. Usar um chacoalhão momentâneo, no momento oportuno, rompeu a tensão destrutiva existente e permitiu que o departamento superasse suas diferenças prévias e criasse uma colaboração produtiva. Três meses mais tarde, as mensurações de qualidade e confiabilidade do departamento tinham aumentado significativamente e, um ano depois, o departamento era o maior produtor de receita de todo o grupo.

Utilizar o *brainstorming* destrutivo. Uma vez que o negativismo começa a se estabelecer, as pessoas raramente adotarão com facilidade soluções que possam neutralizar atitudes corrosivas – mesmo quando não há alternativa. Reações típicas são o ceticismo e a incapacidade de até mesmo pensar sobre uma possível melhoria, especialmente no que diz respeito a interagir com o "outro lado". Dessa forma, você, na qualidade de líder, precisa criar para seu pessoal um abalo emocional ainda mais drástico que, por sua vez, ajudará a redirecionar as forças da organização. Nesses casos verdadeiramente desesperadores, você pode trabalhar com as equipes (e a presença e contribuição das partes em conflito são muito importantes) para desenvolver em conjunto os piores cenários possíveis, um esboço de fatos e eventos que salientem as consequências do comportamento destrutivo continuado. Esse tipo de *brainstorming destrutivo* facilita uma mudança deliberada de perspectiva[15]. Antes que a energia corrosiva possa ser superada e uma busca coletiva por soluções ocorra, os funcionários são solicitados a trabalhar inicialmente na tarefa exatamente oposta: o que precisamos fazer para prejudicar a nossa empresa? A tarefa tem um aspecto de certa forma irônico, e até divertido, que ajuda a dissolver bloqueios mentais e engessamento emocional.

O *brainstorming* destrutivo normalmente leva cerca de um dia para ser realizado. Veja como ele é feito: de preferência com um grupo pequeno (de oito a 15 pessoas), os participantes, todos de alguma forma envolvidos no conflito negativo, elaboram juntos as metas do *workshop*, como superar uma crise, melhorar a retenção de clientes ou combater explicitamente a energia corrosiva entre departamentos ou níveis hierárquicos. Em seguida, os participantes se envolvem no *brainstorming* destrutivo, abordando as metas estabelecidas da direção oposta, perguntando, por exemplo: "Como podemos levar a empresa à falência o mais rapidamente possível?" ou "O que é possível fazer para afastar nossos clientes de uma vez por todas?" ou "Como nos obstruir com tanta eficiência no trabalho a ponto de atingirmos o maior fracasso possível?". Essa inversão do problema, que basicamente força todos a olhar para as tendências corrosivas de um novo ponto de vista, pode ser especialmente útil para remover bloqueios mentais que acompanham conflitos estruturais ou crises.

Todas as ideias são registradas em *flipcharts* e organizadas dentro de uma escala de prioridade, de forma que o grupo possa lidar com essas ideias mais adiante no processo. Os membros do grupo analisam cada solução negativa e as *invertem,* para chegarem a ideias construtivas e ações concretas para lidar com os problemas em questão. No fim desses *workshops* de *brainstorming*, os participantes, muitas vezes, surpreendem-se ao ver como conseguiram trabalhar juntos de maneira tão construtiva e se sentem inspirados para implementar em conjunto suas ideias positivas para a mudança.

O *brainstorming* negativo tem vários benefícios. O pior cenário desenvolvido coletivamente não apenas ajuda os participantes a superar bloqueios como também mostra claramente em que direção o comportamento corrosivo está os levando. Além disso, os participantes têm interações positivas com seus "inimigos", o que é especialmente útil por permitir que todos cheguem a um consenso para implementar as ideias desenvolvidas em colaboração.

Como seria o *brainstorming* negativo na prática? Um bom exemplo aconteceu quando três empresas, que antes não tinham relação nenhum entre elas, de três áreas de negócios diferentes – gás, água e eletricidade – foram integradas em uma única companhia europeia de energia. A nova organização demandava uma intensa cooperação interna. No entanto, de cara surgiram intensas rivalidades internas nos conselhos recém-integrados, com uma enorme lacuna entre as mentalidades dos "antigos" CEOs (agora líderes de divisão) e os membros do novo conselho de administração integrado. Como o próprio CEO era um membro do antigo conselho de administração executivo, ele contratou um consultor externo, que deu início ao seu trabalho com um *workshop* estratégico de dois dias com toda a equipe administrativa para redirecioná-la para uma perspectiva compartilhada do processo de integração. O consultor começou perguntando a todos os participantes do *workshop* se eles estavam pessoalmente dispostos a contribuir com uma solução para o conflito e obteve respostas positivas. No entanto, apesar de todos se mostrarem dispostos em um nível racional a cooperar, ele não conseguiu fazer com que eles discutissem os problemas em profundidade. Em vista disso, o próximo passo foi conduzir uma sessão de *brainstorming* destrutivo em torno do alinhamento futuro da empresa. Ele pediu que todos os participantes se saíssem com o maior número possível de ideias sobre como *arruinar* rapidamente a empresa e as maneiras mais eficazes de afastar os clientes.

    Inicialmente, os participantes ficaram irritados, por considerarem a tarefa um absurdo. Mas quando foram convencidos a participar (afinal, o que eles realmente tinham a perder?), logo entraram no espírito da sessão. Eles preencheram dois *flipcharts* com ideias criativas que poderiam ser utilizadas mais adiante no *workshop*. Ainda mais importante, depois do *brainstorming*, o estado de espírito dos participantes tinha mudado bastante. Eles ficaram mais descontraídos e até conseguiram rir juntos. Naquela tarde e no dia seguinte, os membros do conselho falaram amigavelmente sobre medidas concretas para o futuro alinhamento estratégico da empresa. Eles conversaram sobre visões, estratégias, riscos no mercado e a mudança concreta necessária para criar uma empresa integrada. Eles conseguiram usar as ideias geradas no *brainstorming* destrutivo como um ponto de partida para cada tópico, invertendo essas ideias e vinculando-as a ações concretas a serem realizadas na empresa. Por exemplo, os participantes inverteram uma das ideias destrutivas – "Todos os membros do conselho de administração devem agir de acordo com os próprios interesses pessoais e incitar conflitos entre os funcionários" – para chegar à seguinte afirmação: "Nós trabalhamos unidos. Quando conversamos com nossos funcionários, falamos com uma única voz. Nosso sucesso conjunto é mais importante do que as metas individuais das divisões".

Algumas advertências devem ser levadas em conta se você decidir utilizar uma técnica de abalo emocional para combater a energia corrosiva. Em primeiro lugar, para atingir a máxima eficácia, os alvos do chacoalhão precisam sentir que, em última instância, todas as pessoas da equipe ou organização estão no mesmo barco, isto é, que apenas com todos trabalhando juntos a empresa conseguirá redirecionar sua energia.

Em segundo lugar, os executivos muitas vezes reagem inicialmente com reservas ao serem confrontados com essa forma bastante direta e até drástica de lidar com a energia corrosiva. Suas reservas, em muitos casos, se baseiam nas premissas erradas, isto é, o medo de que eles ou sua unidade serão expostos e que as pessoas da organização descobrirão estarem diante de um problema grave. Mas o método ou a intervenção, é claro, não constitui o problema: ele já existe, e as pessoas estão cientes dele.

Em terceiro lugar, no fim das contas é você, na qualidade de executivo, o responsável por livrar a empresa de um estado corrosivo. Cabe a você encontrar a abordagem certa para apresentar de forma tangível e vívida as consequências da energia negativa, e liderar sua organização em direção a um estado mais positivo. Isso se aplica mesmo quando você também fizer parte da dinâmica corrosiva: você deve encontrar maneiras de escapar da armadilha da corrosão, mesmo se isso implicar recorrer à ajuda de especialistas externos.

Finalmente, você deve reconhecer que, sempre que uma pessoa entra em contato com a energia corrosiva de uma empresa, a toxicidade dessa interação tem efeitos extensos. Isso nos leva a uma terceira ferramenta que você deve utilizar ao lidar com a energia corrosiva: identificar e apoiar os combatentes da toxicidade da organização.

Identificar e apoiar os combatentes da toxicidade

Há mais uma ferramenta que você pode utilizar para limpar e redirecionar a energia de sua empresa. Apesar de a administração das forças corrosivas ser basicamente sua responsabilidade como líder, outras pessoas também podem participar de maneira significativa dessa tarefa, ainda que de modo informal. Peter Frost e Sandra Robinson chamam essas pessoas de "combatentes da toxicidade"[16]. São as pessoas nas quais tanto os funcionários quanto os líderes confiam e, portanto, pessoas com as quais o negativismo é compartilhado. Os combatentes da toxicidade também podem ser encontrados em posições mais formais, como membros do departamento de Recursos Humanos.

David O'Connell é um gestor sênior de publicidade e de RH em uma agência de mídia que emprega mais de 40 pessoas. Por ser um veterano na agência, com 19 anos de casa, é o sujeito que os outros funcionários tendem a procurar quando se sentem frustrados, furiosos ou têm dificuldades com superiores ou colegas[17]. Ele já ouviu as mais variadas histórias, como relatos de tratamento injusto, de falta de reconhecimento, de dificuldades na comunicação com os colegas e de ansiedade relacionada à mudança. Seus colegas nos contaram que conversar com esse combatente da toxicidade faz com que eles se sintam ouvidos e, em muitos casos, só a conversa já reduz a magnitude do problema – enquanto isso, O'Connell ajuda os colegas a se manterem produtivos no trabalho. Ele também é solicitado a criar soluções, por vezes abordando com cautela o outro lado do conflito. E em virtude de seu papel no RH, O'Connell pode sintetizar as informações que recebe e reportá-las à equipe sênior para dar início a mudanças sistemáticas na empresa quando necessário, como, por exemplo, no modo como a empresa trata o seu pessoal.

Qual é a teoria por trás disso? Os combatentes da toxicidade absorvem o negativismo dos indivíduos, agindo como uma válvula de escape humana. Eles ajudam os colegas a evitar ou superar a raiva, a agressividade, a mágoa e a irritação ao ouvi-los com atenção[18]. Por meio de conversas privadas, os combatentes da toxicidade conquistam a confiança e ajudam as pessoas da organização a lidar com o negativismo.

Por sua vez, os funcionários recuperam o equilíbrio emocional ao falar sobre suas experiências negativas e ao obter apoio e sugestões de soluções, enquanto o combatente da toxicidade impede essa agressividade de se espalhar de maneira destrutiva pela organização. Portanto, essas pessoas especiais realizam uma contribuição fundamental para o sucesso da empresa: elas percebem o surgimento da corrosão desde o início e a combatem para que a empresa mantenha sua energia produtiva[19].

Os líderes podem receber dos combatentes informações cruciais sobre a energia corrosiva da empresa. Os combatentes da toxicidade muitas vezes têm a confiança não apenas dos funcionários, mas, também, dos líderes. Ouça seus combatentes da toxicidade e sinalize sua disposição de aprender com eles quais as fontes e explosões potenciais de energia corrosiva. Para encontrar e estabelecer sistematicamente esse tipo de diálogo com os combatentes da toxicidade, você pode procurar os formadores de opinião informais da empresa, conversar diretamente com o pessoal de níveis hierárquicos mais baixos e promover ativamente um diálogo com pessoas que tenham, pela natureza de seus cargos, um relacionamento de confiança com os funcionários, como gestores de RH, assistentes sociais e representantes sindicais. Você não está procurando pessoas para culpar ou atacar, mas, sim, está em busca de informações para avaliar os níveis de energia da organização e sinalizar a abertura da liderança.

Por fim, já que as pessoas recorrem com frequência aos combatentes da toxicidade em períodos particularmente difíceis, você deve oferecer a essas pessoas um apoio sistemático para lidar com esse influxo de negativismo. Afinal, o trabalho positivo de combater a toxicidade na empresa pode implicar um grande custo pessoal aos combatentes[20]. Temos observado com frequência que, apesar de os combatentes da toxicidade serem exímios em livrar os outros do negativismo, eles próprios muitas vezes não têm a capacidade de digerir todas as informações negativas ou corrosivas que absorvem. Em consequência, essas pessoas correm um alto risco de estafa física, mental e emocional. Portanto, você deve desenvolver sistemas para apoiar e proteger o combatente da toxicidade.

Comece reconhecendo publicamente o papel crucial dos combatentes da toxicidade, em especial se esse papel for mais formal (como no caso de um funcionário do RH). Depois, certifique-se de proporcionar os recursos que esses combatentes precisam para realizar suas importantes atividades – como orientadores ou outros profissionais que possam ajudá-los a lidar com a própria estafa[21]. Outra ferramenta útil é trabalhar com os combatentes da toxicidade para predeterminar períodos e condições nos quais eles lidarão com uma questão em particular, de forma que o processo seja menos fatigante emocionalmente. Dessa maneira, os combatentes da toxicidade conseguem fazer pausas para recarregar as baterias e se colocar à disposição novamente em um determinado ponto para ajudar a combater a energia corrosiva, redirecionando a energia para as metas compartilhadas da empresa.

Você também pode levar em consideração contratar combatentes da toxicidade externos. Veja, por exemplo, o quadro *Utilizando assistentes sociais para lidar com a toxicidade na Lidl*.

Utilizando assistentes sociais para lidar com a toxicidade na Lidl

Como descrevemos no Capítulo 2, a Lidl é uma rede alemã internacional de varejo com mais de 800 lojas ao redor do mundo. Quando a empresa entrou no mercado suíço em março de 2009, com a meta de abrir 29 lojas no primeiro ano, se deparou com uma resistência considerável. Outra varejista alemã já tinha entrado no mercado suíço em 2005 e enfrentado críticas de sindicatos trabalhistas e da mídia local em relação às condições de trabalho – e os líderes se preocupavam com a possibilidade de a Lidl encontrar problemas similares. Além disso, um escândalo na controladora alemã da Lidl, acusada de espionar os funcionários com equipamentos de vigilância ocultos, havia vindo à tona recentemente. Com a força de trabalho suíça crescendo rapidamente (a Lidl tinha contratado mais de 600 funcionários antes da inauguração das lojas na Suíça), a administração da Lidl concordou que os funcionários precisariam de apoio e treinamento especial para lidar com confrontos diretos por parte do público suíço.

A equipe administrativa da Lidl decidiu criar um ponto de contato para todos os funcionários, para atuar como uma ponte entre eles e os executivos. Dois assistentes sociais foram recrutados para conversar proativamente com os funcionários e lhes dar apoio. Os assistentes visitavam aproximadamente duas lojas por dia para ajudar os funcionários a reduzirem o nível de estresse e assegurar uma disponibilidade constante.

Os assistentes sociais também treinaram rigorosamente as equipes de todas as 26 lojas inauguradas primeiro, utilizando os princípios corporativos e a declaração de missão da Lidl Suíça como diretrizes. Essas diretrizes representavam certa segurança para os funcionários, atuando como referência para um bom ambiente de trabalho. Apesar de os princípios serem reforçados a cada contratação e, portanto, serem disponibilizados a cada membro do *staff*, "um foco especial é desenvolvido no treinamento individual para se certificar de que todos os funcionários conheçam seus direitos e possam internalizá-los", segundo Silja Drack, líder de RH da Lidl Suíça. Como regra geral, cada funcionário recém-contratado era – e ainda é – treinado por um dos assistentes sociais para garantir que seja bem informado desde o início. Além desses treinamentos, a principal responsabilidade dos assistentes sociais incluía oferecer assistência e apoio a todos os funcionários em relação a qualquer questão, seja social, profissional ou pessoal. Se um problema interno surgisse em uma equipe ou na administração, os assistentes sociais se reuniam com as partes envolvidas para solucionar a questão, com a meta de apoiar os funcionários e manter um clima motivado e positivo. Por meio desse tipo de assistência e comunicação, os assistentes sociais conseguiram reduzir com eficácia a energia negativa do *staff*. No caso de problemas graves, esses profissionais alertavam a administração da Lidl para que as medidas necessárias fossem tomadas.

Durante a intensa fase inicial na Suíça, entre março e maio de 2009, os assistentes sociais foram verdadeiramente postos à prova no papel de combatentes da toxicidade da Lidl, já que tanto o *staff* quanto a administração enfrentavam um significativo estresse físico e psicológico. Além de lidar com várias questões pessoais de cada funcionário, eles também lidaram com uma série de problemas internos provocados por comportamentos negativos da administração durante esse período. Os membros do *staff* procuravam os assistentes sociais para relatar, por exemplo, que alguns gerentes de loja estavam possivelmente agindo contra os princípios corporativos.

Para lidar com esse tipo de problema, os assistentes sociais utilizaram um procedimento-padrão. O primeiro passo era conversar com o empregado que expressou o descontentamento. Se o problema se revelasse grave, pequenos grupos de trabalho anônimos eram criados para conversar com outros funcionários e envolver o gestor relevante. Apesar de os gestores serem informados da existência de um problema, eles não eram informados de quem se tratava, nem qual loja estava sendo afetada. Isso garantia o anonimato e a segurança dos gestores e funcionário. Depois que os assistentes sociais coletavam todas as informações necessárias nos grupos de discussão, o problema era avaliado com objetividade. Independentemente de o problema envolver um subordinado ou gestor, os assistentes sociais proporcionavam apoio a essas pessoas. Se o problema fosse uma questão da liderança, o líder recebia *coaching* pessoal. Além da ajuda prestada pelos assistentes sociais para solucionar uma situação problemática específica, um gestor adicional era encarregado de apoiar a pessoa em questão ao longo de um determinado período e de aliviar parte da pressão.

No que se refere aos problemas de liderança surgidos durante a fase inicial na Suíça, estes foram em grande parte solucionados e a situação voltou ao normal.

No entanto, a empresa manteve esses dois assistentes sociais como um ponto de contato independente para todos os membros do *staff*, e agora a Lidl é capaz de administrar proativamente a energia negativa na empresa. Esses combatentes da toxicidade exercem um importante papel na identificação de possíveis ameaças e influências negativas assim que possível e, dessa forma, facilitam a ação da administração.

Impedindo a corrosão por meio do desenvolvimento de uma identidade organizacional forte

Uma vez realizada o primeiro passo para livrar a empresa da armadilha da corrosão – neutralizar gradualmente a energia negativa–, você está pronto para passar para a segunda etapa: reenergizar a empresa para impedir o ressurgimento da corrosão. Os sentimentos negativos que permearam a empresa durante o período dominado pela energia corrosiva não desaparecem fácil ou rapidamente – mesmo quando a organização aparentar estar coesa e colaborativa na superfície. Nossa pesquisa demonstra que, sem um investimento explícito em normas e atitudes comportamentais positivas, há muitas chances de as pessoas recaírem nos antigos padrões, e o negativismo retornará.

Como, então, impedir o ressurgimento da energia corrosiva? Você pode fazer isso desenvolvendo uma identidade organizacional forte – basicamente, um espírito de equipe saudável[22]. Pessoas que compartilham uma identidade organizacional sólida possuem vínculos fortes, valores compartilhados e uma percepção de coletividade baseada em conquistas passadas. Além disso, têm por objetivo as mesmas metas futuras – o que aumenta muito as chances de uma boa colaboração entre elas. Por fim, conflitos, desconfiança e outras atividades destrutivas devem ser ativamente prevenidos.

Na qualidade de líder, você pode alavancar dois elementos que se combinam para criar uma forte identidade organizacional: o orgulho organizacional e uma perspectiva compartilhada para o futuro da empresa[23].

- **Orgulho organizacional.** Isso significa a extensão na qual as pessoas compartilham o mesmo sentimento de realização pelos sucessos passados da empresa. Se o orgulho organizacional for alto, os funcionários sentem um vínculo estreito com a empresa ou a unidade. E se orgulham de fazer parte do grupo e de poder contribuir. Se o orgulho organizacional for fraco ou inexistente, a empresa é desprovida de um dos elementos mais importantes de coesão, e as pessoas terão mais chances de buscar maximizar seus benefícios pessoais às custas da empresa como um todo. Em circunstâncias como essas, a energia corrosiva tem mais chances de se agravar, e os funcionários se veem cada vez mais como simples indivíduos e menos como uma parte de um todo mais amplo, a empresa. Nossa pesquisa demonstrou, por exemplo, que se os funcionários apresentam altos níveis de orgulho organizacional, a empresa tem menos energia corrosiva (17%) e um nível mais alto de energia produtiva (10%) do que empresas nas quais as pessoas têm pouco orgulho[24]. Nossos dados sobre o nível de identificação das pessoas com suas empresas sustentam claramente essa constatação. Empresas nas quais os funcionários demonstraram altos níveis de identificação com a organização apresentaram menos energia corrosiva (16%) e maior energia produtiva (11%) do que empresas nas quais as pessoas sentiam pouca identificação organizacional.

- **Perspectiva compartilhada.** Esse elemento descreve a extensão na qual as pessoas compartilham uma visão forte, metas ambiciosas ou um foco em comum no que se refere à estratégia da empresa. Quando os funcionários têm uma perspectiva compartilhada, eles se envolvem em um propósito comum mais amplo, e a empresa usufrui de um direcionamento claro para uma ação alinhada. Por outro lado, se perspectivas compartilhadas sobre a estratégia forem fracas ou ausentes, há confusão em relação a quais atividades são mais relevantes. A empresa não segue um caminho uniforme orientado para o futuro, mas se envolve em muitas iniciativas diferentes, muitas vezes contraditórias – e as chances de se desenvolver energia corrosiva aumentam. De fato, descobrimos que empresas com altos níveis de perspectiva compartilhada, isto é, uma forte visão compartilhada, apresentavam níveis mais altos de energia produtiva (14%) e menor energia corrosiva (19%) em comparação com empresas nas quais as pessoas apresentavam baixos níveis de perspectiva compartilhada[25].

Se você analisar com mais profundidade essas duas dimensões – orgulho organizacional e uma perspectiva compartilhada do futuro –, poderá descobrir qual dos quatro tipos de identidade organizacional prevalece em sua empresa: identidade complacente, identidade exaurida, identidade desenraizada ou identidade sustentável (Figura 3.2)[26]. Esses tipos de identidade não correspondem diretamente aos quatro estados de energia da empresa – em vez disso, enfatizamos que uma identidade forte e sustentável ajuda a prevenir e combater a energia corrosiva.

Figura 3.2 – Matriz de identidade organizacional

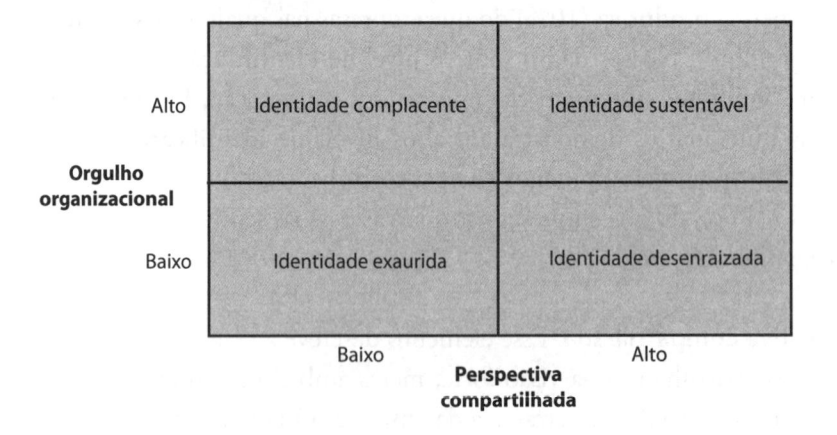

	Baixo (Perspectiva compartilhada)	Alto (Perspectiva compartilhada)
Orgulho organizacional Alto	Identidade complacente	Identidade sustentável
Orgulho organizacional Baixo	Identidade exaurida	Identidade desenraizada

As empresas com *identidade exaurida* são fracas tanto em termos de orgulho quanto de perspectiva. A identidade organizacional foi exaurida e desgastada e os funcionários não sentem um vínculo forte com a empresa. Uma perspectiva forte e compartilhada pode ser destruída por meio de crescimento desenfreado, diversificação em demasia ou descentralização excessiva, que vem acompanhada de mentalidade de silos e priorização das metas da unidade em detrimento das metas da empresa. O orgulho é inexistente ou relacionado à unidade, e não à empresa como um todo, de forma que as pessoas têm mais chances de lutar pelo sucesso de sua unidade contra outras da mesma empresa, o que provoca o surgimento da energia corrosiva.

As empresas podem desenvolver uma *identidade desenraizada* quando apresentam baixo ou nenhum orgulho organizacional combinado a uma forte perspectiva compartilhada para o futuro. Elas muitas vezes se direcionam com sucesso a uma estratégia forte e compartilhada, mas os funcionários não se orgulham dela. Essas empresas logo perdem o senso de coesão, e os funcionários não sentem um vínculo intenso com a empresa nem com sua equipe. E, ainda mais crucial, um nível baixo de orgulho permite apenas um olhar restrito às conquistas do passado, porque os funcionários não confiam nos colegas. A situação se transforma em um terreno fértil para a energia corrosiva. Os funcionários sabem quais metas devem buscar atingir, mas não têm o mesmo direcionamento compartilhado para o sucesso, o que poderia transformar a identidade desenraizada em identidade sustentável. Apesar de os funcionários com uma identidade desenraizada compartilharem uma meta em comum, a dinâmica corrosiva pode surgir rapidamente devido à ausência de um intenso sentimento compartilhado de orgulho.

Uma *identidade complacente* surge em empresas com alto nível de orgulho organizacional, mas nível baixo ou ausente de perspectivas para o futuro em comum. A identidade complacente muitas vezes se baseia em um passado organizacional bastante positivo. Vemos com frequência a identidade complacente em empresas antigas, com décadas de mercado, e geralmente bem-sucedidas. Os funcionários orgulham-se do que conquistaram e da imagem da empresa, e a administração tende a ser relativamente presunçosa. Essas empresas não promovem metas muito ambiciosas ou desafiadoras. Em vez disso, há uma identidade complacente muitas vezes acompanhada, no início, por um pouco de negativismo e agressividade. Os membros da organização têm um intenso sentimento de orgulho em relação às vitórias passadas, e se sentem à vontade com essa nostalgia. Em um ambiente como esse, a energia corrosiva normalmente surge quando partes da organização começam a questionar realizações passadas e planos futuros para lançar iniciativas inovadoras, e as pessoas se sentem debilitadas em processos orientados para o futuro.

Por fim, empresas com *identidade sustentável* são caracterizadas por um forte orgulho organizacional e boas perspectivas futuras. Essas empresas têm menos chances de voltar a se envolver em atividades corrosivas. Por exemplo, a empresa tem uma estratégia focada e ambiciosa, ou as iniciativas estratégicas são tidas como prioridades e desafios em comum. Os funcionários dedicam toda a energia às metas compartilhadas e se veem como parte importante do todo. Essa combinação de orgulho pela empresa e suas conquistas e a busca de uma ambiciosa perspectiva em comum ajuda a impedir o surgimento da energia negativa no longo prazo. A confiança resultante de um passado compartilhado de sucesso e de saber que as pessoas lutam juntas por metas futuras cria um forte vínculo na empresa, além de uma intensa disposição para cooperar e evitar atividades destrutivas.

Se a sua empresa não tiver uma identidade forte ou possuir identidades fortes em algumas unidades que compitam com sua identidade central, você deve promover o orgulho organizacional e perspectivas compartilhadas para o futuro da organização como um todo[27]. Você deve, portanto, concentrar-se primeiramente em *estabelecer ou reforçar uma perspectiva compartilhada* para o futuro, já que você pode lidar mais rapidamente com essa questão. Em segundo lugar, você deve *fomentar o orgulho organizacional*. Em comparação com os passos necessários para reforçar uma perspectiva compartilhada para o futuro, tentativas de construir ou reconstruir o orgulho demandam mais tempo[28]. Os executivos negligenciam regularmente o orgulho organizacional, ou por desconhecerem sua importância ou por não saberem como influenciá-lo sistematicamente. Mas não se iluda: não existe uma verdadeira alternativa a cultivar continuamente o orgulho. Responda as perguntas sugeridas no quadro *Em que medida sua organização possui uma identidade forte?* para ver em quais áreas é preciso reforçar a identidade organizacional. Assim que você tiver uma ideia da força da identidade de sua organização, poderá trabalhar em alavancadores específicos para impulsionar tanto a perspectiva quanto o nível de orgulho de sua empresa. Esses alavancadores serão discutidos nas próximas seções.

Em que medida sua organização possui uma identidade forte?

A lista de verificação a seguir apresenta um resumo dos indicadores típicos da identidade sustentável. Responda cada pergunta e some a pontuação (mais de 11 respostas afirmativas: sua empresa muito provavelmente possui uma identidade forte; entre 6 e 10 respostas afirmativas: cuidado, presença de alguns primeiros sinais de identidade fraca; 5 ou menos respostas afirmativas: zona de perigo, a empresa provavelmente terá dificuldades com uma identidade fraca).

Orgulho

- Seus funcionários se orgulham de sua empresa?
- As pessoas de sua organização conhecem as conquistas do passado?
- Elas compartilham uma visão do passado de sucesso?
- Os funcionários conhecem os pontos fortes e as competências de sua empresa?
- Quando alguém elogia sua empresa, os funcionários recebem o elogio como um cumprimento pessoal?
- As pessoas dizem aos outros que se orgulham de trabalhar em sua empresa?
- Os funcionários recomendam sua empresa aos amigos que estão procurando emprego?
- Você enfatiza e comemora explicitamente os sucessos excepcionais ou conquistas na empresa toda assim que ocorrem?

Perspectiva

- Sua empresa tem uma estratégia focada e ambiciosa que as pessoas buscam concretizar coletivamente?
- Existe um conhecimento compartilhado da visão em relação a toda a organização?
- As pessoas da organização estão plenamente comprometidas com uma perspectiva compartilhada e ambiciosa?
- Os funcionários possuem uma visão compartilhada dos desafios e oportunidades da empresa?
- Existe um vínculo emocional compartilhado com as metas em comum em sua empresa?
- As pessoas da organização priorizam o futuro da empresa ao sucesso de suas subunidades individuais?

- As iniciativas estratégicas da empresa são altamente priorizadas e consideradas um desafio compartilhado?
- Há um alto nível de identificação com as metas na organização?

Desenvolva perspectivas compartilhadas sobre o futuro da empresa

Criar um foco ou perspectiva compartilhada para o futuro da empresa – em torno da qual todas as unidades e membros da organização podem ser unir – requer duas ações básicas. Para começar, você precisa redirecionar as metas compartilhadas da empresa e, depois, precisa criar um comprometimento coletivo.

Redirecionar metas em comum. Com muita frequência, fortalecer uma perspectiva em comum redirecionando metas implica reformular toda a estratégia da empresa, transformando o quadro geral e comunicando claramente o novo direcionamento a todos.

Como vimos acima, quando Juergen Dormann assumiu o comando como novo CEO da ABB em 2002, a empresa estava à beira da falência, e o orgulho e a identidade organizacional atingiram o ponto mais baixo de toda a sua história[29]. Ele começou sua reestruturação simplificando o modelo de negócios, com o foco nos pontos tradicionalmente fortes da empresa, tecnologias de energia e tecnologias de automação. Todas as outras áreas foram colocadas à venda, e as divisões restantes dissolvidas. Dormann também trouxe uma nova equipe de liderança e reduziu o comitê executivo de 11 para cinco pessoas – assegurando que seu próprio foco estratégico fosse compartilhado e aceito pelos outros líderes da diretoria. Além disso, Dormann lançou um estilo de comunicação mais abrangente, aberto e claro por toda a empresa (incluindo suas famosas "cartas de sexta-feira", mencionadas anteriormente), para explicar o novo foco estratégico e as perspectivas compartilhadas, informar os funcionários do novo direcionamento da empresa e, dessa forma, gerar um comprometimento compartilhado em relação às mudanças futuras. Em consequência, tanto clientes quanto funcionários aos poucos começaram a reaprender o que a ABB representava, e o orgulho organizacional foi restaurado.

Criar comprometimento coletivo. Após períodos de energia corrosiva excessiva, é vital que você, como um líder da empresa, promova o comprometimento coletivo, um sentimento profundo de obrigação voltado ao novo direcionamento unificador – que seja de preferência compartilhado e aceito por todos os membros da empresa. É assim que se assegura uma disposição compartilhada para fazer uso da energia das pessoas e desenvolver e manter a lealdade por iniciativas compartilhadas. O comprometimento entre todas as pessoas cria altos níveis de empenho e uma concentração duradoura em objetivos importantes[30]. Isso é fundamental para combater a energia corrosiva em uma organização ou impedir o retorno do comportamento destrutivo[31]. Mas como desenvolver esse sentimento de comprometimento coletivo com as metas da empresa?

A Continental AG, fabricante alemã de sistemas automotivos e pneus, é um exemplo de como unidades antes em conflito desenvolveram metas compartilhadas e um forte senso de comprometimento coletivo. Quando Hubertus von Gruenberg assumiu o comando em 1991, ele conduziu a Continental AG em um processo de mudança que saía de uma estratégia de crescimento a todo custo, na qual conflitos e indiferença eram a norma, para um foco combinado no crescimento lucrativo e na inovação[32]. Todas as unidades e todos os processos precisavam contribuir com a lucratividade da empresa. Essa exigência também incluía os mais de mil engenheiros e técnicos do departamento de P&D.

Von Gruenberg lançou uma reunião trimestral de pesquisa, desenvolvimento e engenharia (PDE), reunindo o conselho de administração da divisão de pneus, os diretores de marketing e os líderes de projeto do P&D. Nas reuniões de PDE, os engenheiros apresentavam seus projetos em estágio inicial e recebiam *feedback* diretamente do marketing e da diretoria. As inovações eram avaliadas em comparação com com produtos existentes e tendências de mercado. Os participantes definiam metas compartilhadas e passos para o progresso do projeto. A participação direta tanto de funcionários do P&D quanto do marketing e das vendas na determinação das metas, o envolvimento da diretoria e a importância clara das contribuições individuais à estratégia do grupo, levaram a um intenso vínculo emocional e ao comprometimento compartilhado com a implementação dos projetos. A reunião atingiu um comprometimento compartilhado em duas áreas: os funcionários de P&D comprometeram-se em gerar inovações que teriam o sucesso no mercado, e o pessoal de marketing, com a necessidade de uma tecnologia inovadora.

As estratégias de liderança a seguir podem ser extremamente úteis na criação de um comprometimento compartilhado com o futuro de empresas e unidades:

- Certifique-se de que o direcionamento compartilhado seja não apenas claro e focado, mas, também, desafiador e significativo[33].
- Assegure que o novo foco de sua empresa se transforme na visão comum a todos os funcionários, incluindo aqueles que já foram adversários uns dos outros.
- Sempre que possível, envolva todos os seus funcionários e gestores na determinação das metas da empresa, o que produz um maior comprometimento[34]. Após períodos de energia corrosiva, essa é a tarefa mais desafiadora dos líderes. Mas você pode fazer isso por meio de reuniões com representantes selecionados de diferentes unidades de trabalho, do diálogo com equipes para a determinação de prioridades e prazos, ou do envolvimento de toda a empresa, por exemplo, em um grande levantamento relativo à visão ou aos valores em comum.

Esses instrumentos lhe possibilitam evitar ou superar as forças negativas em sua empresa e proteger ou recuperar uma determinação e um comprometimento compartilhados com o novo foco estratégico no decorrer de períodos mais longos[35]. De fato, temos observado que, uma vez unidas as várias unidades da empresa em torno de metas em comum, elas se tornam ativamente relutantes em se desviar do novo propósito unificador.

Desenvolva e reforce o orgulho

Para desenvolver uma identidade sustentável que impeça a empresa de submergir na energia corrosiva, você, na qualidade de líder, deve se concentrar na percepção compartilhada de orgulho organizacional. Em empresas com um alto nível de orgulho, as pessoas estão cientes de suas conquistas em comum e compartilham o sentimento de pertencimento ao grupo[36]. Funcionários e gestores apoiam e ajudam uns aos outros, concentrando-se em soluções para problemas ou tarefas compartilhados.

Mas como, exatamente, você pode desenvolver ou fortalecer esse sentimento de orgulho na sua empresa? Uma ferramenta essencial é *reconhecer explicitamente realizações, sucessos e pontos fortes da empresa*. Pela nossa experiência, os executivos raramente analisam de maneira sistemática e com credibilidade os sucessos do passado. É mais comum eles se *concentrarem* no futuro, em fraquezas que devem ser superadas ou metas que precisam ser atingidas. Apesar de o futuro ser inegavelmente importante, o orgulho por metas conquistadas e sucessos passados salienta a história compartilhada da empresa e o relacionamento entre diferentes departamentos ou equipes.

Juergen Dormann utilizou as "cartas de sexta-feira" não apenas para explicar um novo foco estratégico, como, também, para ajudar a recuperar o orgulho dos funcionários pela empresa, descrevendo abertamente como ele se sentia em relação aos sucessos da ABB no passado. "Já disse a vocês", ele escreveu no início de sua gestão, "e essa impressão é confirmada diariamente, o quanto me surpreendi com a determinação, o orgulho e o espírito guerreiro das pessoas de nossa empresa"[37].

Você pode fortalecer ainda mais o orgulho *salientando as características especiais da empresa* e ressaltando aspectos que diferenciam-na das outras. O que faz com que sua empresa seja tão especial? O que a diferencia das concorrentes? Por que é especial fazer parte da empresa? Até que ponto é difícil entrar para a organização? Ao responder essas perguntas, você deve salientar os pontos em comum entre as divisões e funcionários, reforçando o orgulho de fazer parte *desta* empresa.

Outra maneira pela qual você pode fortalecer a identidade organizacional e o sentimento de que todos estão avançando unidos é fazendo *investimentos visíveis e convincentes na empresa* ou fazendo *sacrifícios pessoais visíveis*[38]. Vemos com frequência que, quando a cúpula administrativa reduz o próprio salário em épocas de crise, como fez o conselho de administração executivo da Phoenix Contact em 2009 – apesar de a ação ter sido em grande parte simbólica –, isso ajuda a neutralizar a raiva e a frustração dos funcionários e demonstra o quanto a empresa é importante para os executivos.

Considere, por exemplo, as maneiras pelas quais Dormann ajudou a ABB a recuperar seu orgulho organizacional:

- Ao se concentrar nas competências essenciais e nas suas áreas de negócios tradicionais, Dormann valorizou, perante seus funcionários, os sucessos e competências da empresa.

- Além disso, ele explicitamente enfatizou os pontos fortes e sucessos passados da ABB em suas "cartas de sexta-feira", despertando nos funcionários a perspectiva da história compartilhada e do futuro potencial.
- Dormann deu a muitos gestores ampla liberdade de ação e um sistema fortalecido de prestação de contas em todo o ABB Group. Dessa forma, ele reforçou a identificação a longo prazo dos gestores com as metas da empresa, ajudando todos a se sentirem responsáveis pelo desenvolvimento da ABB.
- Dormann realizou vários atos simbólicos (como se livrar de símbolos de *status* e dos privilégios do comitê executivo), que enfatizaram os pontos em comum da organização e ajudaram os funcionários a se orgulharem da empresa *deles*, da administração *deles* e da revitalização realizada por *eles*. Assim, os funcionários reconquistaram a confiança na integridade e nas metas da administração da empresa.
- Por fim, Dormann enfatizou explicitamente a identidade compartilhada da empresa – a importância de "uma única ABB" *versus* uma empresa que estava mais para uma coletânea de diferentes unidades ou empresas com as próprias identidades. "Precisamos alinhar ainda mais o nosso pessoal ao redor dos interesses em comum da ABB", ele escreveu em uma de suas "cartas de sexta-feira". "Precisamos fortalecer a nossa identidade como membros do ABB Group – e não da empresa X, Y ou Z do grupo, ainda apegada à sua identidade de 11 ou 15 anos atrás... ABB, a empresa recebida de braços abertos por comunidades e nações. ABB, a empresa cujas ações os investidores querem manter. ABB, a empresa onde os melhores talentos querem trabalhar e onde pessoas habilidosas e experientes permanecem e se sentem em casa. E tudo isso acontecerá por uma razão: porque somos a empresa preferida de nossos clientes, fornecedores e parceiros de negócios. Trabalhando como uma única ABB"[39].

Apesar dessas comunicações confiantes, Dormann conduziu ABB lentamente pelo processo de transformar uma identidade desenraizada em identidade sustentável. Ele sabia que o foco estratégico, por si, só não era suficiente. Em vez disso, a liderança customizada era necessária para restabelecer uma forte identidade sustentável – e, dessa forma, superar a corrosão e mobilizar a energia produtiva.

Lidar com a armadilha da corrosão constitui um desafio de liderança que os executivos algumas vezes negligenciam ou até ignoram intencionalmente, porque a tarefa não é muito clara: não é fácil administrar as forças corrosivas. Mesmo assim, é fundamental que você direcione sua atenção para as forças negativas presentes em sua empresa assim que começar a detectar problemas. Como ilustramos, até mesmo breves incidentes de corrosão podem criar um obstáculo duradouro para o desempenho. Quanto mais tempo você permitir que a corrosão permeie a organização, mais profundos serão os danos.

Como vimos, a energia corrosiva ataca empresas ativas, mas cuja atividade e motivação direcionam-se para objetivos destrutivos ou para beneficiar indivíduos ou subunidades, e não a empresa como um todo. Há uma armadilha adicional que encontramos com frequência em organizações ativas. Apesar de as pessoas normalmente considerarem bom ter um alto nível de energia positiva, descreveremos mais uma maneira pela qual isso pode prejudicar as organizações: a armadilha da aceleração, que discutiremos no próximo capítulo.

CAPÍTULO 4

CONCENTRANDO A ENERGIA DA SUA ORGANIZAÇÃO

Escapando da armadilha da aceleração

No capítulo anterior, vimos como libertar empresas presas à armadilha da corrosão. Agora exploraremos uma segunda armadilha de energia, que é de difícil detecção por acometer empresas que parecem estar muito bem e que, aparentemente, atingiram o nível ideal de energia produtiva. Qual o erro fatal dessas empresas? Elas se tornam excessivamente energizadas. Diante de intensas pressões do mercado, elas muitas vezes tentam fazer demais: aumentam o número e a velocidade das atividades, elevam as metas de desempenho, encurtam os ciclos de inovação e introduzem novas tecnologias de gestão ou sistemas organizacionais. Por algum tempo, elas têm sucesso, porém, com muita frequência, o CEO tenta fazer com que esse ritmo alucinado se transforme no novo ritmo normal. O que começou como uma explosão excepcional de atividades transforma-se em uma sobrecarga crônica. Apesar de os níveis de energia serem altos, a exaustão e a estafa logo começam a tomar a empresa. Chamamos essa situação problemática de *armadilha da aceleração*[1].

A armadilha da aceleração, portanto, é um fenômeno que começa como algo positivo. Sua empresa está produtiva e energizada e há um sentimento de que ela poderá começar a colher bons resultados, tanto para os funcionários quanto para os acionistas. O problema é que simplesmente não é possível sustentar o trabalho constantemente no limite de sua capacidade. E apesar de hoje em dia muitas empresas serem naturalmente direcionadas para o crescimento,

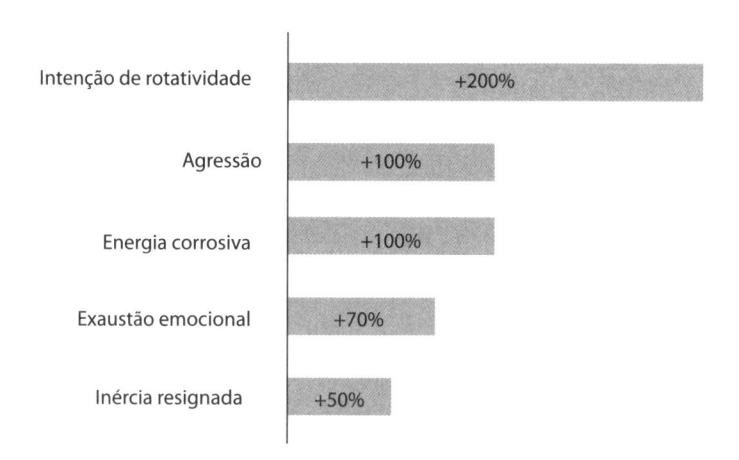

Figura 4.1 – Consequências da armadilha da aceleração do ponto de vista dos funcionários

Intenção de rotatividade	+200%
Agressão	+100%
Energia corrosiva	+100%
Exaustão emocional	+70%
Inércia resignada	+50%

Nota: Dados baseados em subamostras de levantamentos com 104 empresas alemãs em 2009 com 3.783 entrevistados sobre estados de energia, 3.777 sobre a armadilha da aceleração, 3.673 sobre a intenção de rotatividade (isto é, a intenção de sair da empresa) e 3.555 sobre a exaustão emocional.

Figura 4.2 – Consequências da armadilha da aceleração do ponto de vista da diretoria

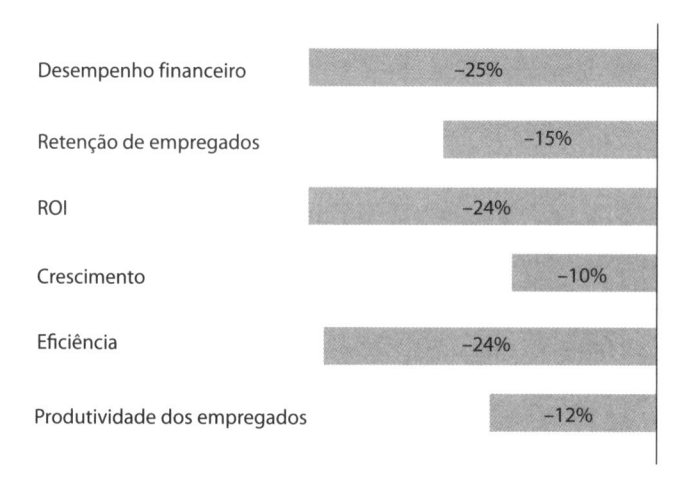

Desempenho financeiro	–25%
Retenção de empregados	–15%
ROI	–24%
Crescimento	–10%
Eficiência	–24%
Produtividade dos empregados	–12%

Nota: Pedimos aos membros da cúpula administrativa de cada empresa que avaliassem o seu desempenho organizacional em relação ao desempenho dos principais concorrentes no momento da mensuração. Dados baseados em uma subamostra de levantamentos com 104 empresas alemãs em 2009, com 3.777 entrevistados sobre a armadilha da aceleração e 225 membros da diretoria sobre medidas de desempenho.

a inovação, a velocidade e o alto desempenho, empresas altamente energizadas, algumas vezes tornam-se vítimas do próprio excesso de energia. Elas ficam presas em uma espiral dinâmica, avançando às cegas sem analisar como estão utilizando sua energia. Quando os executivos não ajustam cuidadosamente o ritmo de suas empresas, fases de alta energia positiva podem facilmente se transformar em energia negativa e excesso de aceleração.

É exatamente o que acontece em um número surpreendente de empresas. Nas condições de constante mudança dos dias atuais, a armadilha da aceleração, na prática, transformou-se em uma epidemia, especialmente em grandes corporações. E, apesar de essas empresas terem desenvolvido maneiras inteligentes de se adaptar, tornando-se ainda mais flexíveis e utilizando novas e poderosas ferramentas tecnológicas, elas deixam de ver o resultado negativo: funcionários e equipes inteiras exaustos, beirando a uma grave inércia resignada e estafa.

O problema é generalizado, especialmente no cenário atual de velocidades cada vez maiores e corte de custos: metade das 92 empresas que investigamos em 2009 estavam sendo afetadas pela armadilha da aceleração. Essa aceleração prejudica a empresa em vários níveis, e faz com que apresente um desempenho muito pior em diversas áreas, desde o moral dos funcionários até a sua eficiência e seu desempenho. Mais especificamente, a resignação cresce 50%, a exaustão emocional 70%, a energia corrosiva e a agressividade dobram (aumentam 100%) e a intenção de rotatividade chega a triplicar (aumento de 200%) (Veja figura 4.1). O desempenho também é significativamente debilitado em empresas presas a essa armadilha: são constatadas quedas no desempenho geral (−17%), produtividade dos funcionários (−12%), eficiência (−24%), retorno sobre o investimento (ROI: −24%), crescimento (−10%), retenção (−15%) e situação financeira (−25%) (Figura 4.2)[2].

Nossa pesquisa revela vários sintomas organizacionais específicos da armadilha da aceleração. Organizações presas a essa armadilha tendem a dar início simultaneamente a muitas atividades, mas não investem tempo ou recursos suficientes em cada uma delas, sobrecarregando dessa forma seu pessoal e forçando-os implacavelmente a trabalhar além de seus limites. Particularmente quando os CEOs veem o que suas empresas são capazes de realizar durante uma fase de intensa energia, os líderes presumem que o excepcional pode se transformar em rotineiro. Como o lema olímpico que mencionamos na Introdução

(*Citius, altius, fortius* – "Mais ágil, mais alto, mais forte"), esses líderes forçam constantemente suas empresas além dos limites da capacidade de seu pessoal. Apesar de o crescimento e a inovação serem obviamente cruciais para o sucesso dos negócios, eles podem provocar o fracasso se não forem administrados com sabedoria.

O que começa como uma jornada positiva e empolgante para a empresa como um todo pode terminar em uma contínua aceleração, uma enxurrada desenfreada de atividades, ação gerencial sem foco e incoerente, clientes confusos e funcionários exaustos. As pessoas que trabalham em empresas presas à armadilha da aceleração muitas vezes relatam um sensação de acirramento constante do ritmo e de intensificação da pressão, bem como sentimentos de impotência. Apesar do enorme esforço que dedicam ao trabalho, o fardo nunca parece ser reduzido, e eles se sentem fatigados e insatisfeitos.

Nossos dados proporcionam um olhar preocupante das condições em uma empresa acelerada demais. As que definimos como totalmente aprisionadas (descreveremos em breve os vários tipos de aprisionamento), 61% dos funcionários concordaram, parcial ou totalmente, que não tinham recursos suficientes para realizar seu trabalho, enquanto em empresas livres da ameaça o número caía para 2%. A discrepância entre resultados continuou a aparecer em relação às seguintes afirmações: "As pessoas dessa empresa trabalham sob a pressão constante de prazos apertados" (80% *versus* 4%), "As pessoas dessa empresa muitas vezes chegam ao limite em razão do excesso de trabalho" (55% *versus* 6%) e "As prioridades da minha empresa mudam com frequência" (75% *versus* 1%). A maioria dos entrevistados em empresas totalmente aprisionadas discordou, parcial ou totalmente, de que via "uma luz no fim do túnel" de períodos de trabalho muito intenso (83% *versus* 3%) e de que recebiam regularmente a chance de recuperar as energias (86% *versus* 6%) (Figura 4.3)[3].

A armadilha da aceleração deixa tanto os funcionários individualmente quanto empresas inteiras se sentindo presos em uma esteira ergométrica cada vez mais rápida, em termos de atividade e pressão, com muito pouco tempo para concluir as tarefas e poucas possibilidades de lazer e recuperação. Em vez de investir continuamente em desenvolver, cultivar e dar a possibilidade de regeneração dos recursos humanos, essas empresas exaurem o potencial e as reservas de todos.

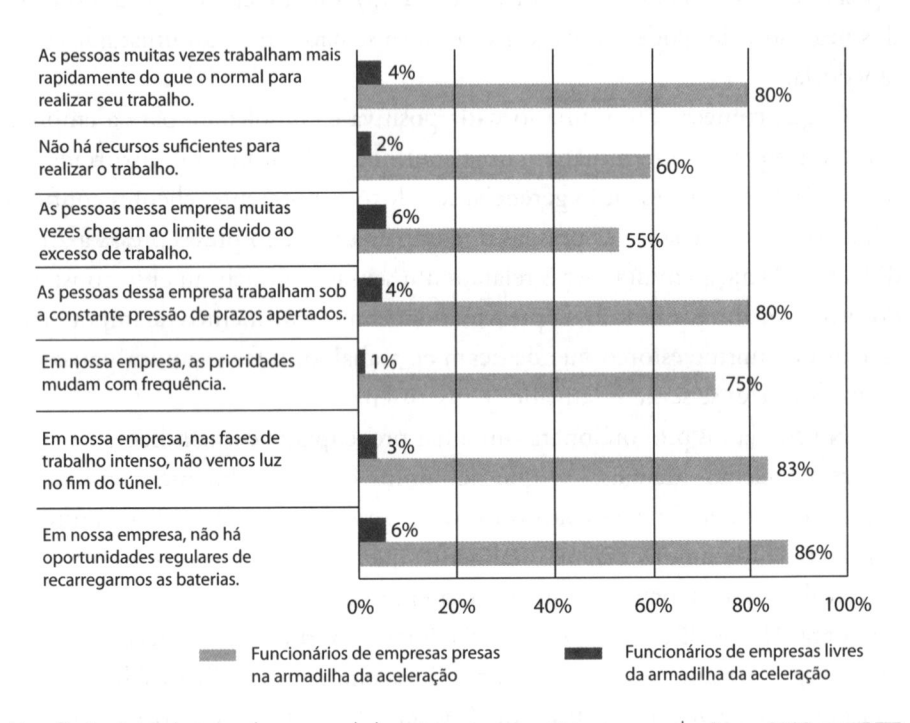

Figura 4.3 - Consequências da armadilha da aceleração do ponto de vista dos funcionários – Empresas afetadas e livres dela

Afirmação	Empresas presas	Empresas livres
As pessoas muitas vezes trabalham mais rapidamente do que o normal para realizar seu trabalho.	80%	4%
Não há recursos suficientes para realizar o trabalho.	60%	2%
As pessoas nessa empresa muitas vezes chegam ao limite devido ao excesso de trabalho.	55%	6%
As pessoas dessa empresa trabalham sob a constante pressão de prazos apertados.	80%	4%
Em nossa empresa, as prioridades mudam com frequência.	75%	1%
Em nossa empresa, nas fases de trabalho intenso, não vemos luz no fim do túnel.	83%	3%
Em nossa empresa, não há oportunidades regulares de recarregarmos as baterias.	86%	6%

Funcionários de empresas presas na armadilha da aceleração
Funcionários de empresas livres da armadilha da aceleração

Nota: Dados baseados em subamostras de levantamentos com 104 empresas alemãs em 2009 com 3.777 entrevistados sobre a armadilha da aceleração.

De maneira similar à corrosão, o principal problema com a armadilha da aceleração é o quanto ela pode ser traiçoeira: a maioria das empresas nem chega a perceber que estão sendo afetadas por esse perigo. Mas mesmo quando reconhecem a armadilha, muitas adotam medidas de correção errada. Em vez de combater a causa, tentam combater os sintomas – e agravam ainda mais o problema. Os executivos normalmente interpretam a tendência de seus funcionários de se distanciar ou de não trabalhar no limite como indicativos de indolência ou falta de motivação. Portanto, intensificam a pressão, o que acaba por afundar a empresa mais rápida e profundamente na armadilha.

No entanto, é possível escapar. As empresas podem manter um alto desempenho por longos períodos sem sobrecarregar os funcionários ou confundir os clientes. Para fazer isso, você, na qualidade de líder, deve reduzir deliberadamente o ritmo de sua empresa como uma maneira de redirecioná-la à energia produtiva. O primeiro passo é identificar e analisar detalhadamente o problema – e depois reduzir conscientemente as atividades sendo desenvolvidas pela empresa. Contudo, seu trabalho não terá chegado ao fim quando sua empresa se ver livre da armadilha. Aceleração excessiva costuma se camuflar entre atividades e crescimento positivo, portanto você deve ficar continuamente atento a seus sinais, mesmo quando a empresa não apresentar nenhum sintoma visível e as coisas parecerem avançar sem percalços. O desafio, então, passa a ser diferenciar os níveis apropriados de atividade, isto é, níveis que permitem o comprometimento sustentável, das atividades implacavelmente excessivas, que geram exaustão, baixo moral dos funcionários e crescente resignação ou desapego – todos sintomas clássicos de aprisionamento na armadilha da aceleração.

Neste capítulo, mostraremos como reconhecer o problema da aceleração, como começar a redirecionar sua empresa e como promover mudanças culturais que impedirão o aprisionamento no futuro. Analisaremos três formas de armadilhas de aceleração – sobrecarga, multicarga e carga perpétua – e ofereceremos algumas ferramentas para evitá-las, se possível, e escapar delas, se necessário. Mas antes disso, como fizemos com a armadilha da corrosão, vamos analisar sinais e sintomas específicos que podem indicar se sua organização está realmente presa.

Detectando a aceleração

Ao investigar se a sua empresa apresenta excesso de aceleração, tenha em mente que a armadilha da aceleração na verdade se manifesta de três formas: o que chamamos de *sobrecarga* (trabalho demais a ser feito), *multicarga* (atividades demais) e *carga perpétua* (trabalho monótono e contínuo). Empresas aceleradas demais exibem pelo menos um desses três padrões e a maioria delas apresenta vários ao mesmo tempo.

Sobrecarga

Cerca de 35% das empresas de nossa amostra caíram nesse tipo de armadilha da aceleração[4]. Essas empresas ficaram sobrecarregadas quando se viram envolvidas em um excesso de atividades do mesmo tipo – sem recursos suficientes para lidar com o grande volume de trabalho. O resultado, muitas vezes, é um crescimento rápido demais da empresa, a explosão de demandas e expansão de negócios excessivamente ambiciosa, como entrar em novos mercados e abrir novos escritórios. Você sabe que atividades como essas se transformaram em excesso de aceleração quando seus funcionários se mostram preocupados com a possibilidade de não conseguirem lidar com as inúmeras atividades ou antever cargas adicionais de trabalho e, consequentemente, não poderem se adiantar a acontecimentos futuros. Além disso, se os recursos para lidar com o aumento da demanda não forem disponibilizados ou o forem com atraso, a empresa provavelmente está presa em uma situação de sobrecarga. Quando esse tipo de situação persiste, a sobrecarga passa a ser um problema, deixando os funcionários com o sentimento de que as condições excepcionais de uma carga elevada de trabalho passaram a ser a norma – o que não tem um prazo para ser revertido.

A Sulzer, uma empresa industrial sediada em Winterthur, Suíça, que possui 120 instalações ao redor do mundo e emprega 12 mil pessoas, caiu na armadilha da aceleração em 2008. Ela tinha aumentado as vendas em 94% entre 2003 e 2007 (de 1,7 bilhão para 3,2 bilhões de dólares) e, ao longo do mesmo período, aumentou sua receita operacional em mais de 580% (de 39 milhões para 261 milhões de dólares). No fim de 2008, a força de trabalho da Sulzer já estava operando no seu limite de capacidade, uma situação que restringia as perspectivas de seu crescimento futuro. No mesmo período, quando o faturamento líquido aumentou em 94%, a força de trabalho da empresa tinha crescido apenas 29%. É interessante notar que a Sulzer havia praticamente dobrado as vendas com apenas cerca de um terço de funcionários a mais. Além disso, a empresa passara por uma revitalização que demandou uma enorme energia dos funcionários. Apesar de melhorias na eficiência operacional terem aumentado a produtividade por funcionário, em 2008 a capacidade da força de trabalho da empresa já atingia seu ponto de saturação.

O CEO Ton Buechner estava ciente do problema e nos disse que o desafio era encontrar novos funcionários altamente qualificados para ajudar a aliviar a carga de trabalho. Em consequência, Buechner priorizou melhorar a reputação da Sulzer como empregadora, para assegurar a contratação dos talentos para trabalhar na empresa. Buechner colocou esse desafio no topo da lista de prioridades estratégicas da Sulzer. Subsequentemente, Beat Sigrist, o líder de RH, concebeu um projeto visando tanto reter e motivar a força de trabalho atual quanto posicionar a Sulzer como uma empregadora atraente. O projeto concentrou-se primeiro nos valores essenciais da empresa e, depois, em sua reputação, baseando-se nesses valores essenciais para assegurar a coerência das mensagens de *branding* tanto internas quanto externas. Essa abordagem levou a uma solução de longo prazo altamente convincente e eficaz, que funcionou até mesmo durante a grande retração do mercado em 2009. Hoje, os índices de atrito da Sulzer são baixos, e a empresa aumentou consideravelmente sua atratividade no mercado de trabalho.

Multicarga

Cerca de 35% das empresas de nossa amostra sofriam com a multicarga[5]. Quando uma empresa oprime seus sistemas com *muitas coisas diferentes* a serem realizadas (em oposição a fazer demais a mesma coisa, como acabamos de descrever no caso da sobrecarga), ela pode perder o foco, desalinhar suas várias atividades ou provocar reviravoltas demais nas prioridades da empresa. Você sabe que entrou no território da multicarga quando são lançados simultaneamente muitos processos de mudança, sem uma estratégia clara. Quando uma empresa pede que os funcionários realizem um número excessivo de atividades diferentes, tanto a empresa quanto seus funcionários perdem o foco e o alinhamento.

Foi o que aconteceu na ABB[6]. Como vimos em capítulos anteriores, quando a empresa foi fundada, em 1987, depois de uma fusão entre dois grupos europeus, ela se transformou em um dos maiores grupos industriais do mundo, com 170 mil funcionários. No início, a empresa reagiu extraordinariamente bem à reestruturação radical promovida pelo CEO Percy Barnevik: custos foram reduzidos, novas aquisições foram integradas com eficácia, e a empresa desenvolveu rapidamente seu posicionamento em uma série de novos mercados. Durante esse período, a receita da empresa cresceu de 17,8 bilhões de dólares para 36,2 bilhões de dólares, enquanto seu lucro operacional saltou de 854 milhões de dólares para 3,2 bilhões de dólares.

Mas depois de oito anos de crescimento permanente, os primeiros sinais de excesso de aceleração se tornaram visíveis, e ficou claro que todo esse crescimento colocou a empresa em um grave estado de multicarga. Setores sofriam com constantes conflitos internos, e a empresa toda logo mergulhou em confusão e atividades redundantes.

Foi nessa organização já exausta que o novo CEO Göran Lindahl impôs sua drástica reorganização em setembro de 1998. No entanto, o sucesso esperado da reorganização nunca veio e, no final de 2000, as vendas tinham despencado 1,7 bilhão de dólares (para 23 bilhões), o lucro líquido caíra para 1,4 bilhão de dólares e o preço das ações da empresa perdera quase um terço de seu valor. E quando Jörgen Centerman substituiu Lindahl em janeiro de 2001, a reorganização da empresa em sete grupos de clientes promovida por ele gerou resultados ainda mais desastrosos, com o nível de dívida da ABB subindo a níveis recordes, de 5,2 bilhões de dólares, já em meados de 2002. O pior de tudo foi que a reorganização implicava que o pessoal da ABB perdesse muitos dos relacionamentos já consolidados e precisasse começar a trabalhar sob o comando de executivos mais jovens, normalmente mais ambiciosos e agressivos.

A ABB passou a exibir sintomas clássicos de exaustão organizacional: priorização fraca, expectativas absurdamente altas e atenção difusa por parte da administração. Ao se comprometer com muitos planos de reestruturação e tantas aquisições, a ABB pressionou seu pessoal a atingir melhorias radicais em uma variedade demasiado ampla de áreas. Como consequência, a maioria dos funcionários da ABB encontrava-se em um estado de extrema agitação, trabalhando de forma frenética e sem foco, e efetivamente atingindo pouca mudança. Sentindo essa exaustão, mas aplicando o tratamento errado, primeiro Lindahl e depois seu sucessor, Centerman, pressionaram ainda mais a empresa. Com a queda continuada do desempenho, acompanhada de cada vez mais críticas dos acionistas e da mídia de negócios, a armadilha da aceleração finalmente dominou completamente a empresa em 2002, deixando-a com pouca reserva de energia para se revitalizar.

Carga perpétua

Um terceiro tipo de armadilha da aceleração surge quando *os líderes forçam constantemente as empresas ao limite de sua capacidade*, impondo perpetuamente atividades demais. Nesse caso, o problema não é tanto o volume de trabalho, mas, sim, a monotonia e a uniformidade dessa carga de trabalho. Cerca de 30% das empresas de nossa amostra se viam afetadas pela carga perpétua[7]. Essas empresas, que persistem em operar perto dos limites de sua capacidade, tendem a ser mais rigorosas em relação aos funcionários. Praticamente quase todas as pessoas podem tolerar a sobrecarga ou a multicarga por algum tempo, especialmente se houver um fim à vista, mas quando os líderes deixam de dar um fim a períodos de atividade frenética, os funcionários se sentem aprisionados por esse frenesi. É possível saber se sua empresa está em um estado de carga perpétua quando as tarefas parecem nunca ter uma trégua e não há possibilidade de regeneração ou escape. Quando as empresas deixam de alternar intensos ciclos de trabalho com momentos de recreação e recuperação, os funcionários diminuirão o ritmo ou sonegarão energia, mesmo se isso prejudicar as metas da empresa.

Como descrevemos acima, a Lufthansa deu início a um processo de mudança de longo prazo em 1991, na primeira vez que se viu perto de falir[8]. Em 2003, a Lufthansa já tinha uma década de constante e extrema utilização de energia, um processo implacável que levou a companhia aérea à estafa organizacional e seus funcionários a um profundo estado de indisposição e fadiga. Como contou Holger Hätty, na época membro do conselho de administração executivo de Transporte de Passageiros da Lufthansa: "Estamos num negócio no qual a única coisa que sabemos dizer aos nossos funcionários é: 'Economizem, economizem, economizem!'. E o nosso pessoal reage perguntando: 'Quando é que esse período de economia chegará ao fim?'. Eles estão exaustos... A greve dos pilotos e as demandas excessivas não são uma coincidência. O problema voltará para nos assombrar. Está ficando cada vez mais difícil manter o ímpeto da mudança". Silke Lehnhardt, então líder da Lufthansa School of Business, acrescentou: "A estafa é um desafio. Por toda a parte, as pessoas estão sentindo a necessidade de paz e tranquilidade e esperando que, no momento em que isso passar, tudo voltará ao normal e poderemos descansar. As pessoas ainda não perceberam que esse momento provavelmente nunca chegará". Finalmente, com a contratação do CEO Wolfgang Mayrhuber em 2004, a Lufthansa conseguiu escapar com sucesso da armadilha reduzindo seu foco, antes implacável e exaustivo, no controle de custos. Apesar de a redução dos custos continuar sendo importante, Mayrhuber permitiu que a empresa se recuperasse do processo aparentemente interminável de economizar, redirecionando o foco para a inovação, uma cultura de atendimento e para a diversificação. Ele também descentralizou ainda mais a empresa, e deu aos funcionários mais liberdade para trabalhar no próprio ritmo.

No que diz respeito à armadilha da aceleração, as três formas que acabamos de analisar – sobrecarga, multicarga e carga perpétua – são muitas vezes inter-relacionadas e ocorrem simultaneamente. Mas apesar de os sintomas, as percepções e as consequências dessas formas de excesso de aceleração serem parecidos, você deve tentar ter uma imagem clara de sua situação específica, de modo a poder aplicar a melhor estratégia de enfrentamento – com o máximo de rapidez. Consulte com frequência o quadro *Primeiros sinais da armadilha da aceleração* para reconhecer logo no início os indícios de que sua empresa está caindo nesse problema.

Primeiros sinais da armadilha da aceleração

Sobrecarga

- Demanda por velocidade e prazos curtos se fazem cada vez mais frequentes em sua empresa.

- Os funcionários precisam trabalhar cada mais rápido para dar conta da crescente carga de trabalho.

- Os funcionários não conseguem tirar férias ou tempo de descanso em razão da carga de trabalho cada vez maior.

Multicarga

- A diretoria não tem prioridades claras.

- É difícil para seus funcionários priorizarem as tarefas, por causa da profusão de atividades diferentes nas quais estão envolvidos.

- As prioridades mudam constantemente em sua empresa.

Carga perpétua

- Um sentimento constante de sobrecarga e cansaço permeia a organização.

- Os funcionários sentem não ver a luz no fim do túnel diante das demandas de trabalho cada vez maiores.
- Bons funcionários estão saindo da empresa.

Agora que definimos as diferentes maneiras nas quais uma empresa pode mobilizar energia demais, e como isso pode levar uma empresa a cair na armadilha da aceleração, vamos analisar algumas estratégias de enfrentamento que podem ser utilizadas para escapar dessa armadilha – e evitar cair nela no futuro.

Interrompendo a ação

A armadilha da aceleração origina-se, em parte, de uma série de tendências do cenário corporativo atual, como a demanda por velocidade, a difusão de novas tecnologias, a globalização, os ciclos de inovação mais curtos e a concorrência mais intensa. Essas tendências não são novas, mas sua inter-relação é relativamente recente e cria uma dinâmica particular que implica uma aceleração cada vez maior, para indivíduos e para as empresas como um todo. Essa dinâmica se intensifica em situações extremas: em épocas excepcionalmente prósperas ou economicamente tensas.

Como a armadilha da aceleração ainda constitui um fenômeno, em certa medida, novo e quase nunca é falada explicitamente pelos gestores, quase não foram desenvolvidas melhores práticas para ajudar empresas a escapar dela. Mesmo assim, alguns executivos corajosos implementaram abordagens altamente inovadoras e, muitas vezes, contraintuitivas. Quase todas essas soluções transmitem uma ampla mensagem à liderança: pare um pouco de lançar novas atividades, isto é, *interrompa* a ação.

Você pode utilizar iniciativas de interrupção da atividades em situações nas quais os sintomas do excesso de aceleração e de energia já são notados. Basicamente, você, como líder, para por um momento para se reorganizar, reduzindo deliberadamente as atividades da empresa e analisando maneiras de se redirecionar. Não é uma questão de decidir o que fazer em seguida, mas, sim, de perceber o que a empresa precisa *parar* de fazer imediatamente. Em iniciativas de interrupção do fluxo de atividades, as empresas ou unidades de trabalho reavaliam seus projetos, metas e comprometimentos, classificam-nos por ordem de importância, identificam os elementos essenciais e redirecionam sua energia a eles. Para que as iniciativas de interrupção de ação funcionem, é necessário já ter uma estratégia corporativa bem definida e implementada, e uma visão razoavelmente clara do futuro. Quando as empresas colocam o pé no freio, elas criam oportunidades para recuperar sua energia e redirecionar suas prioridades.

Por que você escolheria interromper a ação? De maneira simples, essa abordagem ajuda as empresas a abandonarem a prática de iniciar continuamente novos projetos e acrescentar novas metas e tarefas à pauta – o que muitas vezes resulta em crescimento desenfreado e, o mais importante, em um aumento excessivo das atividades para fomentar esse crescimento. Interromper um pouco as atividades ajuda a identificar as que são menos importantes para reduzi-las drasticamente e se livrar por completo do peso morto (atividades que não são realmente produtivas, constituem um desperdício de energia e, em última instância, levam indivíduos, unidades de trabalho ou até a empresa inteira a ficar sobrecarregada por um excesso de atividades ou projetos sem direcionamento). Nas empresas que estudamos, os líderes interrompem a ação por meio de um processo de dois passos. Primeiro eles perguntam: "O que deveríamos parar de fazer?" (em vez de "Qual nova ideia podemos implementar?") e, em seguida, promovem uma faxina geral por toda a empresa.

Pergunte aos funcionários: "O que podemos parar de fazer?"

A maioria das empresas já implementou um processo de coleta de sugestões, no qual ideias são geradas e avaliadas. As pessoas por trás desse processo estão sempre perguntando: "O que deveríamos começar a fazer?". Mas, com a iniciativa de interromper a ação, a ideia é *inverter* esse processo.

Em uma companhia farmacêutica suíça, por exemplo, cerca de 150 funcionários apresentavam, como rotina, entre 150 e 180 ideias ao longo do ano. Todas essas ideias sugeriam novos projetos, atividades adicionais e inovações potenciais, implicando novas atividades para a empresa. Como regra geral, até 10% dessas ideias – algumas delas sugestões de novos projetos relativamente amplos – foram implementadas. Mas em 2005, o CEO Peter Moser percebeu que a empresa tinha lançado um número excepcionalmente grande de novos projetos

– e começou a questionar o sistema de gestão de ideias da empresa[9]. "Não sabemos como implementar todas essas ideias com os recursos que temos", ele nos disse. E continua: "Será que realmente nos é benéfico gerar ainda mais ideias?".

Ele acabou concluindo que apesar de os funcionários da empresa ainda se empolgarem em gerar e implementar novas ideias, simplesmente não seria possível dar início a ainda mais novos projetos, pois não haveria como concluí-los. E na verdade, havia indícios de que muitos projetos estavam sendo concluídos de maneira ineficaz ou lenta. Foi quando Moser teve um momento de epifania: "Por que não adotamos a abordagem inversa?", ele pensou. Em vez de perguntar: "Qual novo projeto podemos começar?", ele desafiou a empresa a questionar "O que deveríamos parar de fazer?".

A reação foi quase imediata. A empresa começou a receber uma enxurrada de ideias dos funcionários sobre o que *parar de fazer* – 540 ideias ao todo –, sugerindo tarefas, projetos e metas desnecessários, que poderiam ser eliminados, apesar de já estarem em curso por toda a empresa. Mais cedo ou mais tarde, 145 dessas ideias sobre o que *parar de fazer* foram implementadas. Essas iniciativas de "interromper a ação" englobaram até 40% dos projetos da empresa, resultando em um aumento significativo em termos de eficiência. No final, sem precisar realizar um único corte na força de trabalho, Moser reduziu o peso morto da empresa e a livrou de um excesso de atividade desnecessário.

Institua uma faxina geral

Outro método para se libertar da armadilha da aceleração e transformar a cultura organizacional envolve o que Freedman Malik chama de uma "eliminação sistemática do lixo"[10]. Nós chamamos isso de *faxina geral*.

Normalmente, os líderes de empresas, determinados departamentos ou algumas vezes a empresa inteira se reúnem para analisar todas as atividades existentes e diferenciar quais têm e quais não têm uma importância estratégica central. Na qualidade de líder, você deve dividir todas as atividades da empresa em três categorias: aquelas consideradas muito importantes e que demandam foco absoluto e o máximo de energia, aquelas centrais, mas não urgentes, que podem facilmente ser adiadas, e aquelas que são verdadeiramente irrelevantes e que a empresa poderia e deveria descontinuar imediatamente. Ao final desse processo, os líderes afirmam se sentir redirecionados, reenergizados e revigorados, sabendo que a empresa agora pode se dedicar a suas tarefas mais importantes com muito mais foco e energia.

Por exemplo, quando o Otto Group passou por uma reestruturação, os gestores viram-se sobrecarregados com 20% a 30% a mais de trabalho. Então, em 2007, a empresa implementou uma campanha de faxina geral. Cada executivo foi solicitado a escolher um projeto que gostaria de concluir em quaisquer circunstâncias. Mas isso ainda os deixava com um leque de projetos amplo demais, de acordo com Thomas Grünes, então líder de atendimento central. A lista foi novamente reduzida de acordo com o investimento necessário de cada projeto, sua relação valor-custo e, em alguns casos, seu valor simbólico para os funcionários. Por exemplo, a lista final incluiu uma reforma das áreas de recepção e refeitórios do *staff*, o que reforçava o orgulho e melhorava o desempenho, "e dessa forma, era uma iniciativa muito importante, apesar de o valor econômico não ser óbvio", contou-nos Grünes. Ao final do processo, os gestores reduziram suas atividades e projetos em 50%. A outra metade dos projetos foi adiada, para ser reconsiderada em futuras faxinas gerais. Para se proteger do excesso de atividades, a empresa fez desse processo de seleção uma atividade anual. Grünes enfatizou que, no fim, a decisão sobre quais projetos são adotados pela empresa é mais uma questão de qual deles contam com o entusiasmo de um executivo particularmente poderoso, mas, sim, de o grupo selecionar os projetos fundamentais para atingir as metas da empresa.

Uma faxina geral nem sempre é uma experiência positiva. Pode ser difícil abandonar projetos preferidos – as meninas dos olhos da liderança. E algumas vezes a cultura da empresa pode constituir um obstáculo. Por exemplo, em uma cultura na qual o comprometimento e a confiabilidade são valores norteadores, você pode ter dificuldade de deixar de concluir atividades que já iniciou.

Também tenha em mente que, além do objetivo de escapar da aceleração, você ainda pode utilizar a "faxina geral" anual quando a empresa estiver realizando um processo de mudança envolvendo racionalização, corte de custos e otimização. Muitas vezes o início de processos de mudança como esses implica novas responsabilidades, além das já existentes, bem como aceleração adicional das atividades da empresa, levando a estresse e exaustão dos funcionários. Ao realizar uma faxina geral em meio a uma mudança como essa, você reduz atividades ineficazes que só dificultam o avanço da organização (veja o quadro *Faxina geral na Phoenix Contact*).

Finalmente, você também pode utilizar a faxina geral atrelada à avaliação dos resultados de um levantamento com os funcionários, ou à mensuração da energia organizacional. Em geral, depois de um levantamento como esses, as empresas conduzem *workshops* para conceber soluções para os problemas identificados pelos funcionários. Nossa pesquisa demonstra que, longe de serem úteis, esses *workshops* muitas vezes só pressionam ainda mais a força de trabalho, já que normalmente geram novas tarefas e responsabilidades. Em empresas que já operam sob a pressão de uma crescente aceleração, os funcionários veem novas responsabilidades como mais peso morto, trabalho adicional e burocracia desnecessária. Em casos extremos, sobretudo em empresas já aprisionadas em uma armadilha da aceleração, os funcionários intencionalmente dão só respostas positivas nos levantamentos realizados pela empresa, com o único e exclusivo intuito de impedir o aumento de sua carga de trabalho – fazendo com que o processo todo se resuma a pura encenação. Veja o quadro *Realizando uma faxina geral* para uma breve recapitulação de como fazer com que a faxina geral de sua organização seja um sucesso.

Mudando a cultura de aceleração

Tão importante quanto escapar dessa armadilha é impedir uma reincidência futura. Para isso, é necessário mudar a cultura de aceleração da empresa. Algumas vezes isso significa redirecionar o sistema de gestão da empresa, passo a passo, reduzindo gradativamente as atividades por meio, por exemplo, da terceirização. Também descreveremos outros métodos, como fazer pausas, desacelerar antes de acelerar novamente e utilizar sistemas de *feedback* (veja *Resumo de passos para evitar a cultura de aceleração* para uma breve lista de recomendações que explicaremos adiante em mais detalhes).

Faxina geral na Phoenix Contact

Algumas vezes os executivos utilizam a gestão de mudanças ou de crises como desculpa para colocar as empresas no modo de aceleração excessiva. Apesar de ser uma reação compreensível, em uma época de muita tensão para líderes, o que deveria ser feito, na verdade, é justamente o contrário. Eles não apenas podem como devem interromper a ação durante um momento de crise. Somente ao proporcionar uma pausa para que a empresa se reorganize é que os líderes podem conceder aos funcionários uma visão clara das prioridades. Dessa forma, torna-se mais factível que os funcionários se envolvam nas atividades necessárias à mudança, além de suas obrigações rotineiras. As empresas devem sempre realizar uma faxina geral no início de processos de reestruturação, já que isso leva a uma maior disponibilidade por parte dos funcionários para se encarregar de novas ações. Além disso, uma faxina geral resulta em um benefício psicológico para os funcionários. Interromper a ação ajuda as pessoas a superarem a fadiga e a sensação de sobrecarga provocada pela mudança, emoções que muitas vezes surgem no início desses processos e podem levar a procrastinação e a uma sensação de paralisia.

Como descrevemos no Capítulo 2, a desenvolvedora e fabricante alemã de eletroeletrônicos Phoenix Contact reagiu à crise contábil de 2008-2009 reduzindo a carga horária dos funcionários (que deixavam de trabalhar um ou dois dias por semana) a partir de abril de 2009. Apesar de a empresa, em consequência, não ter feito nenhuma demissão, sua capacidade produtiva foi significativamente reduzida, cerca de 20%, mesmo mantendo a carga de trabalho em geral nos mesmos níveis.

Pressentindo o início de uma sobrecarga na empresa, Gunther Olesch, vice-presidente executivo e membro do conselho de administração, deu início a um processo sistemático para reduzir a carga de trabalho em todas as unidades e níveis hierárquicos. Em abril de 2009, a Phoenix Contact implementou um programa amplo de corte de custos baseado na em redução das atividades, com a participação de todas as 46 afiliadas. A meta do programa era reduzir em 20% a carga de trabalho e redefinir as prioridades de tarefas e projetos. Os projetos de cada unidade de negócios foram classificados em A, B ou C, de acordo com a sua importância, com A representando um projeto essencial, B representando uma tarefa importante que seria adiada por um tempo e C, um projeto que poderia ser adiado por dois anos ou até abandonado. Os gestores foram solicitados a se reunir com suas equipes e classificar todos os projetos atuais e futuros de suas divisões. Apesar de os participantes se reunirem nas próprias divisões, as decisões foram tomadas de acordo com a relevância de cada projeto para a empresa como um todo.

"No início as pessoas diziam 'Nós só temos tarefas A'", segundo nos contou Olesch, que respondia: "Então classifiquem suas tarefas em A1, A2 e A3. Precisamos cortar atividades ou ficaremos esgotados e não conseguiremos sair em boa forma da crise. Queremos sair da crise em uma boa posição. Isso significa que precisamos estar prontos para correr quando a corrida recomeçar, e isso só será possível se investirmos em inovação durante a crise e se pouparmos nossa energia".

Apesar de a iniciativa implicar redução de salários e intensificação de trabalho, os funcionários entenderam a necessidade de reduzir a carga horária. Por meio desse programa de redução de custos, eles identificaram entre 20% e 40% de atividades que poderiam ser interrompidas ou paralisadas, o que lhes permitiu administrar a crise ao mesmo tempo em que investiam na inovação.

Realizando uma faxina geral

- Desafie a sua empresa perguntando: "O que deveríamos parar de fazer?".

- Utilize regularmente o método da faxina geral, de preferência todos os anos e, em especial, durante processos de mudança ou após levantamentos de opinião com funcionários.

- Quando decidir realizar uma faxina geral, siga um protocolo específico e padronizado, que seja bem compreendido por todos os participantes.

- Verifique continuamente a importância estratégica de metas, tarefas e projetos e elimine atividades menos importantes.

- Utilize três categorias para diferenciar as atividades: *atribuir prioridade máxima, manter em suspenso e abandonar*.

- Pergunte a si mesmo: "Quais atividades poderíamos deixar de iniciar, se nós já não as tivermos iniciado?".

- Utilize a faxina geral tanto no nível da empresa quanto no nível de divisão ou grupo de trabalho.

- Envolva todos os gestores no processo.

Redirecione os sistemas de gestão da empresa

Na posição de executivo, que deseja proteger sua empresa do excesso de aceleração a longo prazo, você deve aprender a redirecionar periodicamente o seu sistema de gestão. Esse método pode ser utilizado em conjunto com, ou apesar de, iniciativas de interromper a ação, já que tanto empresas ambiciosas como as menos dinâmicas sempre precisam de um determinado nível de redirecionamento. Você pode escolher entre três métodos de redirecionamento da estratégia da empresa.

Resumo de passos para evitar a cultura de aceleração

Redirecione os sistemas de gestão da empresa

- Utilize um sistema de administração por objetivos (APO) que demande foco.
- Permita apenas três metas de alta prioridade.
- Ajude seus gestores a compreender os objetivos de um novo sistema APO e suas aplicações.
- Lance iniciativas de interromper a ação e estabeleça metas.
- Avalie de maneira crítica novos projetos antes de iniciá-los.
- Utilize sistemas de encerramento de projetos.
- Encoraje seus gestores e funcionários a monitorar constantemente a importância e a eficiência dos projetos.
- Interrompa um projeto de maneira deliberada, porém compassiva, se ele não parecer ser promissor.

Faça uma pausa

- Ajude seus funcionários a ver as pausas com uma oportunidade de regeneração para facilitar o alto desempenho no próximo projeto.
- Atue com um exemplo a ser seguido durante as pausas.

- Defina pausas que beneficiem tanto sua empresa quanto seus funcionários.
- Utilize as pausas para a empresa como um todo (isto é, um ano sem mudanças), especialmente depois de períodos de enormes mudanças ou alto desempenho.

Desacelere para acelerar

- Alterne sistematicamente fases de alta produtividade com períodos de tranquilidade ou regeneração.
- Não reduza suas expectativas. Em vez disso, concentre o envolvimento, a atenção e o empenho de sua empresa em ações que farão uma diferença.
- Defina claramente atividades-chave e fases de mudança.
- Estabeleça pontos de partida e pontos finais para as tarefas-chave.
- Crie uma cultura de *pit stop*, determinando normas para se concentrar, se redirecionar e desacelerar para acelerar.

Utilize sistemas de *feedback*

- Mantenha-se atento a sintomas de excesso de aceleração ou de trabalho.
- Ofereça autoavaliações periódicas para os funcionários, *feedback* 360 graus, levantamentos com funcionários ou uma combinação dessas ações.

Reduza, gradualmente, o sistema de determinação de metas. A maioria das empresas possui um sistema interno para determinação de metas. Porém, com muita frequência, esse sistema pode levar uma empresa a uma armadilha da aceleração, pois raramente funciona como um instrumento de foco disciplinado. Por quê? Normalmente, não há limite para o número de objetivos definidos. Uma profusão de projetos e tarefas é relacionada ao plano de metas anuais, dificultando para os funcionários, e a empresa como um todo, escapar da pesada carga de atividades. Se os níveis mais altos da empresa derem início a esse processo, as decisões descerão em cascata e o excesso de aceleração se espalhará por todos os níveis.

Dessa forma, você deve restringir o número de objetivos estabelecido a cada ano. Algumas empresas percebem que estão começando a entrar na armadilha da aceleração quando o seu sistema de administração de metas apresenta falta de foco.

Por exemplo, Hans Schulz, quando atuava como o CEO da Balzers, uma grande empresa industrial internacional com sede em Liechtenstein, declarou: "Em nossa empresa, os gestores não podem mais determinar dez metas de alta prioridade. O objetivo da determinação de metas é proporcionar às pessoas orientação para concentrar suas ações, atenção e energia. É por isso que, agora, queremos que se concentrem em não mais do que três metas de alta prioridade. Essas metas passam a ser as nossas 'batalhas a serem vencidas' – objetivos que devem ser atingidos a qualquer custo e que não são negociáveis". Esse direcionamento focado resultou não apenas em uma operação muito mais coordenada, como, também, no alcance de um número significativamente maior de metas. Enquanto o empenho para atingir as metas antes da instituição do novo processo era difuso, com todos os funcionários buscando atingir suas dez prioridades individualmente de maneira pouco coordenada, agora todos sabem o que é essencial. A longo prazo, a empresa conseguiu reduzir o excesso de energia e se manteve afastada da armadilha da aceleração. "Nossos funcionários ainda trabalham duro", disse Schulz, "mas agora eles têm um trabalho mais gratificante, sem a necessidade constante de se apressar. Para nossos gestores, o processo implicou uma enorme mudança – agora eles precisam demonstrar mais coragem em suas escolhas e conduzir atentamente seu pessoal em direção a cada uma das metas".

É verdade que é difícil se livrar de velhos hábitos: algumas vezes os gestores têm muita dificuldade de se ajustar a um novo sistema "desacelerado" de determinação de metas, e não são raras as vezes que encontram razões para justificar o porquê de o sistema não funcionar em seu caso específico – e tentar contornar a obrigação de manter o foco. Mas é muito importante se focar em apenas algumas metas gradativamente reduzidas para que a empresa se mantenha fora da zona de perigo da aceleração. Você pode precisar se empenhar muito mais para ajudar seus gestores a compreender o propósito do novo sistema e se redirecionarem a apenas algumas poucas metas-chave. Você também precisará ajudar os gestores a aplicar as novas regras (por exemplo, por meio de orientação a seu pessoal ou de *workshops* especializados). No fim, esse tipo de envolvimento visível e comprometimento inequívoco por parte da diretoria ajudará o novo sistema a ser incorporado à sua empresa – e o ajudará também a levar a empresa a um passo adiante no esforço de reduzir gradativamente as metas. Por exemplo, algumas empresas se concentram em três altas prioridades e permitem três submetas para cada prioridade, facilitando um pouco mais a vida dos gestores vindos de uma longa tradição de um sistema acelerado de administração por objetivos (APO).

Outras empresas lidam com seu sistema de APO de uma maneira ainda mais restrita, solicitando que seus gestores determinem quais metas não deverão mais ser priorizadas juntamente com seus subordinados. Por quê? As pessoas tendem a se apegar a suas velhas e queridas atividades e não abrem mão facilmente desses projetos. Dessa forma, é importante que as iniciativas que a empresa decida interromper ou descontinuar sejam tratadas com a mesma seriedade que as metas a serem atingidas e que recebam o pleno apoio da diretoria.

Na Hilti, por exemplo, os gestores são sensibilizados por meio de um programa de treinamento cultural da empresa sobre a importância da energia e do foco[11]. O processo envolve o questionamento das atividades existentes e a listagem tanto das que devem ser descontinuadas quanto das que precisam ser priorizadas. Essas iniciativas de foco e priorização são regularmente discutidas e, até no nível da diretoria, as duas listas recebem prioridade máxima em discussões entre o conselho de administração e o comitê executivos.

No final, ao desenvolver a disciplina necessária para se concentrar em apenas algumas atividades-chave, com a coragem de se desapegar e abandonar metas e tarefas em excesso, você, na posição de líder, pode transformar seu processo de determinação de metas em um sistema que ajuda sua empresa a manter o foco e mudar a cultura de aceleração.

Modifique seu sistema de gerenciamento de projetos. Uma segunda maneira pela qual você pode redirecionar a estratégia de sistemas da empresa é se certificar de que seu sistema de gerenciamento de projetos mantenha a empresa afastada da armadilha da aceleração. Esse tipo de sistema pode ser uma excelente oportunidade para agrupar, focar e priorizar as atividades da empresa. Mas muitas vezes se tornam excessivamente burocráticos e não permitem que os recursos sejam alocados nos projetos mais estratégicos. Como resultado de sistemas como esses, as empresas se veem diante de uma enxurrada de projetos.

Em outras palavras, o sistema de gerenciamento de projetos é mais um processo que necessita de atenta monitoração e administração para impedir que se transforme em mais uma fonte de excesso de aceleração.

O que você pode fazer? Temos visto empresas modificarem o sistema de gerenciamento de projetos introduzindo dois mecanismos. Um deles, utilizado na etapa de implementação, assegura que a empresa separe os projetos essenciais do fluxo dos demais, menos importantes. Esse mecanismo pode ter diferentes abrangências e formatos. Ele pode envolver determinadas regras como: "só damos início a um novo projeto quando outro for concluído". Esse mecanismo também pode ser uma versão do "advogado do diabo", e implica uma reunião inicial na qual todos são convidados a assumir uma postura cética e a fazer perguntas críticas sobre o projeto. Outra possibilidade é a de que as pessoas que queiram iniciar um projeto devem demonstrar de onde virão os recursos e o que elas estão dispostas a parar de fazer para começar uma nova iniciativa. Como regra geral, portanto, o mecanismo faz com que seja muito mais difícil iniciar um projeto, o que ajudará as empresas a longo prazo. Em vez de permitir que as pessoas sejam seduzidas pela euforia e empolgação (e pouca reflexão) que muitas vezes acompanham o início de um novo projeto, esse mecanismo assegura que questões críticas venham à tona, como: "Temos os recursos necessários para esse projeto?", "Quem liderará e se encarregará do projeto?", e a pergunta mais difícil de todas: "Que outro(s) projeto(s) abandonaremos para livrarmos a capacidade necessária para essa nova empreitada?". A experiência demonstra que gerar essa dificuldade inicial leva as empresas a dar início a um número muito menor de projetos e a se concentrar apenas naqueles fundamentais para o sucesso da organização.

Um segundo mecanismo que você pode utilizar, o *encerramento de projetos*, aplica-se a estágios posteriores do ciclo dos projetos. Ele permite que os projetos sejam interrompidos conscientemente e com dignidade, em vez do que muitas vezes acontece nas empresas, quando até projetos obsoletos são mantidos com o mínimo esforço. E mesmo se essas atividades ineficientes forem finalmente descontinuadas, as pessoas que trabalham nelas tentam esconder esse fato, já que a cultura da empresa não apoia um processo formal de encerramento e, em vez disso, vincula um sentimento de culpa ou vergonha a projetos não concluídos. O processo todo passa a ser totalmente absurdo se for realizado somente como uma formalidade, muito tempo depois de todos perceberem que, na verdade, não é muito promissor.

Por meio do encerramento de projetos, funcionários e gestores são explicitamente encorajados a monitorar e interromper iniciativas que mostrarem ter um futuro pouco promissor, ou deixarem de fazer sentido considerando as novas prioridades. Nesse ponto, o projeto é publicamente descontinuado, e os funcionários precisam se desapegar dele, mesmo que seja um dos favoritos.

Uma cultura de encerramento como essa permite que os funcionários e gestores façam uma pausa para refletir sobre questões como: "Quais as chances de esse projeto realmente ter sucesso?" e "Os nossos recursos e empenho estão sendo bem investidos?". Em muitos casos, respostas a essas perguntas resultarão em um comprometimento muito maior pelo projeto. Mas, com frequência, as pessoas já sabem intuitivamente que suas respostas levarão à morte de um projeto. Dessa forma, a pergunta passa a ser: "Temos coragem suficiente para encerrar o projeto agora, com dignidade?" ou "Esperaremos até o projeto ser excluído da pauta da empresa, sem dignidade?".

O encerramento de projetos é particularmente útil em áreas altamente inovadoras: no início do projeto, é difícil avaliar suas chances de sucesso. Só mais adiante, depois de mais análise mais precisa das informações, é que as possibilidades podem ser conhecidas – e ele pode ser encerrado, se necessário.

Concentre-se em um único aspecto de cada vez. Impedir o surgimento e o crescimento de novas atividades é apenas um aspecto do trabalho de evitar a armadilha da aceleração. O processo tem outro componente crucial: mudar a cultura apressada da empresa. Sobretudo, um problema específico de uma cultura de aceleração é que grandes projetos não recebem atenção, espaço e *foco* apropriados. Outras atividades permanecem inalteradas e atividades centralizadas devem continuar a ser realizadas paralelamente ao trabalho de rotina. Ao mesmo tempo, expectativas de cargas extraordinárias de trabalho e projetos particularmente exigentes muitas vezes são administradas de maneira insatisfatória. Em culturas de aceleração, muitas vezes não é a tarefa em si que pressiona demasiadamente uma empresa, mas o tempo e o esforço necessários para planejar e organizar a realização da dessa. Atividades especiais são acrescentadas a uma situação já tensa, de forma que os funcionários não têm ideia de quanto tempo os estágios da iniciativa excepcional durarão, quando eles verão uma luz no fim do túnel e como deveriam administrar sua energia.

Por isso, é importante que você ajude sua empresa a direcionar o foco em períodos de realização de projetos estrategicamente importantes, sem distrações. Quando a Lidl se concentrou em abrir 29 supermercados na Suíça, a empresa passou por um enorme crescimento. A Lidl na Suíça aumentou seu quadro de funcionários de 70 pessoas em novembro de 2008 para 631 pessoas em janeiro de 2009. Para proteger os funcionários no período de excesso de aceleração, a Lidl proibiu a implementação de novos projetos entre maio e setembro de 2009. Todos os funcionários sabiam que podiam se *focar* exclusivamente na abertura dos 29 supermercados na Suíça e não precisavam estar preparados para abraçar mais tarefas, provenientes de novos projetos ou mudanças inesperadas. "Nunca teríamos sido capazes de administrar essa enorme demonstração de força sem essa proibição de novos projetos", contou-nos Andreas Pohl, CEO da Lidl na Suíça. Todas as ideias para potenciais projetos futuros foram consolidadas em uma lista. Mas todos sabiam que essa lista não seria discutida antes de setembro de 2009. Depois que as lojas foram abertas e estavam operando sem percalços, a Lidl declarou o fim do período de foco único e seus executivos puderam voltar a discutir e priorizar as ideias coletadas para novos projeto.

Faça uma pausa

Na corrida pelo sucesso, líderes inteligentes criam oportunidades para a empresa fazer uma pausa, se regenerar. Por um lado, essas pausas proporcionam aos funcionários uma trégua em seu trabalho cotidiano. Por outro lado, as pausas constituem uma tarefa essencial nos negócios: uma oportunidade descontraída para a criatividade, a reflexão ou a análise.

Nossa pesquisa demonstra que, infelizmente, em uma amostra de empresas prestadoras de serviço, impressionantes 78% dos funcionários reclamaram que, depois de fases estressantes em suas empresas, não houve tempo suficiente para a regeneração. Mas na qualidade de líder, você precisa ter a coragem necessária para inverter essa regra e permitir, ou até determinar ativamente, pausas nas atividades. E, superando o medo de que seus funcionários percam o ímpeto ou fiquem descontraídos demais, você ainda precisa insistir nesses momentos de regeneração e comunicar que uma pausa não significa descanso do trabalho. Em vez disso, a pausa cria um período de regeneração para ajudar os funcionários a se prepararem para o alto desempenho no próximo projeto. É similar aos *pit stops* que os pilotos de Fórmula 1 fazem durante as corridas. Eles não são feitos para os pilotos descansarem, mas para se prepararem para o próximo estágio, quando precisarão dirigir ainda mais rápido. As pausas, nesse caso, devem ter um objetivo bem definido: servir de apoio à eficiência produtiva da empresa. Teoricamente você atuará como um exemplo a ser seguido e demonstrará como utilizar as pausas de maneira disciplinada para escapar das armadilhas da aceleração e se preparar para um desempenho ainda melhor em seguida.

Bill Gates, da Microsoft, dá-nos um excelente exemplo de definição estruturada de pausas. Toda primavera e todo outono, Gates faz um retiro em sua casa de campo, o que chama de semana de reflexão, levando consigo ideias submetidas por funcionários ao redor do mundo. Durante a semana toda ele não recebe nem envia *e-mails* e se dedica exclusivamente a ponderar as novas ideias, considerando-as e avaliando-as meticulosamente. A rotina da semana de reflexão é notável por pelo menos quatro razões. Primeiramente, ela possibilita que Gates, considerado um dos homens mais ocupados do mundo, se retire. Em segundo lugar, isso lhe permite se concentrar totalmente em uma única e essencial tarefa: a seleção de novos direcionamentos para o desenvolvimento de produtos da Microsoft. Em terceiro lugar, a pausa impede Gates de ser constantemente bombardeado por novas ideias, que poderiam se perder ao longo do ano na correria do trabalho cotidiano. Em quarto lugar, quando Gates retorna à rotina diária, ele volta revigorado, apesar de ter trabalhado intensamente durante a semana de reflexão. Hoje em dia, 43 executivos sênior da Microsoft seguem o exemplo de Gates e a semana de reflexão transformou-se em um prática rotineira da Microsoft. Esses executivos que fazem semanas de reflexão foram escolhidos de acordo com sua influência e reputação como especialistas de determinadas áreas da empresa, bem como a sua abertura a novas ideias e capacidade de encaminhá-las às pessoas certas.

As pausas obviamente precisam visar ao atingimento das metas da empresa. Mas, em geral, elas acabam beneficiando também os funcionários. Por exemplo, a Swiss International Air Lines tem uma política para seu *staff* de bordo. Chamada de "apto a voar", oferece a pilotos e comissários de bordo até sete dias de folga (além das férias) se não se sentirem em boas condições para voar. A qualquer momento, mesmo avisando com poucos dias de antecedência, esses funcionários podem se beneficiar dessa política e tirar sete dias de folga sem precisar informar a razão. "Acreditamos que nosso *staff* é responsável e sabe quando está estressado ou sobrecarregado demais para voar. Não fazemos nenhuma pergunta", explicou o capitão Thomas Bolli, ex-CEO da Swiss Aviation Training, a empresa de treinamento para os pilotos da Swiss International Air Lines e ainda piloto ativo da companhia aérea. E o mais importante, como Bolli nos contou, a política beneficia tanto os funcionários quanto a empresa: "A satisfação do cliente claramente aumentou, porque os comissários de bordo que não estão verdadeiramente felizes tiram dias de folga. E a segurança nos voos de nossa empresa também melhorou significativamente. Ela é muito superior à segurança de voos de companhias aéreas que não seguem uma política similar".

Não apenas os funcionários como algumas vezes organizações inteiras precisam de pausas. Na corrida competitiva pela liderança na área de TI, a Microsoft fez uma pausa durante um ano inteiro. Em 2004, depois de um período de profunda mudança organizacional, a Microsoft anunciou que não implementaria nenhuma outra mudança por um ano. A pausa "ajudou os funcionários a se recuperarem do imenso empenho exigido pela nossa reestruturação", disse Holtz, administrador-geral de RH da Microsoft International. Trata-se de uma tática que vemos muito raramente. No nosso estudo com 92 empresas alemãs, descobrimos que, nas 46 organizações presas à armadilha da aceleração, 86% dos funcionários reclamaram que suas empresas não lhes proporcionavam tempo suficiente para reflexão e regeneração depois de fases estressantes. Talvez isso ocorra porque os líderes tendem a ver pausas de qualquer duração como interrupções. Nós discordamos. Pausas são períodos que estimulam a criatividade e a reflexão. Elas preparam mental e emocionalmente os funcionários para a próxima fase de alto desempenho, aumentando, dessa forma, a produtividade da empresa.

Também é importante fazer pausas para celebrar os sucessos. A maioria das empresas não comemora conclusões e términos. Elas pensam na conclusão de um projeto como uma recompensa por si só. Mas não é. Conquistas e empenho excepcional merecem reconhecimento. Em particular, as pessoas precisam sentir que um desafio especial, um projeto ou um marco foi atingido e concluído antes de poderem se disponibilizar a trabalhar em algo novo. Muitas vezes nos perguntam quanto tempo as fases de regeneração devem durar. De um ponto de vista puramente prático, na maioria das empresas essas fases não podem durar muito, nem precisam. Muitas vezes basta que você reconheça de maneira clara e inequívoca o empenho, reveja o que foi realizado e agradeça as pessoas envolvidas.

Como líder, portanto, você precisa se certificar de que sua empresa pare, reflita e se orgulhe das conquistas. Esses momentos são raros, e com muita frequência os líderes deixam de apreciá-las, optando por se apressar e entrar à toda velocidade no próximo túnel. Apesar de as tarefas e o empenho poderem ser idênticos, a energia é fundamentalmente diferente quando você permite uma pausa entre as diversas atividades. A diferença crucial reside entre seus funcionários pensarem "uma coisa depois da outra" ou "esta tarefa difícil será seguida de outra, igualmente árdua" *versus* "por mais que façamos, o trabalho só fica cada vez mais puxado, e nunca temos tempo de terminar algo antes de eles nos imporem outra tarefa". A última afirmação é típica de funcionários que sentem nunca trabalhar o suficiente e que jamais atingiram, na realidade, uma meta, já que as novas tarefas podem ser impostas a qualquer momento, independentemente do empenho dedicado às obrigações atuais. Eles sempre serão os perdedores dessa corrida: a linha de chegada pode ser mudada a qualquer momento. Nesse caso, por quanto tempo as pessoas estarão dispostas a correr a toda a velocidade? Não por muito tempo.

Os executivos muitas vezes temem que, se reconhecerem ou comemorarem o trabalho das equipes, os funcionários reduzirão seu nível de envolvimento nos projetos em questão. De forma surpreendente, o que acontece é o contrário. Uma verdadeira valorização e a celebração das metas atingidas ajudam os funcionários a desenvolver a autoconfiança e o orgulho de que precisam para gerar mais energia para atingir ainda mais metas.

As "cartas de sexta-feira" de Juergen Dormann na ABB constituem um exemplo espetacular disso. Em uma carta, ele expressou sua apreciação esperançosa: "Então, vamos colocar o champanhe no gelo. E vamos continuar nos empenhando para fazer com que a ABB volte a ser uma grande empresa e esperar o momento certo para abrir a garrafa". Em outra "carta de sexta-feira", algumas semanas mais tarde, ele declarou oficialmente o fim da crise da ABB e encorajou celebrações: "O que vemos hoje é mais do que uma luz no fim do túnel. É o fim do túnel"[12]. Os funcionários se sentiram orgulhosos e aliviados, apesar de saberem que, depois das comemorações, a empresa voltaria a atenção para a próxima oportunidade, porque acreditavam que estariam prontos para enfrentar o desafio.

Desacelere para acelerar

Outra estratégia que pode ser utilizada, de maneira deliberada, para proteger a empresa da armadilha da aceleração é alternar sistematicamente fases de alta energia, nas quais é necessária muita dedicação, com períodos de tranquilidade ou regeneração[13]. Essa estratégia é especialmente importante para empresas que passam por um longo processo de mudança. Em geral, essas empresas trabalham em um ritmo acelerado ao extremo e são excepcionalmente inovadoras e bem-sucedidas por causa da pressão e do excesso de aceleração, de forma que é fundamental intercalarem momentos como esse com fases nas quais possam recarregar a bateria.

É verdade que uma fase de excesso de aceleração resultante de iniciativas de mudança ou novas estratégias podem ser críticas para o sucesso de uma empresa. A diretoria determina metas estratégicas e elabora iniciativas que muitas vezes forçam a empresa a ir além de seus limites. No entanto, a longo prazo, perde-se o foco tentando fazer coisas demais ao mesmo tempo – sem deixar tempo suficiente para concluir qualquer uma delas de maneira satisfatória ou no prazo.

Isso não significa que você deva reduzir suas expectativas. Em vez disso, para sair desse tipo de armadilha da aceleração, você pode definir meticulosamente como fundamentais essas atividades e fases do processo de mudança, e dedicar a elas mais atenção e empenho, antes de voltar a desacelerar o ritmo da empresas para que recupere as forças e se regenere.

Como você pode atingir esse equilíbrio em meio a um processo de mudança? Comece estabelecendo episódios de mudança com prazos de início e fim predeterminados, alternando deliberadamente períodos de alta e baixa energia e diferenciando, dessa forma, os aspectos essenciais e incrementais da mudança[14]. Essa diferenciação o ajudará a administrar as expectativas dos funcionários, entre outros fatores. As pessoas mostram-se muito mais dispostas a fazerem mais esforço se souberem que uma fase de ritmo desacelerado e menos pressão as aguarda no final. Se não enxergarem essa luz no fim do túnel, elas tendem a economizar energia e fazer pausas para a regeneração a qualquer momento e da forma que puderem. Isso significa permitir que cada um encontre individualmente momentos e modos de regeneração, de maneira não coordenada por toda a empresa.

Essa estratégia é eficaz não apenas em momentos de mudança. Em nossa pesquisa, constatamos que diversas empresas de alto desempenho incorporam um ritmo de aceleração e desaceleração ao ciclo de negócios-padrão, combatendo dessa forma a armadilha da aceleração.

Como vimos anteriormente neste livro, o Sonova Group suíço, a multinacional líder de mercado em aparelhos auditivos, com 1,1 bilhão de dólares em vendas, apresenta uma taxa de crescimento constante de cerca de 16%. De maneira notável, os produtos lançados nos dois anos anteriores geram até 64% das vendas totais. Não se trata de efêmero êxito: tem feito parte dos resultados esperados da empresa durante anos. Além disso, a empresa tem demonstrado que pode ser excepcionalmente energizada e inovadora no decorrer de longos períodos. Como? A Sonova orquestra deliberadamente o ritmo de suas fases de alta energia e de regeneração.

Com a nomeação do CEO Valentin Chapero em 2002, a empresa se comprometeu a lançar duas gerações de produtos completamente novas por ano[15], conforme dito anteriormente. Antes desses lançamentos de produtos – em meados de abril e início de novembro – quase toda a empresa entra em marcha acelerada. O P&D e o marketing, os técnicos e a força de vendas trabalham praticamente 24 horas por dia para garantir que, mais uma vez, um novo produto seja lançado com sucesso. É só por meio da prontidão da força de trabalho de testar regularmente os limites da empresa e, quando necessário, ir além deles, que a Sonova é capaz de manter seus extraordinários resultados na inovação de seus produtos. Ao regular e sistematicamente estimular o enorme poder da empresa, Chapero consegue atingir repetidamente o máximo desempenho – tudo enquanto monitora continuamente cada fase de energia da empresa. Ele mantém um olhar atento nos níveis de toda a empresa em busca de sinais de desgaste, resultante da mobilização excessiva de energia ou do excesso de aceleração, o que poderia levar a um trabalho apressado.

O resultado foi que o Sonova apresenta níveis significativamente mais elevados de inovação e crescimento em relação a todos os seus concorrentes. As duas mais recentes gerações de produtos da empresa constituem um bom exemplo disso. Em novembro de 2006, o Sonova uniu-se à fabricante de pianos Steinway & Sons para levar ao mercado um impressionante aparelho auditivo de alta qualidade, o Verve Steinway Edition. Sua elegância e discreto *design* (há modelos branco e preto, ambos brilhantes como um piano e levam o logo da Steinway) se voltam à mais exigente clientela. Esse modelo estabelece novos padrões tecnológicos na indústria de aparelhos auditivos: o Verve é o primeiro sistema auditivo do mundo a dar informações sobre suas funções "falando" com uma voz natural e clara com seu usuário.

Cinco meses mais tarde, em abril de 2007, o Sonova lançou o Audéo, um "assistente de comunicação pessoal". Combinando uma mistura inovadora de engenharia de vanguarda com um premiado *design*, o Audéo é um minúsculo, leve e elegante dispositivo auditivo projetado para combater o preconceito e o ressentimento tradicionalmente associados a aparelhos auditivos. Voltado a consumidores mais jovens, ou pelo menos de mentalidade mais jovem, acostumados a usar modernos fones de ouvido Bluetooth para celulares e fones conectados a um iPod da Apple, o Audéo vem acompanhado de toda a atratividade de um acessório altamente desejável.

O Audéo é o passo mais decisivo tomado pelo Sonova para concretizar sua visão de que todas as pessoas no futuro utilizarão "aparelhos auditivos" como *gadgets* inovadores para ouvir música, receber as últimas notícias quando os dispositivos estiverem conectados à Internet e telefonar (quando os aparelhos forem combinados com celulares). E sim, algumas vezes os dispositivos serão utilizados como aparelhos para pessoas com deficiências auditivas. Mas a principal visão do Sonova é produzir dispositivos auditivos que façam parte de um estilo de vida progressista e sofisticado, combinando a mais recente tecnologia com *design* moderno e valor de marca. A empresa está buscando concretizar essa visão ao mesmo tempo em que promove o ímpeto pela alta inovação e toma cuidado para sustentar a sua energia, evitando a aceleração em excesso. De fato, os resultados recentes mostram que a empresa está atingindo suas metas: em 2006-2007, o faturamento subiu 23,8% para 1,1 bilhão de dólares, enquanto o lucro líquido para o ano aumentou 40%, para 226 milhões de dólares.

Crie uma cultura de *pit stop*. Talvez a estratégia mais sustentável de todas para combater a armadilha da aceleração seja envolver a organização em uma profunda mudança cultural. Esse processo tem início com uma avaliação meticulosa da cultura corporativa em busca de sinais e sintomas de excesso de aceleração. Só quando tiver uma imagem clara do tipo e da gravidade da cultura de aceleração de sua empresa é que você poderá intervir ativamente para começar a mudar valores e crenças profundamente enraizadas (veja o quadro *Desenvolvendo uma cultura de* pit stop *na Hilti*).

Desenvolvendo uma cultura de *pit stop* na Hilti

A Hilti, líder de mercado nos setores de construção e manutenção, sediada em Liechtenstein, implementou uma mudança cultural que reforçava a confiança, a energia e o foco[16]. Ao parar regularmente para avaliar as prioridades, os líderes da empresa asseguram que a Hilti se concentre apenas nas suas tarefas mais importantes, ao mesmo tempo em que evita o excesso de atividade ou a sobrecarga. "Os funcionários e a cultura da empresa não são elementos da estratégia *soft*, mas impulsionadores-chave do sucesso da empresa – um dos maiores segredos de nosso sucesso", contou-nos Michael Hilti, filho do fundador e ex-presidente do conselho de administração. Na Hilti, portanto, passou a ser possível dizer: "Estou sobrecarregado" ou "Isto é demais". Os funcionários sabem que podem dizer *não* quando sentem que estão ficando sobrecarregados.

Uma pausa oficial e importante da empresa toda ocorre sob a forma de uma série de *workshops* chamados de *Our Culture Journey*. A cada 24 meses, todas as equipes da Hilti se reúnem fora do local de trabalho para dois dias de reflexão sobre a cultura corporativa e sua contribuição como equipes e indivíduos ao propósito e à estratégia da empresa. Christoph Loos, um membro do conselho executivo responsável pelos Recursos Humanos, Finanças e TI, descreveu o processo: "As pessoas são expostas à cultura desejada e realizam exercícios em torno disso. Nós as tiramos da zona de conforto de forma que todos possam refletir sobre as próprias contribuições". Por exemplo, cada equipe e cada indivíduo são solicitados a definir seu principal foco de trabalho. Eivind Slaaen, vice-presidente sênior de RH nos contou: "Quando você pede às pessoas para relacionarem as coisas que deveriam parar de fazer, isso leva a reações defensivas. Em vista disso, elaboramos a pergunta como: 'Se já não estivéssemos realizando essa atividade, começaríamos a realizá-la hoje?'. Isso permite que as pessoas se concentrem na questão de aquela atividade ser ou não o melhor a fazer pelo nosso futuro".

Também foi criado um acampamento de treinamento de equipes, chamado *Pit*

Stop, para dedicar atenção especial à ideia de desacelerar para acelerar. Como corridas de Fórmula 1, que muitas vezes não são vencidas na pista, mas conforme o desempenho da equipe de apoio no *pit stop*, a ideia principal é fazer uma pausa, se distanciar, refletir, alinhar e realinhar ideias sobre o que as equipes da Hilti fazem e como o fazem. Os participantes (executivos, gerentes e funcionários) saem desses *pit stops* revigorados, redirecionados e prontos para trabalhar com um nível ainda mais elevado de energia em suas tarefas mais importantes. O acampamento de treinamento também inclui um chamado *pit stop* pessoal, que encoraja os membros da equipe a encontrar maneiras de equilibrar suas reservas de energia pessoal.

A cultura de *pit stop* da Hilti resultou em muitas mudanças, inclusive na forma como os líderes agendam as reuniões. "Reuniões de negócios não são mais agendadas para depois das sete da noite e viagens de negócios, sempre que possível, começam na segunda-feira e não no fim de semana", diz Egbert Appel, ex-membro do conselho executivo da Hilti e atual líder da fundação da Hilti. Além disso, os executivos tentam sistematicamente reduzir o trabalho desnecessário. Por exemplo, a empresa lançou um *workshop* para o conselho de administração executivo, no qual as ideias podem ser apresentadas rapidamente e ainda gerar intensas discussões – em vez de exigir que os executivos preparem longas e lapidadas apresentações com centenas de *slides* de PowerPoint. Novas regras como essas, originadas de pausas regulares para avaliar a cultura da empresa, sinalizam à organização como um todo as expectativas, os comportamentos apreciados e os valores apoiados pela diretoria da empresa.

Utilize sistemas de *feedback*

Sistemas de *feedback* podem ser utilizados pela liderança de empresas para ajudar a mudar uma cultura de aceleração. No Capítulo 5, veremos maneiras mais específicas de introduzir e implementar sistemas de *feedback*, mas por enquanto basta dizer que um aspecto particular da cultura de aceleração é que a tendência de ficar preso em trabalho demais, ou em um ritmo acelerado demais, tem raízes profundas nos padrões de comportamento da organização. Por exemplo, você pode notar que os seus funcionários falam rotineiramente sobre o quanto trabalham e tentam superar uns aos outros com suas histórias. Isso pode ser visto como um sinal claro de que algumas regras e normas da cultura organizacional precisam ser mudadas para evitar a armadilha da aceleração.

Um sistema de *feedback* pode ajudá-lo a revitalizar essa cultura. Em vez de observar os funcionários reclamando uns com os outros sobre suas cargas de trabalho, por exemplo, você pode criar um modo de os funcionários darem *feedback* sobre sinais de possível sobrecarga e encorajá-los a fazer alguma coisa em relação ao problema. Isso pode incluir qualquer coisa, desde *feedback* 360 graus, autoavaliações periódicas e levantamentos com os funcionários e etc.

A Serview GmbH, uma consultoria de TI que emprega 30 pessoas e é sediada em Bad Homburg, Alemanha, utiliza com eficácia o *feedback* para lidar com os desafios de seu ambiente corporativo altamente energizado. A empresa opera regularmente na zona de alta energia produtiva e teve um crescimento acima da média, de 25%, nos últimos quatro anos[17]. Os serviços da empresa demandam muito contato com os clientes, viagens e comprometimento com altos padrões de qualidade nos programas de treinamento realizados pela Serview. Como eles mantêm a energia sem cair no excesso de aceleração? A empresa cultiva um sólido sistema de *feedback* especificamente desenvolvido por eles para esse fim. Chamado SMART, o sistema proporciona a todos os funcionários uma autoavaliação e uma avaliação externa mensal em relação a 14 aspectos do negócio desenvolvidos colaborativamente pelos funcionários da Serview. Esses 14 aspectos incluem fatores como qualidade do trabalho, nível de inovação e aparência pessoal, mas outros aspectos dizem respeito a como os funcionários lidam com a regeneração e a energia.

Desde que a Serview implementou o sistema de *feedback* SMART, a empresa vivenciou uma mudança acentuada no comportamento das pessoas. Os funcionários não apenas cuidam da própria energia como também ficam atentos aos níveis de energia dos colegas. Eles aprenderam a prestar atenção a sintomas de sobrecarga de trabalho e excesso de aceleração, e trabalham juntos para desenvolver soluções a fim de superar esse tipo de problema assim que surge. Além disso, o SMART ajuda a sustentar o alto nível de inovação da empresa. O sistema pede que cada funcionário submeta pelo menos uma ideia inovadora por mês. Essas ideias não são avaliadas pelo conselho de administração executivo, mas, sim, por um grupo de funcionários internos, que analisam quais ideias podem ser realisticamente implementadas e quais podem levar ao excesso de aceleração.

De preferência, uma empresa deve ser abastecida pelo que chamamos de *energia sustentável* – um sentimento de urgência prazeroso compartilhado pelos funcionários – que pode ser constantemente renovada e nunca se esgota. Muitos CEOs vislumbram esse ideal, especialmente em fases intensas em termos de energia, como crescimento ou inovação acelerada ou em situações de crise, quando toda a força de trabalho se apresenta altamente motivada para atingir metas cruciais. Mas se você, como líder, se tornar ganancioso, exigindo o mesmo nível de urgência todos os dias, a energia mais cedo ou mais tarde se dissipa e o desempenho despenca, apesar da boa vontade de seus funcionários. Dessa forma, o melhor conselho que podemos lhe dar é o seguinte: não force constantemente sua empresa até o limite. Isso, muitas vezes, acaba em contínua aceleração, perda de foco, enxurrada desenfreada de atividades, fadiga organizacional e estafa. Tenha em mente o esforço necessário para obter cada explosão de empenho e trabalhe para se certificar de que a energia da empresa seja sustentável. Isso significa monitorar continuamente a situação, mesmo quando as coisas estiverem indo bem, em busca de sinais de que sua empresa está caindo na armadilha da aceleração.

Sua empresa está dominada pela cultura de aceleração?

A lista da seguir resume os sintomas típicos encontrados em empresas com uma cultura de aceleração. Responda cada pergunta e some a pontuação (até 5 respostas afirmativas: não é uma cultura de aceleração; 6 a 10 respostas afirmativas: cuidado, há indícios de alguns sintomas de cultura de aceleração; mais de 11 respostas afirmativas: zona de perigo, a cultura da empresa já está presa à armadilha da aceleração).

Orientação de *input versus output*

- Você valoriza o comparecimento mais do que o alcance de metas?
- Você valoriza o trabalho duro mais do que realizações tangíveis?
- Seus funcionários se sentem culpados se saírem do trabalho mais cedo?
- Você ouve seus funcionários conversarem sobre o quanto estão sobrecarregados?
- Estar sempre ocupado é algo valorizado em sua empresa?

- Você espera implicitamente que seus gestores atuem como exemplos a serem seguidos, se envolvendo em inúmeros projetos?
- É um tabu utilizar a palavra "não" em sua empresa, mesmo por alguém que já trabalha em projetos demais?

Falta de foco e disciplina

- As atividades são iniciadas rápido demais em sua empresa?
- É difícil para sua empresa realizar as coisas realmente importantes por haver atividades em demasia?

Falta de coragem de parar as atividades

- Interromper atividades é considerado um indicativo de fraqueza em sua empresa?
- Os projetos são executados somente *pro forma*, só porque as pessoas temem interrompê-los em público?
- Os funcionários de sua empresa gostam de se ater a procedimentos e tarefas rotineiras?

Ausência de fases de regeneração

- Sua organização tende a operar constantemente nos limites de sua capacidade?
- Seus funcionários estão cronicamente sobrecarregados?
- É impossível para seus funcionários enxergarem a luz no fim do túnel por terem sempre tanto a fazer?

Utilização excessiva de *e-mails* e outras tecnologias de comunicação

- Existe uma expectativa sutil ou até explícita em sua organização de que as pessoas devem responder *e-mails* em questão de minutos?
- Inúmeras pessoas são cotidianamente copiadas em *e-mails*, simplesmente porque os funcionários estão tentando se proteger?

- No tempo livre, os funcionários mantêm os celulares ou *smartphones* ligados por sentirem que precisam se manter sempre à disposição da empresa?

Agora que analisamos a armadilha da aceleração, vamos examinar uma última armadilha na qual as empresas podem cair: a armadilha da complacência. Essa armadilha passa a ser um problema quando as empresas têm dificuldade em manter a energia produtiva. No capítulo a seguir, mostraremos como utilizar um sistema de gestão revigorante, que mantenha a empresa operando com um senso de urgência proativo e um alto nível de energia produtiva.

CAPÍTULO 5

SUSTENTANDO A ENERGIA PARA IR ALÉM DO PRIMEIRO LUGAR

Indo além das armadilhas

Enquanto os três últimos capítulos mostraram como você pode impulsionar a energia de sua empresa e evitar ficar preso às armadilhas da complacência, corrosão e aceleração, este capítulo explora como se afastar totalmente dessas armadilhas e se direcionar para *sustentar* a energia de sua empresa a longo prazo. Como empresas de sucesso, que já estão no auge de seus setores, poderão permanecer ágeis e continuar crescendo ou se transformando? Como elas podem ir além de ser a número um?

Em alguns aspectos, este capítulo refere-se ao que aprendemos no Capítulo 2 sobre escapar da armadilha da complacência e energizar a empresa. No entanto, ele não é sobre evitar a complacência, mas, a respeito de como sustentar a energia a longo prazo. Portanto, vai além das soluções imediatas que recomendamos para todas as três armadilhas.

Até empresas altamente energizadas e bem-sucedidas muitas vezes se tornam complacentes e perdem a capacidade de mudar e se reenergizar. Por quê? Nossa pesquisa mostra que, apesar de os líderes até entenderem como gerar energia, poucos sabem como sustentá-la sistematicamente. Isso nos conduz a um círculo completo, voltando à pergunta crucial do presidente do conselho da Lufthansa, Juergen Weber, apresentada na Introdução: "O que eu realmente preciso saber agora", ele nos perguntou "é como posso manter o nível de energia da Lufthansa alto nos *bons* momentos?". Todas as empresas altamente bem-sucedidas, todos os líderes de mercado, todas as empresas que são a número um do setor lutam para vencer esse desafio.

O problema de manter a energia

As atividades de liderança voltadas a aumentar a energia produtiva de sua empresa e fazer com que ela *se torne* a número um são fundamentalmente diferentes das atividades necessárias para que a sua empresa *permaneça* sendo a número um. Mais especificamente, os executivos têm dificuldades de facilitar, por conta própria, o que Bo Risberg, o CEO da Hilti, chamou de "sentido de urgência proativo". Trata-se realmente de uma tarefa hercúlea. Sustentar o entusiasmo, a postura alerta e alto nível de empenho a longo prazo, ao mesmo tempo em que se evita a perda de energia, é muito mais difícil do que incitar o surgimento das forças vitais. Individualmente, nenhum líder ou processo é capaz de promover comprometimento excepcional, pensamento inovador, envolvimento emocional e paixão pelos desafios da empresa por um período mais longo.

Pense no quanto o sucesso da Lufthansa no combate à crise originalmente dependeu da influência de Weber, ou no quanto o início da revitalização da ABB dependeu de Juergen Dormann. Eles sem dúvida foram excelentes líderes, "baterias" que forneceram às suas empresas a energia necessária para ter sucesso, mas não *sustentaram* sozinhos as mudanças em suas empresas. De fato, se a equipe da diretoria for a principal, ou talvez a única, fonte de energia, a empresa provavelmente operará muito abaixo de seu potencial. É por isso que tanto Weber quanto Dormann agiram com determinação para desenvolver líderes fortes por toda a empresa, para construir estruturas organizacionais que visem a dotar os funcionários de empoderamento, *empowerment,* e desenvolver uma cultura de ação capaz de sustentar o ímpeto com a ajuda de diversas fontes de energia.

Na qualidade de líder, você precisa estabelecer e desenvolver um *sistema de gestão revigorante* para manter a energia produtiva e construir uma rede de "baterias" por toda a empresa. Nossa pesquisa demonstra que, em vez de depender de alguns poucos indivíduos que identificam desafios ("dragões") ou oportunidades ("princesas") e energizam o resto da organização a partir do topo, as melhores organizações constroem sistemas com várias "baterias". Em outras palavras, você deve criar um ambiente de trabalho no qual as pessoas sejam constantemente estimuladas, encorajadas, solicitadas a questionar o *status quo*, identificar oportunidades, bem como possíveis desafios, e assumir a iniciativa para atingir os níveis mais elevados de desempenho. Um ambiente que canaliza constantemente as atividades na direção de uma ambiciosa meta coletiva para a organização.

Como seria um sistema de gestão como esse? Trata-se de uma versão altamente energizada de três componentes organizacionais básicos: estratégia, estrutura de liderança e cultura. Basicamente, você precisa instituir um sistema unificado que converta *todo* o seu pessoal em baterias, acionando um senso de urgência amplo e proativo, sem perder o foco de sua empresa[1]. Um sistema como esse inclui os seguintes elementos:

- **Processos estratégicos** revigorantes, por meio dos quais a estratégia em si, seu desenvolvimento e sua implementação sejam abordados de maneira energizante.

- **Estruturas de liderança** revigorantes, nas quais uma liderança forte se espalhe por toda a empresa, sem se concentrar apenas no topo.

- **Cultura** revigorante, que promova um senso de urgência proativo em todos os níveis hierárquicos da organização.

Esses três componentes de um sistema de gestão revigorante literalmente mantêm a energia corporativa acionada na potência máxima. Eles criam baterias em todas as áreas da empresa. Por várias razões, elas funcionam muito melhor do que apenas uma fonte isolada de energia (isto é, os líderes seniores das empresa). Como observamos em muitas organizações que dependem de um único líder, quando o CEO sai da empresa (por qualquer razão), o nível de energia despenca, e a empresa começa a mostrar sinais de resignação ou até paralisia.

O contrário pôde ser observado na Hilti, uma empresa cujos executivos investiram bastante em uma administração revigorante, com a energia e o desempenho menos dependentes da "grande bateria" no topo da hierarquia. Em 2007, no entanto, o sistema de gestão da Hilti se viu diante de uma prova de fogo, quando três dos quatro membros do conselho de administração executivo se aposentaram, dentro de um período de dois anos – inclusive o CEO Pius Baschera. Até que ponto a Hilti era verdadeiramente independente de suas fontes de energia no topo da organização? "Sim, as pessoas mudam, mas a cultura, os valores, o direcionamento e a estratégia da empresa permanecem", nos contou Baschera, hoje presidente do conselho. O dia 1º de janeiro de 2007 marcou a data de início oficial da nova liderança da empresa e a transição foi tranquila – quase imperceptível. Descrevemos mais adiante no livro como a Hilti desenvolveu o sistema de gestão revigorante e administrou a transição.

Empresas que, como a Hilti, utilizam várias fontes de energia potenciais e inspiração são muito mais energizadas, ágeis e se adaptam com mais facilidade do que as outras. É por essa razão que os CEOs devem enriquecer a própria visão de mundo beneficiando-se sistematicamente do conhecimento de seu *staff*, o pessoal que trabalha em contato direto com o mercado. Seu desafio, portanto, não é energizar os indivíduos, mas criar um ambiente no qual as pessoas sejam continuamente encorajadas a se manter alertas e ágeis e a assumir a iniciativa em torno do foco coletivo de energia da empresa. Em junho de 2008, quando a crise financeira global mostrou os primeiros sinais, CEOs suíços se reuniram para discutir se, e até que ponto, eles seriam capazes de lidar com o risco que a crise impunha aos seus negócios[2]. Valentin Chapero, do Sonova, defendeu justamente esse tipo de sistema de gestão energizado: "Não posso controlar sozinho todo o risco. Mas é minha tarefa criar um ambiente no qual as pessoas estejam ativamente alertas e prontas para agir quando virem fogo ou fumaça".

Quando a inovação, os relacionamentos com os cliente e a flexibilidade são importantes para o sucesso de uma empresa, ela precisam contar com muitas fontes de inspiração, ideias, além de capacidade de resposta imediata para promover mudanças. Isso se aplica a todas as organizações, mas é particularmente relevante para aquelas lideradas por CEOs cujo trabalho os distancia dos acontecimentos diários do mercado. George Day e Paul Schoemaker estudaram a importância de uma presciência de extensão ilimitada entre os CEOs[3]. Somente 23% das empresas em seu estudo eram lideradas por CEOs que procuraram regularmente indícios de problemas no cenário exterior à empresa e aplicavam a presciência estratégica. Os outros 77% contavam apenas com o CEO para levar adiante a inovação ou a mudança estratégica, de forma que uma mentalidade pioneira como essa era restrita.

Para sustentar a energia e ir além das armadilhas a ela relacionadas, você deve desenvolver e cultivar um sistema de gestão revigorante que permita aos seus gestores e funcionários atuarem como fontes de alta energia produtiva e que, ao mesmo tempo, encoraje esse tipo de atuação. As empresas devem

Figura 5.1 – Componentes de um sistema de gestão revigorante: processos estratégicos

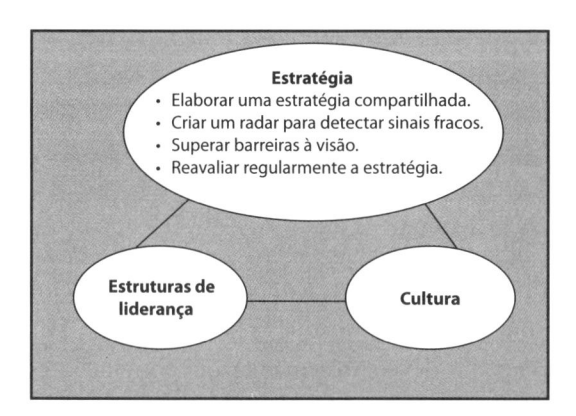

```
┌─────────────────────────────────────────┐
│                                         │
│              ╭─────────────╮            │
│             ╱   Estratégia  ╲           │
│            │ • Elaborar uma estratégia  │
│            │   compartilhada.           │
│            │ • Criar um radar para      │
│            │   detectar sinais fracos.  │
│            │ • Superar barreiras à visão│
│            │ • Reavaliar regularmente a │
│             ╲  estratégia.  ╱           │
│              ╰──────┬──────╯            │
│                  ╱     ╲                │
│           ╭─────╯       ╰─────╮         │
│         ╱ Estruturas ╲   ╱ Cultura ╲    │
│        │ de liderança │─│           │   │
│         ╲            ╱   ╲          ╱   │
│          ╰──────────╯     ╰────────╯    │
└─────────────────────────────────────────┘
```

utilizar todos os três componentes de seu sistema de gestão em conjunto – processos estratégicos, estrutura de liderança e cultura –, e alinhá-los ao trabalho de seu pessoal com o objetivo de promover o revigoramento.

Vamos analisar como o primeiro componente, o processo estratégico, pode ajudar a sustentar um alto nível de energia produtiva.

Revigorando processos estratégicos

Para desenvolver estratégias que inculquem sistematicamente um senso de urgência proativa em toda a empresa, ao mesmo tempo em que sustenta sua energia produtiva, você deve investir não somente no quesito *o quê* de uma estratégia, mas, também, no *como* do processo estratégico. Esse processo envolve quatro passos (Figura 5.1):

- **Elaborar uma estratégia compartilhada:** incluir passos intermediários para o sucesso, marcos e metas ambiciosas e inequívocas.

- **Criar um radar para detectar indícios – bons e ruins:** envolver as pessoas na identificação de necessidades de mudança, tendências e oportunidades relevantes.

- **Superar barreiras à visão:** incluir diferentes perspectivas na elaboração da estratégia.
- **Reavaliar regularmente a estratégia:** questionar seriamente o *status quo*.

Elaborar uma estratégia compartilhada

Uma estratégia forte que seja compartilhada e internalizada por todas as pessoas da empresa ajudará a sustentar a energia e estimular o entusiasmo, o alerta mental e o empenho a longo prazo. *Envolva o maior número de pessoas possível* na criação do processo estratégico, tanto no estabelecimento das metas quanto na sua comunicação, de forma que as pessoas sintam-se "donas" de todo o projeto. Você não apenas deve apresentar razões convincentes para as metas, como também precisa envolver emocionalmente os funcionários ao redor delas, para que eles façam a ponte entre essas metas e suas funções.

Por exemplo, no verão de 2009, altos executivos da alemã BMW, uma das corporações líderes da indústria automobilística, descobriram que seus funcionários não estavam internalizando suficientemente a estratégia *Number ONE* ("novas oportunidades e nova eficiência"). Um levantamento demonstrou que, apesar de a estratégia ser bem conhecida por toda a empresa, nem todos os gestores e funcionários conseguiam relacioná-la ao trabalho do dia a dia. Em vista disso, no outono de 2009, o conselho de administração executivo lançou uma iniciativa chamada *Number ONE on Tour* – uma ampla série de *workshops* estratégicos para os gestores da BMW.

Entre o outono de 2009 e o verão de 2010, mais de 8 mil gestores plenos e juniores participaram dos *workshops* de dez horas, realizados por 180 executivos e 250 especialistas internos em equipes interdivisionais – mais uma manifestação do amplo comprometimento compartilhado da empresa com sua estratégia. Os participantes não apenas aprenderam mais sobre o conteúdo da estratégia, como também entenderam o desenvolvimento de novos produtos e conversaram em grupos sobre a estratégia *Number ONE*. Eles também se envolveram em atividades elaboradas para consolidar seu comprometimento e sua motivação, como assistir a vídeos motivacionais sobre o passado e o futuro da BMW. "O comprometimento pessoal e a comunicação aberta da diretoria foram altamente persuasivos", contou um participante "agora me sinto extremamente motivado a transmitir essas mensagens à minha equipe". "O alto nível de qualidade e entusiasmo nas discussões foi impressionante", acrescentou Harold Krüger, membro do conselho da BMW e mentor do *Number ONE on Tour*. "Atingimos nossa meta principal de desenvolver um entendimento compartilhado de nossa estratégia e superamos nossas próprias expectativas, criando e encorajando o otimismo e um redirecionamento para uma organização de alto desempenho."

O retorno de uma atividade como essa supera em muito o investimento – com uma importante condição: continuidade. A estratégia deve perdurar durante um considerável período. Em empresas sem continuidade e que mudam frequentemente suas estratégias, o desenvolvimento de uma compreensão compartilhada será custoso demais e demandará um investimento muito alto em termos de tempo e trabalho. O líder do projeto do *Number ONE on Tour* explicou: "O *Number ONE* on Tour demandou muito trabalho e coordenação da diretoria, da gestão de recursos humanos e de toda a organização. Mas valeu inteiramente a pena. O envolvimento em todos os níveis agora é visível, com todos focados nas prioridades em comum".

São as prioridades que podem fazer toda a diferença: para que uma estratégia compartilhada seja eficaz, você deve se concentrar em um *conjunto seleto de metas claramente definidas*, que criarão um foco diferenciado para a empresa. Isso não significa reduzir as expectativas ou o envolvimento no que se refere a outros aspectos do desempenho da empresa. Em vez disso, escolha com muito cuidado quais objetivos são fundamentais, de forma que o entusiasmo, a atenção e o empenho das pessoas possam ser canalizados para esses objetivos e não para a rotina diária dos funcionários. Por exemplo, uma das iniciativas estratégicas de sucesso da Lufthansa, o *Program 15*, que envolvia a empresa toda, foi elaborada para reduzir apenas uma variável, o custo de transportar passageiros por um quilômetro, de 17 para 15 *pfennigs* alemães (centavos).

As metas para as atividades prioritárias devem ser *ambiciosas*. Como no caso do *Program 15* da Lufthansa, as metas precisam ser exigentes, criando um desafio realista para os funcionários e significativas o suficiente para energizá-los continuamente[5]. Na Phoenix Contact, a meta da empresa é simples e clara: ser "o melhor da categoria". E essas metas devem ser compartilhadas. O que faz com que a Phoenix Contact seja única é o modo como ela combina essa ambição com uma amplitude impressionante do escopo do comprometimento – todas as unidades, de Tecnologia da Informação aos Recursos Humanos e Marketing, são incluídas na determinação de metas da empresa.

No entanto, você também precisa ir além do comprometimento compartilhado para assegurar que seus gestores e funcionários se envolvam em *atividades colaborativas* visando atingir as metas estratégicas da organização. Na Continental AG, o ex-CEO e presidente do conselho Hubertus von Gruenberg observou uma profunda cisão entre os grupos de P&D e de Marketing e Vendas (os dois grupos basicamente não estavam trabalhando juntos em alguns produtos importantes). Como descrevemos no Capítulo 3, ele instituiu o que a empresa chamou de reuniões de pesquisa-desenvolvimento-engenharia (reuniões PDE). Ao unir regularmente esses diferentes grupos e lhes atribuir um papel significativo na elaboração da estratégia, permitindo que os indivíduos expressassem livremente seus pontos de vista, von Gruenberg envolveu ativamente vários grupos de pessoas em decisões importantes. O painel PDE conseguiu determinar imediatamente suas prioridades estratégicas, proporcionar recursos e desenvolver comprometimento e atividades colaborativas para cada projeto – juntando instantaneamente diferentes departamentos da empresa.

Ter marcos e parâmetros definidos, que pontuem a jornada rumo à estratégia, com picos de energia e fases de envolvimento normal, como vimos no Capítulo 4. Esses marcos também são ferramentas perfeitas para apontar e celebrar sistematicamente sucessos intermediários. Além disso, eles funcionam também para estimular positivamente a organização, criando mais energia e lembrando a todos que a meta final ainda não foi atingida. Esses *milestones* são particularmente importantes para manter as forças humanas de sua empresa a longo prazo.

A Lufthansa utilizou uma sequência de programas estratégicos (*Program 93, Program 15, Operational Excellence, D-check* e *Upgrade*) para manter a energia por mais de uma década. A empresa elaborou e lançou esses programas estratégicos passo a passo, com cada programa voltado para um determinado foco específico ao longo de um período de três anos.

A Phoenix Contact lançou sua *Strategy 2020* de outro modo. Eles determinaram e comunicaram antecipadamente os principais marcos (por exemplo, comunicação e liderança, qualidade, inovação, cultura, atendimento, investimento e pessoal) que a empresa precisava atingir para concretizar sua estratégia geral. A integração desses marcos com um desempenho superior em todas as partes da empresa e sua integração com o sistema de liderança fizeram com que o sistema de gestão revigorante da Phoenix Contact fosse robusto e eficaz (discutiremos a estratégia da Phoenix Contact detalhadamente mais neste capítulo).

Independentemente do método escolhido, um painel de controle de progresso é a maneira perfeita para manter esses marcos sempre à vista. Para seu programa *D-Check*, a Lufthansa publicou mensalmente um "barômetro do *D-Check*", descrevendo os resultados intermediários da empresa. O informativo mostrava em números precisos o que o *D-Check* havia atingido em termos de geração de fluxo de caixa e o que ainda precisava ser feito para atingir o objetivo final do programa. Como o informativo era publicado tanto na Intranet da empresa quanto na Internet, tanto os funcionários como os acionistas externos puderam monitorar o progresso e celebrar os sucessos ao longo do caminho.

Criar um radar para detectar sinais indícios externos

Depois de gerar uma estratégia forte e compartilhada com metas claras e ambiciosas e marcos definidos, você precisa se voltar para o monitoramento do mundo ao seu redor a fim de compreender as ameaças a essa estratégia e as oportunidades dela resultantes. Sua estratégia deve ser flexível e bem alinhada ao mercado de forma que a empresa possa reagir rapidamente – isso ajudará a combater tendências de complacência, inércia e excesso de confiança[6]. Para desenvolver um *sistema de alerta antecipado* diferente e altamente eficiente, você normalmente precisará que muitas pessoas da empresa estejam sensibilizadas para identificar tendências sutis e outros indícios[7]. Os funcionários encarregados de uma missão como essa se sentem energizados apenas por saber que a empresa valoriza sua opinião. Eles ficam mais alertas e mentalmente mais envolvidos. Apesar da tradição dos sistemas de alerta antecipados, esses muitas vezes deixam de gerar uma verdadeira pressão por uma mudança imediata, por enfatizarem dados financeiros ou por não serem estreitamente vinculados ao processo estratégico e, portanto, não produzirem um impulso voltado para a estratégia[8]. Quando o radar de uma empresa se concentra em medidas financeiras, outras ameaças, como perder o contato com as demandas dos clientes ou baixos níveis de inovação, são detectadas tarde demais. Em vez de agir com urgência, essas empresas operam com um falso senso de segurança. Como resultado, os executivos demoram tanto a perceber a necessidade de mudar que somente uma estratégia de mobilização orientada para a crise – com o risco de exaurir as reservas de energia das pessoas – pode garantir a sobrevivência da empresa. Além disso, como sistemas de alerta antecipado muitas vezes são completamente desvinculados do próprio processo estratégico, gestores e funcionários muitas vezes não se mostram dispostos a trabalhar com o sistema e compartilhar seu conhecimento por meio dele.

Empresas com sistemas de gestão revigorados evitam essas armadilhas. A maneira como o Hilti Group lida com a estratégia demonstra uma ponderada consideração dos aspectos relacionados à energia[9]. Na qualidade de um tradicional líder global de produtos de construção e manutenção, a Hilti viu-se diante do desafio de gerar uma percepção contínua e proativa de urgência por toda a empresa. Para lidar com esse desafio, a Hilti implementou a ferramenta *Competition Radar* em 1994. A empresa observa os concorrentes por meio dos funcionários da Hilti que têm contato regular e direto com os clientes[10]. Todos os vendedores da empresa – 60% de todos os funcionários – são integrados ao processo. Cada pessoa que tenha contato com os clientes é solicitada a ajudar a analisar o mercado, a conversar ativamente com os clientes, não somente sobre a Hilti, mas, também, sobre as atividades dos concorrentes, e a registrar os novos acontecimentos relevantes mencionados por eles. O vendedor insere essas informações no *Competition Radar*. Dessa forma, a Hilti mantém uma orientação sistemática para o mercado, e os líderes da empresa são capazes de se manter constantemente atentos aos indícios de mudança do cenário. Além disso, os executivos não engavetam as informações sobre os concorrentes, antes fazem com que circulem por toda a empresa. Dessa forma, pessoas em diferentes partes da organização ficam sabendo dos acontecimentos no mercado, mantendo-se alertas e detectando possíveis necessidades de mudança. Os gestores da equipe de Marketing da Hilti se reúnem a cada seis semanas para conversar com suas equipes sobre as implicações da ferramenta *Competition Radar*, particularmente as atividades estratégicas de concorrentes como a Bosch, a Black & Decker, o Würth Group, a Fischer e a Makita.

A Hilti utiliza duas fontes de informação adicionais para ampliar sua compreensão do mercado e identificar novos direcionamentos. Em uma delas, os funcionários são regularmente solicitados a informar suas experiências e impressões à empresa; a outra, são os levantamentos abrangentes de satisfação dos clientes conduzidos periodicamente pela Hilti. "As várias fontes de informação que temos são como minúsculas peças de um mosaico que representa a situação do mercado", contou-nos Baschera. "Nós nos avaliamos constantemente em relação a elas". A Hilti age rapidamente ao primeiro sinal de conflito antes da irrupção de uma crise e não espera que a pressão externa se intensifique. Apesar de sua liderança no mercado e, portanto, do maior risco de complacência, a Hilti mantém-se sistematicamente alerta para os eventos do mercado e, para isso, conta com a contribuição significativa de seus funcionários.

Os melhores sistemas estratégicos de alerta antecipado utilizam quatro princípios-chave operacionais, que capacitam as empresas a reagir rapidamente aos menores indícios de oportunidades ou crises:

- Adotar um processo de radar, de forma que as ameaças não sejam percebidas apenas por acaso.

- Incluir indicadores quantitativos e qualitativos, orientados tanto para dentro quanto para fora.

- Envolver os funcionários de toda a empresa na observação dos indícios do mercado.

- Divulgar regularmente para toda a empresa as informações coletadas pelo radar.

Mas como incorporar essas muitas descobertas à própria estratégia? Esse é o próximo passo do processo estratégico.

Superar barreiras para a visão

Muitas vezes uma empresa torna-se operacionalmente cega e deixa de enxergar acontecimentos no mercado por depender apenas da visão do pequeno círculo da cúpula administrativa – o conselho de administração e alguns seletos gestores seniores – e não conseguem desenvolver sua estratégia. Com o sistema de alerta antecipado funcionando, você, na qualidade de executivo, deve incluir em qualquer avaliação de estratégia o valioso *feedback* proveniente de unidades próximas ao mercado, bem como opiniões de especialistas externos. Isso não apenas mantém a estratégia focada e realista, como também afasta a empresa da complacência. Isso significa que as decisões estratégicas se baseiam nas informações mais atualizadas, de forma a ser mais fácil livrar-se de suposições e referências equivocadas. Além disso, quando unidades remotas participam com visibilidade da elaboração da estratégia, o nível de alerta para a detecção de novos avanços no mercado e mudanças necessárias aumenta tanto nas unidades quanto no topo da hierarquia da sua empresa. Por fim, esse processo estratégico compartilhado conecta as estratégias descentralizadas umas às outras e à estratégia geral da empresa.

Há também as empresas que não levam o processo a sério. Em uma organização que estudamos, as informações eram coletadas em unidades descentralizadas, mas os líderes da empresa ignoravam as informações ao tomar as decisões estratégicas finais. Como conta um gestor: "Éramos solicitados a informar regularmente as tendências do mercado. 'O que os clientes estão dizendo? Você identifica alguma manobra por parte dos concorrentes quando conversa com seus clientes?'. Eu fiquei curioso e procurei descobrir internamente em que medida todas essas informações eram utilizadas pelos nossos executivos. Ninguém sabia dizer nem se as informações eram consolidadas e processadas para serem apresentadas em reuniões de estratégia. Depois que descobrimos isso, você pode imaginar com que rapidez o fluxo de informações oferecido à administração perdeu a força, pelo menos o que vinha da minha unidade". Esse tipo de erro destrói rapidamente o envolvimento dos funcionários e garante uma perda de energia no longo prazo.

Para manter energia assegurando que o direcionamento de uma empresa não se resumia apenas pela busca pelo topo, a IBM criou um formato, chamado de eventos de improviso, para estimular todos os seus 399.409 funcionários, do mundo todo, a contribuir com a estratégia e o desenvolvimento da cultura corporativa. Começando pelo primeiro WorldJam em 2001 – uma discussão *on-line* de três dias entre funcionários de todas as divisões, localizações geográficas e níveis hierárquicos, durante a qual as pessoas postaram seis mil comentários em 72 horas, com mais de seis milhões de *hits* na página da Intranet – a IBM passou a utilizar sua intranet global para permitir que seus funcionários participassem de discussões, expressassem suas opiniões e dessem ideias. Sam Palmisano, presidente, CEO e presidente do conselho da IBM, afirmou que esses eventos ajudaram a IBM a "criar um sistema de gestão que capacita as pessoas e lhes proporciona uma base para que a tomada de decisões seja alinhada perfeitamente com a identidade da IBM".

Desde o primeiro evento de improviso, a IBM tem conduzido uma série de sessões anuais, cada uma focada em uma questão diferente, como cultura ou inovação. Essas sessões provaram ser uma ferramenta poderosa, ilustrando a importância do envolvimento dos funcionários em decisões estratégicas e no monitoramento de tendências. A adesão dos funcionários, representada pelo enorme volume e comprometimento dos *feedbacks*, indica que eles apreciaram ser levados a sério e, em consequência, passaram a se interessar mais pela estratégia da empresa. Além disso, agora a IBM pode se certificar de que suas estratégias tenham o respaldo das informações mais atualizadas, provenientes da percepção e experiência das pessoas de todos os níveis hierárquicos e áreas da empresa. Os eventos também se provaram lucrativos: ideias geradas durante duas sessões de improviso de inovação, em 2006 e 2008, resultaram em uma receita total estimada em mais de 700 milhões de dólares. A empresa tem servido como um exemplo a ser seguido para outras organizações: a Nokia e a Swiss Re adotaram sessões de inovação similares, que também envolvem a empresa inteira.

Reavaliar regularmente a estratégia

Munido de todas essas informações, você precisa rever regularmente a estratégia da sua empresa e questioná-la abertamente quando for o caso. Ao avaliá-la e discutir sobre ela regularmente, você melhorará a capacidade de sua organização em adquirir um "aprendizado de segunda ordem"[11]. Além disso, ao reavaliar as ações, a filosofia básica e as normas da empresa – todo seu quadro de referências –, você as mantém viáveis e flexíveis à mudança. Isso manterá o entusiasmo, a postura alerta e um alto nível de atividade visando atingir as metas gerais da organização.

Isso não significa que você deva revolucionar a estratégia todos os anos. Isso só promoveria a estafa e, provavelmente, levaria sua empresa a cair na armadilha da aceleração. É muito mais saudável que você desenvolva continuamente a estratégia da empresa utilizando diversas perspectivas, e depois determine a necessidade e o escopo de qualquer mudança na estratégia.

Veja, por exemplo o rigoroso processo do Hilti Group para avaliar sua estratégia[12]. O Grupo de Administração Executiva (GAE) é o responsável pelo que eles chamam de processo de controle da estratégia. Nos dez maiores países, e depois em todas as unidades de negócios, o GAE examina minuciosa e regularmente a estratégia para assegurar que a Hilti evolua continuamente. Desde 2001, os quatro membros do conselho de administração executivo e os quinze gestores subordinados a eles realizam anualmente um encontro de três dias. Nessas sessões, eles esmiúçam o progresso alcançado no ano anterior, em relação aos projetos e metas estratégicas; colocam-se na pele dos principais concorrentes para identificar oportunidades e ameaças; finalmente, tiram conclusões sobre a estratégia atual da Hilti. A análise baseia-se em informações de fontes tão variadas quanto levantamentos com os clientes, o *Competition Radar*, levantamentos e cafés da manhã com funcionários etc.

"As reuniões do GAE proporcionam recursos para encarar os fatos da maneira mais brutalmente direta possível", disse Baschera "e o efeito tem sido fenomenal: é possível ver as mudanças por toda a empresa já no dia seguinte à reunião. Um senso de urgência no que se refere aos nossos assuntos-chave volta a surgir, além do compromisso de, acima de tudo, encará-los".

Esse processo – que se estende desde a criação até a avaliação de uma estratégia compartilhada – é um elemento fundamental para manter a organização envolvida e energizada a longo prazo. Mas para executar a estratégia, você deve ter as estruturas de liderança certas, que também precisam ser energizadas.

Revigorando estruturas de liderança

A liderança é a única responsável por mobilizar e manter a energia de uma empresa. Mas você não pode fazer tudo sozinho, especialmente no que diz respeito a manter a energia. Em vez disso, você precisa desenvolver um sistema de liderança que prepare, capacite e envolva plenamente toda a organização, transformando cada um dos seus gestores em líderes. Isso os ajuda a atuar como uma fonte de entusiasmo, postura alerta e empenho para a equipe, sustentando, dessa forma, a energia produtiva. A liderança deve se tornar uma competência essencial de sua organização. O ambiente atual, de estruturas organizacionais horizontalizadas e em rede, faz com que a liderança compartilhada seja necessária – mas, com muita frequência, isso ainda não é uma realidade.

Os líderes muitas vezes relutam em fazer com que as empresas dependam menos deles, por uma série de razões. Os executivos podem temer que compartilhar a liderança fará com que sejam redundantes. Mas argumentamos que, na verdade, isso energizará a empresa em todos os níveis, inclusive no âmbito executivo. Também, alguns líderes não acreditam que os gerentes da linha de frente queiram ou precisem ser envolvidos na compreensão da estratégia. Certa vez, uma empresa nos pediu para mensurar sua energia, mas só queria que realizássemos um levantamento com os quatro primeiros níveis da gestão. Um líder explicou com bastante clareza esse raciocínio: "Os supervisores, abaixo desses na hierarquia, não são instruídos o suficiente. Eles não precisam conhecer os detalhes. Suspeito também que um gerente de equipe típico não esteja interessado em conhecer a lógica e o resultado potencial para suas unidades. Eles só querem se focar no trabalho do dia a dia". Essa empresa não apenas duvidava abertamente da capacidade de muitos de seus gestores (e do potencial desses gestores de assumir a iniciativa, inovar e atuar como exemplos a serem seguidos), como também estava envolvida no que consideramos uma destruição sistemática e sustentada da energia. Afinal, tratava-se de uma empresa cujo sucesso nos negócios dependia quase 100% das interações justamente dos supervisores com os clientes. Não há razão para não mensurar o nível de energia desses funcionários – ou de ele não ser envolvido na estratégia, assim como funcionários de qualquer outro nível hierárquico.

Mensurações de energia como o Questionário de Energia Organizacional (QEO) podem revelar com clareza até que ponto você, na qualidade de líder, está tendo sucesso no alcance dessa meta. Conduza a avaliação duas vezes, sendo que a primeira deve ser usada para mensurar a energia da equipe de seus subordinados diretos e a segunda, da empresa como um todo (ou no caso de empresas maiores, da área pela qual você é responsável). O primeiro perfil de energia muitas vezes mostra resultados significativamente melhores do que o segundo. Isso demonstra que, apesar de você ser capaz de liderar os membros de sua equipe, está tendo dificuldades de transformá-los em líderes. Em outras palavras, os executivos muitas vezes conseguem transferir a fagulha de energia à sua equipe direta, mas não de modo a fazer com que essa transmita-a aos outros níveis hierárquicos.

Os gestores muitas vezes nem sequer sabem que a liderança é esperada deles. Ou então, suas responsabilidades diárias impossibilitam que busquem oportunidades, questionem o *status quo* e gerem entusiasmo no pessoal. Esse líderes não estão adequadamente preparados para manter a energia em sua própria equipe. Mas é justamente nesse ponto que os primeiros sinais de complacência ou inércia começam a surgir.

Um primeiro passo no desenvolvimento de lideranças pela empresa toda é simplesmente dizer aos gestores que faz parte do trabalho deles inspirar e energizar suas equipes. Um segundo passo decisivo é uma abordagem sistemática de liderança, que mantenha a energia produtiva fluindo livremente de cima para baixo até os níveis hierárquicos inferiores da empresa e de volta para cima, visando estimular um senso de urgência proativo por toda a organização. Para fazer isso, você deve trabalhar em várias facetas da estrutura de liderança (Figura 5.2):

Figura 5.2 – Componentes de um sistema de gestão revigorante: estruturas de liderança

```
                    ┌─────────────────────┐
                    │ Processo estratégico │
                    └──────────┬──────────┘
                               │
         ┌─────────────────────┴──────┐
         │  Estruturas de liderança    │
         │  • Elaborar uma estratégia  │──┐ ┌─────────┐
         │    compartilhada.           │  │ │ Cultura │
         │  • Criar um radar para      │  │ └─────────┘
         │    detectar sinais fracos.  │
         │  • Superar barreiras à visão.│
         │  • Reavaliar regularmente a │
         │    estratégia.              │
         └─────────────────────────────┘
```

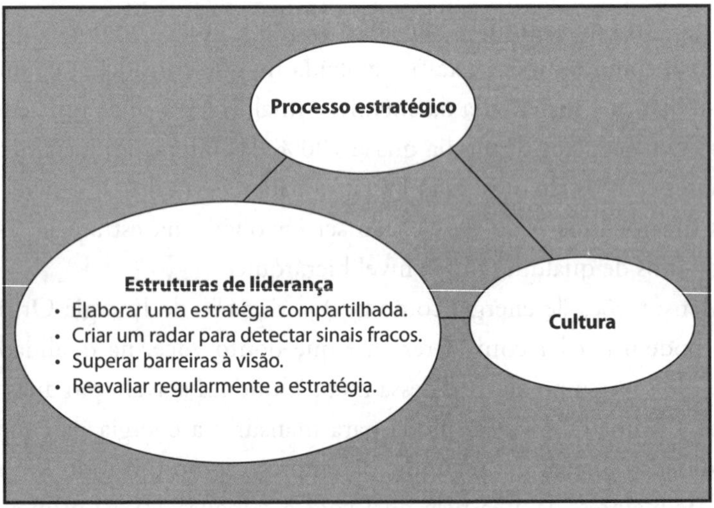

Desenvolver líderes energizantes em todos os níveis hierárquicos

O primeiro passo no desenvolvimento de líderes energizantes é simplesmente encorajar um comportamento de liderança entre todos os gestores, em todos os níveis hierárquicos. Como líder sênior, você deve assegurar que os funcionários se sintam verdadeiramente responsáveis por questionar continuamente o *status quo* e por sustentar a energia produtiva da empresa. Você também precisa capacitar os gestores não apenas a liderarem ativamente eles mesmos, mas, também, a cultivar um intenso clima de liderança em seus departamentos. Os gestores plenos e de linha de frente devem ser vistos como líderes que conduzem em uníssono, demonstrando um comportamento de liderança que sustente a energia organizacional, em vez de drená-la.

A ABB aprendeu essa lição a duras penas. Como vimos no Capítulo 3, durante a gestão de Percy Barnevik, a ABB dependia do carisma e da liderança de seu CEO. A empresa prosperou, mas a presença de Barnevik dificultava o crescimento de novos talentos. Como nos contou o diretor de RH Gary Steel: "Como uma grande árvore com raízes fortes e uma densa folhagem, ele obscurecia e impedia o florescimento de tudo o que crescia abaixo dele". Em consequência, os talentos de liderança da ABB definharam.

A reação foi uma nova estratégia da ABB voltada a seus funcionários, elaborada pelo CEO Juergen Dormann e os membros do conselho de administração executivo, especialmente Steel, que articulou um dos três princípios básicos da estratégia: "A liderança da ABB não se restringe apenas aos gestores. Liderança significa dirigir a si mesmo e aos outros. Liderança significa encontrar o equilíbrio entre delegação e prestação de contas, para possibilitar a contribuição individual para os objetivos da ABB". Assim, esperava-se que as pessoas por toda a ABB praticassem o novo espírito coletivo, que incorporava elementos como franqueza, transparência, disposição de se envolver no diálogo, respeito, responsabilidade, prestação de contas claras e implementação de metas.

Naturalmente, para que essa abordagem seja levada a sério, ao mesmo tempo em que encoraja a liderança por todos os níveis hierárquicos, você deve sustentar esse encorajamento com o desenvolvimento formal de lideranças e *feedback* contínuo. Um sólido programa de desenvolvimento de lideranças cria melhores líderes e bases para níveis saudáveis de empolgação, alerta e empenho. Por exemplo, para incorporar essa ideia, a ABB lançou seu *Leadership Challenge Program* ("Programa Desafio de Liderança") em 2003. O programa visava desenvolver as habilidades de liderança de cada funcionário, o que contribuiria para o sucesso sustentável da ABB. Em 2010, mais de 40 mil pessoas já tinham participado do programa – funcionários, fornecedores e até clientes da ABB –, durante 1.100 seminários, em 15 idiomas e 43 países. Na qualidade de executivo ou membro do conselho, você deve se encarregar do desenvolvimento das lideranças como uma responsabilidade-chave, ou seja, ativamente supervisionar, direcionar e envolver-se no desenvolvimento dos talentos de liderança.

Mas qual, especificamente, deve ser o conteúdo do desenvolvimento de uma liderança energizante? A diretoria precisa comunicar com clareza o que significa uma boa liderança para a empresa, e assegurar que esses princípios se apliquem a todos os funcionários com responsabilidades de liderança. Mantenha distância de clichês como "seja cooperativo", "estimule o trabalho em equipe" ou "comunique-se abertamente", e em vez disso faça com que suas metas para uma boa liderança sejam específicas para sua empresa. No entanto, há alguns comportamentos de liderança que comprovadamente são capazes de energizar a empresa de maneira sustentável e fomentar o bom desempenho. Destacamos, por sua eficiência, a liderança inspiradora e a liderança orientada à prevenção.

Promova a liderança inspiradora por toda a organização. A liderança inspiradora é o estilo de liderança associado à estratégia "conquistar a princesa", por implicar que os líderes apresentem uma meta ou visão positiva e emocionalmente cativante ao seu pessoal, e atuem para concretizá-la. Como no caso da estratégia de "conquistar a princesa" em si, esse comportamento de liderança pode ser extremamente eficaz para ativar a energia positiva em departamentos ou na empresa como um todo. Ele pode ser utilizado por líderes de todos os níveis, de executivos seniores às gerentes plenos e operacionais[13]. Pesquisas já constataram o impacto positivo da liderança inspiradora[14], inclusive nossa própria pesquisa empírica, que demonstra que as empresas com alto nível de liderança inspiradora, em comparação com empresas com baixo e médio nível de liderança desse mesmo tipo, apresentam perfis de energia melhores (Figura 5.3). Essas empresas também apresentam níveis significativamente mais alto de energia produtiva (14%) e energia confortável (17%), e significativamente mais baixos de energia corrosiva (−19%) e inércia resignada (−14%). Além disso, empresas com uma sólida liderança inspiradora apresentaram pontuações mais elevadas de desempenho geral (9%), produtividade dos funcionários (8%), eficiência (10%), crescimento (14%) e retenção de funcionários (10%)[15].

Quatro comportamentos são considerados os principais alavancadores de liderança inspiradora: 1) atuar como exemplo a ser seguido; 2) inspirar as

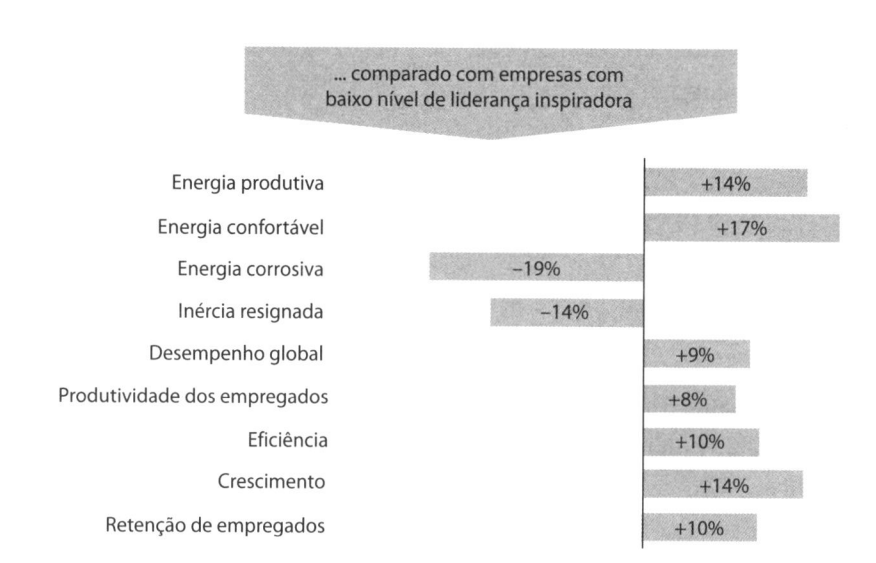

Figura 5.3 – Um clima de liderança inspiradora

... comparado com empresas com baixo nível de liderança inspiradora

Energia produtiva	+14%
Energia confortável	+17%
Energia corrosiva	−19%
Inércia resignada	−14%
Desempenho global	+9%
Produtividade dos empregados	+8%
Eficiência	+10%
Crescimento	+14%
Retenção de empregados	+10%

Nota: Dados baseados em uma amostra de 14.300 funcionários de 104 empresas alemãs em 2009.

pessoas a buscarem a concretização de uma visão compartilhada; 3) estímulo intelectual; 4) apoio individualizado[16]. O CEO Martin Strobel, do Bales Group, por exemplo, utilizou esses quatro elementos para ajudar seus funcionários a seguir a nova estratégia de promoção ao cliente da empresa, ao mesmo tempo em que cultivavam as próprias habilidades individuais de liderança[17].

Quando líderes inspiradores *atuam como exemplos a serem seguidos*, os funcionários se identificam com eles e são inspirados a fazer coisas similares. Por exemplo, Strobel mobilizou sua empresa ao personificar a necessidade de agregar mais conhecimento para o seu sucesso, e atuou como um modelo da busca por esse aprendizado com uma visita à *Progressive Insurance*, sediada nos Estados Unidos. Subsequentemente, realizou encontros para apresentar o que aprendeu nessa visita – sabendo que qualquer novo entendimento do negócio de seguros precisaria começar por ele mesmo.

Strobel também demonstrou *motivação inspiradora*, que desafia os líderes a articular e comunicar uma visão vívida, atraente e cativante e, dessa forma, energizar as competências de liderança nas equipes. Como discutimos no caso da estratégia da princesa, em razão de os funcionários se sentirem motivados quando sabem que estão contribuindo para um objetivo maior, os gestores que forem capazes de articular uma visão tangível e inspiradora para o futuro poderão inspirar seu pessoal a investir energia na concretização dessa visão[18]. Strobel apresentou uma imagem clara da visão um tanto ousada da empresa de melhorar o foco de seus funcionários no atendimento ao cliente, dando aos seus funcionários vários exemplos e descrições de como seria o ambiente de trabalho futuro da empresa, ajudando-os a desenvolverem uma ligação pessoal com a meta final. Por exemplo, Strobel utilizou uma série de três seminários de treinamento para apresentar a 80 de seus funcionários vários exemplos da *Progressive Insurance* e de outras empresas, como a UBS e a Hilti. Esses exemplos ilustravam como seria a nova estratégia da Baloise Switzerland e o que ela implicaria para cada gestor e funcionário. Dessa forma, os funcionários puderam entender de maneira concreta o que significava, por exemplo, identificar as necessidades certas do cliente – isto é, aquelas que também aumentavam a lucratividade do negócio – e puderam aplicá-la a cada oferta individual de seguros da Baloise.

Strobel também *estimulou intelectualmente* seus funcionários, encorajando-os a correr riscos e contestar as maneiras tradicionais de fazer as coisas, desafiando-os a experimentar novas ideias e soluções para antigos problemas. Por exemplo, baseando-se na declaração de missão da Wells Fargo, um banco norte-americano que se concentra em como os funcionários podem ajudar os clientes a se entusiasmarem e se envolverem emocionalmente com a empresa, Strobel ajudou seu pessoal a sentir com empolgação o que a nova estratégia significava para a empresa. Assim ele pode estimular o entusiasmo deles para empolgar os clientes em relação às ofertas de seguro da empresa: algo que poucas pessoas, até mesmo dentro da própria empresa, consideravam possível. Além disso, Strobel baseou-se no que aprendeu com a *Progressive Insurance* para desenvolver uma nova visão para as ofertas de seguro inovadoras na Baloise. A empresa norte-americana cobrava prêmios diferentes para os seguros de automóvel que oferecia dependendo da cidade e do volume de tráfego, e a Baloise decidiu adotar um modelo similar. Ao mesmo tempo, Strobel escolheu uma maneira diferente de questionar a mentalidade de sua força de vendas. Ele começou procurando internamente as melhores práticas dos representantes de vendas e concluiu que os 5% melhores vendedores já estavam trabalhando dentro do novo conceito. Munido dessa constatação, Strobel utilizou esses exemplos para abrir e estimular a cabeça dos outros membros da força de vendas.

Por fim, Strobel ofereceu ao seu pessoal *apoio individualizado*, atuando como um *coach* e levando em consideração as necessidades de desenvolvimento de lideranças e o potencial de cada empregado. Strobel e sua equipe também trabalharam com *coaches* externos que conduziram individualmente um treinamento prático para a força de vendas desenvolver seus pontos fortes e incorporar a nova estratégia às interações com o cliente.

A abordagem de liderança inspiradora de Strobel melhorou em muito a situação da Baloise Switzerland, mobilizando seu pessoal na direção da nova visão e estratégia. Quando a imprensa relatou os avanços positivos da Baloise, Strobel usou esses relatos para reforçar ainda mais a mudança e, já em 2006, a Baloise declarar lucro antes dos impostos de 272 milhões de dólares.

Promover a liderança orientada para a prevenção. Enquanto a liderança inspirada se concentra em ganhos potenciais e oportunidades ("conquistar a princesa"), a *liderança orientada para a prevenção* se concentra em possíveis perdas ou prejuízos, como no caso da estratégia de "matar o dragão". Esse método é capaz de sustentar ainda mais a energia, porque os líderes podem mobilizar o potencial de suas equipes incitando-as a impedir possíveis danos provocados por "um dragão" identificável.

Os líderes podem se basear em três comportamentos específicos da liderança orientada à prevenção: 1) enfatizar ameaças existentes e potenciais; 2) reforçar a confiança das pessoas de que elas são capazes de lidar com os desafios; 3) promover a senso de progresso e de impacto dos funcionários[19]. Como no caso da estratégia de "matar o dragão", a liderança orientada à prevenção depende da prontidão e coragem dos líderes para combater os problemas de forma direta, aberta e firme, envolvendo os membros da equipe em um processo coletivo de resolução de problemas. Nossa pesquisa empírica demonstra que as empresas com alto nível de liderança orientada à prevenção apresentam perfis de energia melhores do que empresas com baixo nível nesse tipo de liderança (Figura 5.4), como, por exemplo, mais energia produtiva (3%) e energia confortável (1%), e menos energia corrosiva (–4%) e inércia resignada (–2%). Ademais, empresas com uma sólida liderança orientada à prevenção apresentaram uma pontuação mais alta em desempenho geral (8%), produtividade dos funcionários (8%), eficiência (5%), crescimento (6%) e retenção de funcionários (5%)[20].

Como a liderança orientada à prevenção complementa a liderança inspiradora de maneira significativa, você deve equilibrar esses dois conceitos nos princípios de liderança de sua empresa. Dessa forma, você pode apresentar uma imagem cativante do futuro ao mesmo tempo em que chama a atenção para desafios de curto prazo e possíveis ameaças.

Figura 5.4 – Um clima de liderança orientado à prevenção

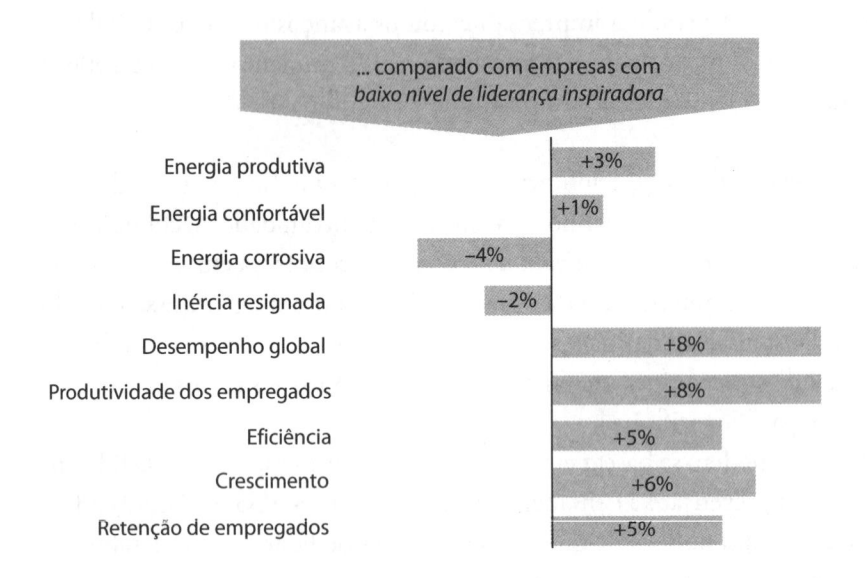

	... comparado com empresas com baixo nível de liderança inspiradora
Energia produtiva	+3%
Energia confortável	+1%
Energia corrosiva	–4%
Inércia resignada	–2%
Desempenho global	+8%
Produtividade dos empregados	+8%
Eficiência	+5%
Crescimento	+6%
Retenção de empregados	+5%

Nota: Dados baseados em uma amostra de 14.300 funcionários de 104 empresas alemãs em 2009.

Cultive um clima de liderança geral na organização. Um clima de liderança não descreve líderes individuais e seus comportamentos, mas, sim, o padrão coletivo de comportamentos de sua organização. Por exemplo, um clima de liderança inspiradora pode ser definido como o grau compartilhado de comportamentos inspiradores adotados por seus líderes[21]. Nossos estudos demonstram que, aos olhos dos funcionários, em média apenas 16% das empresas de fato possuem um sólido clima de liderança inspiradora, ao passo que a maioria apresentou um clima de liderança inspiradora mediana (69%) ou fraca (15%)[22].

Desenvolva estruturas de administração alinhadas aos princípios de liderança. Só quando a cúpula administrativa certifica de que o comportamento de seus gestores está alinhado aos princípios de liderança da empresa é que esses serão confiáveis (veja o quadro *Princípios de liderança na Phoenix Contact*).

Você deve assegurar que os princípios de liderança da empresa sejam refletidos no sistema de gestão – tanto em sua estrutura como em seus incentivos. Quando os princípios de liderança não estão alinhados aos incentivos – por exemplo, se um princípio exige o trabalho em equipe, mas a empresa recompensa o desempenho individual –, esses nunca serão considerados relevantes na prática do dia a dia. Mas ao criar esse alinhamento, você pode deixar claro que esses princípios são um importante fator – por exemplo, para todas as decisões relacionadas a recursos humanos, como seleção, avaliação, *feedback* ou promoção, bem como sanções ou até demissões.

Na verdade, todas as questões relativas aos negócios devem ser decididas de acordo com os princípios de liderança da empresa – por exemplo, a gestão de mudanças, a implementação de uma nova estratégia ou o relacionamento com empresas parceiras. Essa abordagem foi adotada na Fujitsu Microelectronics Europe (FME), uma fornecedora de produtos semicondutores para uma série de mercados[23]. A qualidade da liderança é uma das principais atribuições do departamento de recursos humanos da FME, que é orientado para a estratégia. Em 2003, a cultura e os valores da FME foram discutidos e explicitamente definidos, inclusive os princípios de liderança. Desde então, os líderes têm sido selecionados e treinados de acordo com esse princípios que, por sua vez, fazem parte de um processo de avaliação 360 graus. Além disso, todos os gestores são regularmente avaliados em termos de seu estilo de liderança e resultados – uma avaliação baseada explicitamente nos valores e princípios de liderança da empresa.

Lidar com aqueles que se desviam das normas também é importante. Muitas empresas hesitam em penalizar funcionários quando princípios comportamentais ou diretrizes de liderança são ignorados ou violados. Mas em vez de considerar a boa liderança como algo meramente "interessante de se ter", você, na posição de líder, deve comunicar a importância vital dos valores e princípios de liderança da empresa bem como as penalidades por não levá-los a sério.

Fique atento para detectar gestores que nao cumprem as normas de liderança da sua organização. Nossa pesquisa tem demonstrado com clareza que basta uns poucos "rebeldes" para prejudicar os efeitos positivos de um forte clima de liderança[24]. Mesmo quando a maioria dos gestores da empresa lidera de maneira exemplar, motiva e inspira suas equipes e promove o sucesso, o desempenho organizacional será prejudicado se alguns gestores empregarem um estilo de liderança não ativo, ou agirem como se não houvesse normas. Dessa forma, você deve insistir em uma liderança ativa por parte de todos os seus gestores para facilitar a energia produtiva e despertar o alto desempenho por toda a sua organização.

Princípios de liderança na Phoenix Contact

Em 2003, a Phoenix Contact determinou a meta de não apenas manter o *status* da empresa como número 1 em seu negócio principal, como também se tornar a melhor da categoria em todas as outras áreas, como TI, marketing, administração de recursos humanos e logística. A equipe da diretoria estava ciente de que essa ambiciosa visão nunca seria concretizada sem uma liderança forte em todos os níveis e departamentos. Dessa forma, a Phoenix Contact desenvolveu um programa de longo prazo que englobava a empresa inteira e visava estimular talentos de liderança em todos os níveis hierárquicos. Esse programa treinou e preparou gestores para lidar com os desafios que a empresa antevia até 2010, e os ensinou a inspirar suas equipes para possibilitar a realização da nova visão e envolvê-las na identificação de problemas.

A Phoenix também consolidou seus princípios corporativos em um documento conhecido simplesmente como *Os princípios*. O documento funciona como base para quaisquer ações realizadas pelos funcionários da Phoenix, e a cúpula administrativa avalia e discute esses princípios a cada dois anos em uma reunião de estratégia focada no posicionamento futuro da empresa.

Esses princípios corporativos são as diretrizes a serem seguidas por todas as pessoas da Phoenix e proporcionam uma estrutura sólida para manter um alto nível de energia e uma liderança forte. Os executivos da Phoenix dedicaram-se muito a comunicar esses princípios. A empresa realizou 40 encontros com pequenos grupos de funcionários, de 18 pessoas cada, nos quais a equipe administrativa conversou com cerca de 700 "multiplicadores" – membros de várias unidades de negócios encarregados de comunicar os princípios a suas equipes e solucionar possíveis dúvidas dos colegas. Dessa maneira, todos os funcionários tiveram a oportunidade de se informar sobre a nova ambição estratégica. Como os divulgariam a nova estratégia à sua equipe era decidido por eles. Hoje em dia, os princípios corporativos estão em toda parte na Phoenix: uma cópia deles está exposta em cada sala, lembrando a todos os funcionários da missão global da empresa e de seus próprios papéis de liderança na Phoenix. Ao incorporar os princípios de liderança da empresa a tudo o que sua organização faz, você assegura o maior grau de adesão a esses princípios e empolgação em relação a eles.

Desenvolva estruturas flexíveis que encorajem relacionamentos informais

Uma coisa é entender a necessidade de possuir lideranças em todos os níveis hierárquicos da organização. Coisa bastante diferente é construir processos e estruturas específicas que aumentem a capacidade de ação dos funcionários e possibilitem o surgimento de lideranças fortes e descentralizadas em todos os departamentos[25]. Para criar estruturas de liderança como essas, que mantenham níveis altos e saudáveis de empolgação, postura alerta e empenho na empresa, você precisa seguir duas diretrizes: criar estruturas descentralizadas de liderança e facilitar o relacionamento e o contato profissional entre toda a empresa.

Criar estruturas de liderança descentralizadas. Apesar de algumas empresas cujas hierarquias são centralizadas conseguirem criar e manter um alto nível de energia produtiva, pela nossa experiência, elas não são a regra. Com frequência, esse tipo de estrutura e de liderança promovem a inércia, em vez de um ímpeto continuado. Combinada com processos de tomada de decisões demorados e excesso de formalidade, essa inércia isola a empresa do mundo externo. A energia produtiva é reduzida, e as empresas muitas vezes caem na complacência ou em ampla resignação. Nossa pesquisa demonstra que, a longo prazo, independentemente de como desenvolvam a liderança, os executivos precisam fazer com que a empresa aprenda a se adaptar mais facilmente, de dentro para fora, com centralização reduzida e flexibilidade, bem como autonomia e responsabilidades compartilhadas por toda a hierarquia[26]. Só então os funcionários ou as equipes poderão demonstrar um envolvimento crescente e sustentado. Em um estudo quantitativo de grande escala, realizado com 125 empresas e

16.144 funcionários, constatamos que estruturas descentralizadas contribuem significativamente para o fortalecimento de um clima de liderança inspiradora e, em consequência, beneficiam indiretamente a energia produtiva[27].

É justamente o que a Hilti faz, determinando as estruturas de liderança de uma maneira energizante e sustentável[28]. Talvez o aspecto mais crucial esteja na maneira como a empresa utiliza as vendas diretas para se manter descentralizada e em estreita proximidade com o mercado. A Hilti trabalha com estruturas que dão autonomia a seu pessoal de vendas diretas, para que tenham contato aberto e abrangente com o cliente final. Isso possibilita que a empresa identifique rapidamente novas tendências, necessidades e mudança. Dessa forma, os funcionários da Hilti muitas vezes acabam desenvolvendo novas soluções junto com os próprios clientes. Essa maneira de sustentar a energia não poderia ocorrer em uma estrutura hierárquica, na qual todas as decisões devem ser aprovadas pelo chefe ou pelo chefe do chefe antes de o funcionário poder agir.

Mas na Hilti a flexibilidade é cultivada desde o topo da hierarquia. Ela promove a igualdade e a estrutura descentralizada com sua "Regra 56": os membros do conselho de administração executivo devem se afastar quando chegam aos 56 anos de idade para assegurar que o nível hierárquico seguinte tenha a chance de assumir uma posição no conselho de administração. Assim, a Hilti mantém energizado seu *pipeline* de liderança, gerando um senso de urgência proativo.

Entre 2007 e 2009, contudo, os ideais da Hilti foram colocados à prova. Três de seus quatro membros do conselho de administração executivo – incluindo o CEO Pius Baschera – completaram 56 anos e tiveram de se retirar em um período de dois anos. Tinha chegado a hora de avaliar até que ponto a Hilti era verdadeiramente independente das grandes "baterias" do topo.

Na maioria das empresas, essa situação excepcional – a saída de três dos quatro membros do conselho de administração, conforme colocado anteriormente – poderia ter levado a uma violação da regra, permitindo que pelo menos alguns membros permanecessem na empresa depois de fazerem 56 anos. No entanto, a Hilti já estava trabalhando em um plano de sucessão. Já em 2002, o conselho decidiu que a melhor maneira de assegurar uma transição tranquila seria capacitar funcionários do nível hierárquico logo abaixo para realizar o trabalho do conselho de administração executivo. Egbert Appel, ex-membro do conselho executivo e atualmente agente fiduciário do Martin Hilti Family Trust, explicou o conceito: "Poderíamos reduzir o risco da transição trocando não três de quatro membros do conselho de administração executivo – 75% –, mas três de *vinte* membros – 15%. Então sugeri que fizéssemos o que sempre dissemos que iríamos fazer: dar autonomia e responsabilidade para a próxima geração".

Até 2004, o nível hierárquico logo abaixo ao conselho administrativo, o Grupo de Administração Executiva (GAE), composto de dezesseis gestores, reunia-se uma vez por ano para discutir a nova estratégia da empresa. Os membros do GAE eram responsáveis pelas próprias metas regionais, mas não tinham responsabilidade pelos lucros corporativos. Como qualquer outra equipe da Hilti, o GAE participou dos acampamentos de treinamento em fevereiro de 2004 e junho de 2005, quando o grupo aprendeu sobre o processo de desenvolvimento da cultura da empresa. Um tópico proeminente para esse grupo era decidir como os membros poderiam trabalhar juntos como uma verdadeira equipe em vez de agirem individualmente em suas respectivas áreas e, subsequentemente, definir o papel deles na qualidade de membros do Grupo de Administração Executiva. Eles queriam conquistar a confiança do conselho de administração executivo para ganharem mais responsabilidade, mas não queriam que isso fosse apenas mais um processo corriqueiro. Em consequência do trabalho realizado no acampamento de treinamento de junho de 2005, o grupo foi rebatizado de Equipe Gerencial Executiva (EGE) e foi encarregado de 50% dos resultados financeiros gerais da empresa. Apenas três áreas permaneceram exclusivamente sob a autoridade do conselho de administração executivo: Estratégia Corporativa, Recrutamento e Planejamento de Sucessão para as 30 posições-chave da empresa e Cultura Corporativa. Todos os outros tópicos envolvendo a governança da Hilti foram colocados nas mãos da nova EGE.

No final de setembro de 2005, três membros da EGE já tinham sido nomeados sucessores dos três membros do conselho de administração executivo que estavam deixando seus cargos. Cada membro afastado recebeu uma nova posição, inclusive Baschera, que assumiu o cargo de Michael Hilti como presidente do conselho de administração (enquanto Hilti permaneceu como um membro do conselho). Para assegurar uma transição sem percalços, o conselho de administração executivo trabalhou em estreito contato com os novos membros de junho a dezembro de 2006. Por exemplo, os antigos e novos membros do conselho avaliaram juntos a estratégia. No entanto, a decisão final sobre a nova estratégia foi tomada somente pelo novo conselho de administração executivo, mesmo antes de eles terem assumido oficialmente os novos cargos. O dia 1º de janeiro de 2007 marcou a data de início oficial da nova liderança da empresa.

Criar uma estrutura descentralizada de liderança, contudo, não é só uma questão de conceder autonomia e liberdade de ação. Na qualidade de executivo, você também precisa comunicar e mostrar aos gestores e aos funcionários quanta influência eles exercem e o quanto são importantes para a empresa. Você deve dizer ao seu pessoal exatamente quanto espaço eles têm para agir e tomar decisões, o que muitas vezes é mais do que as pessoas sabem ou percebem.

Monitoramos a energia organizacional e seus impulsionadores em uma empresa de prestação de serviços industriais ao longo de alguns anos, por meio de uma pesquisa de opinião anual com os funcionários. Ficamos surpresos com o fato de as pessoas indicarem repetidamente baixos níveis de autonomia em suas unidades. Elas não se sentiam capacitadas para tomar decisões por conta própria, nem sentiam que podiam implementar quaisquer decisões sem receber a aprovação dos seus superiores. Mas quando conversávamos com a diretoria e analisávamos as responsabilidades alocadas nos organogramas, víamos uma realidade diferente. Na verdade, a empresa concedia uma liberdade considerável a suas unidades e equipes. Então qual era o problema?

Depois de conversas com os níveis hierárquicos abaixo da diretoria e de uma reunião com os executivos seniores e os gestores da linha de frente, todos perceberam a discrepância. Apesar dos altos executivos acreditarem estar concedendo uma grande autonomia, não conseguiam comunicar esse *empowerment* à toda a empresa. Parte do problema era que, durante vários anos, a empresa esteve profundamente enraizada em uma estrutura hierárquica. Quando os executivos decidiram criar uma organização mais horizontalizada, falharam em não treinar os gestores para atuarem com mais liberdade, de acordo com a nova estrutura. Em vista disso, a diretoria lançou uma iniciativa para comunicar a mudança aos funcionários de todos os níveis hierárquicos e assegurar que eles começassem a agir com a liberdade que já possuíam.

Facilitar redes de contatos por toda a empresa. Desenvolver estruturas para sustentar a energia de uma empresa requer facilitar conscientemente estruturas informais, como redes de contatos internas. Empresas como a Lufthansa, a fornecedora de sistemas automotivos Continental AG, a Baloise, a Hilti, a IBM e a Swisscom facilitam e encorajam gestores e funcionários a criar as próprias redes de contatos além das fronteiras departamentais[29]. Na Hilti, por exemplo, os líderes utilizam pequenos grupos de trabalho para promover relacionamentos pessoais mais próximos em um ambiente de trabalho estável; além disso, os líderes fazem rodízios sistematicamente entre diferentes equipes para manter a flexibilidade, ajudar as pessoas a desenvolverem redes de contatos pessoais e, o mais importante, ajudar os funcionários a compreenderem diferentes necessidades, perspectivas e objetivos na empresa.

Desde 1998, a Lufthansa School of Business incorporou o incentivo a redes de contatos como um elemento essencial do desenvolvimento da gestão da empresa. O *Explorers 21* é um programa de desenvolvimento no qual gestores juniores exercitam suas competências promovendo mudanças reais na empresa[30]. No decorrer do programa de um ano de duração, 210 gestores juniores de todas as divisões da Lufthansa e nove empresas parceiras se dividem em 30 equipes de sete pessoas cada. A cada equipe é atribuída uma das divisões da empresa, como transporte de passageiros, transporte de carga ou manutenção técnica. As equipes regularmente identificam e implementam mudanças reais na divisão, por exemplo, criando um manual para treinar os líderes de projeto em conscientização cultural ou fazendor um *website* para integrar as atividades *on-line* do Team Lufthansa, um grupo de companhias aéreas regionais, à Lufthansa. Os participantes aprendem a agir coletivamente em interações informais, desenvolvendo relacionamentos com gestores de outras unidades e cultivando-os ao longo do tempo. O programa tem tido tanto sucesso que, em 2010, a Lufthansa já tinha conduzido sete vezes o programa *Explorers 21*. A empresa passou também a trabalhar com outras redes de aprendizado e mudança de grande escala, como o *ProTeam* para jovens talentos, o STEP para funcionários de alto desempenho ou o *C-Experience,* que otimizar redes de contatos e estruturas informais de liderança por todo o grupo.

Programas como o *Explorers 21* ajudam a flexibilizar e aliviar a carga de hierarquias formais, que de outra forma precisariam se encarregar de todas as iniciativas. Por meio desses programas, os funcionários desenvolvem conexões e vínculos pessoais de alta qualidade em estruturas paralelas à hierarquia. Além disso, esse tipo de programa dá autonomia aos funcionários para agirem e ajudarem as unidades individuais a desenvolverem um senso de urgência proativo, ao mesmo tempo em que reduzem os conflitos políticos internos e a energia destrutiva[31].

O que você pode fazer para ajudar a desenvolver essas redes de contatos informais como a espinha dorsal de uma energia sustentada por toda a empresa? Comece aplicando um conjunto de alavancadores sistemáticos do desenvolvimento de relacionamentos:

1. **Remova os obstáculos e reduza as diferenças.** Na qualidade de líder, você precisa eliminar ou reduzir fronteiras formais e barreiras de comunicação entre unidades e departamentos, facilitando para os gestores conversarem uns com os outros sem a necessidade de sempre envolver a diretoria.

2. **Aumente as chances do surgimento de relacionamentos de alta qualidade.** Em vez de deixar o *networking* interno ao acaso, crie oportunidades intencionais para que seus gestores e funcionários criem relacionamentos além das fronteiras departamentais. Essas interações não se referem apenas a um puro *networking*, mas, sim, a propiciar oportunidades para funcionários e gestores desenvolverem relacionamentos de alta qualidade capazes de inspirá-los e energizá-los[32]. Isso é especialmente verdadeiro (e fácil de realizar tecnicamente) no mundo de hoje, que promove naturalmente as redes sociais. Foi justamente o que o programa *Explorers 21* fez pelas pessoas da Lufthansa, e a maioria das empresas pode desenvolver uma iniciativa similar, na qual as pessoas trabalham juntas em um projeto ou desafio prático e se conhecem em um intenso processo de interação coletiva.

3. **Crie um canal de comunicação e informação por toda a cadeia de valor.** Apesar de as empresas utilizarem com frequência reuniões dentro de divisões e outras iniciativas formais para encorajar o trabalho em equipe, a comunicação e a colaboração também podem ser informalmente cultivadas entre divisões para assim agregar valor e prestar serviços aos clientes. Em nosso trabalho com as empresas, encorajamos os líderes a superar a mentalidade de silos, bem como mensurar e depois impulsionar a energia por toda a empresa. Você pode exercer um papel bastante ativo nesse processo como um exemplo a ser seguido, que promove eventos de desenvolvimento de equipes, colaboração, comunicação entre divisões e unidades que devem trabalhar juntas.

Criar e alavancar pontos de contato energizantes com o cliente

Um pilar vital da energia produtiva é constituído de experiências com o cliente. Boas experiências com os clientes têm o poder de atuar como "eventos afetivos", isto é, incidentes que naturalmente geram energia e emoções fortes[33]. Normalmente, departamentos mais próximos ao mercado apresentam um nível de energia notadamente superior que as que estão distantes dos clientes ou do produto final. Você pode fazer muito mais uso dos pontos de contato existentes com o cliente – interações que estimulam as emoções dos funcionários – como fontes de energia positiva, especialmente para aqueles funcionários presos ao escritório. Com muita frequência, esses departamentos que não têm contato com os clientes, ou o produto, sentem mais dificuldade de se manter em contato com o mercado e suas demandas e, portanto, muitas vezes não percebem a necessidade de inovação e mudança. Elas têm dificuldade de se entusiasmar porque só estão vagamente ligadas aos clientes, diferentemente de unidades que são energizadas de forma regular e sustentável pela adrenalina gerada pelo contato próximo com o mercado. A criação de mais pontos de contato é uma responsabilidade da liderança e, portanto, você deve determinar tarefas e estruturas organizacionais que possibilitem isso à maioria dos departamentos.

Para se beneficiar dessas fontes de adrenalina, que energizam os funcionários, certifique-se de dar a cada um deles a chance de conhecer melhor o mercado. Promova o *feedback* instantâneo dos clientes e reconheça funcionários pelas boas avaliações que receberem. Por fim, utilize o entusiasmo dos seus clientes para mostrar aos funcionários uma imagem tangível e vívida do que motiva esses entusiastas.

Dê a cada funcionário a chance de conhecer melhor o mercado. Os funcionários que têm interações energizantes com um cliente e aprendem como ele usa os produtos e serviços da empresa, e se beneficia deles nunca se esquecem dessa experiência direta. Sempre associarão aspectos de seu trabalho ao *feedback* recebido dos clientes sobre determinados benefícios de produtos e serviços. Para assegurar que todos os funcionários tenham a chance de se envolver com clientes reais, você pode convidá-los a contar suas experiências na empresa.

Por exemplo, o Sonova Group convida regularmente clientes para participar de eventos[34]. Em algumas ocasiões, crianças que utilizam aparelho auditivo participam desses encontros e interagem com os funcionários. Um executivo que trabalhou no Sonova durante 10 anos nos contou como é importante conversar diretamente com os clientes mais jovens: "Temos a chance de ver pelo que estamos trabalhando todos os dias. Essas crianças agora podem ouvir".

De forma similar, uma seguradora sueca regularmente promove eventos nos quais gestores de diferentes partes da empresa cozinham para os clientes – uma metáfora para o atendimento direto (e uma prática eficaz do conceito). Uma das salas da matriz da empresa é transformada em uma cozinha e um restaurante de *nouvelle cuisine*. A cada seis meses, 20 pessoas da empresa são escolhidas para atuarem como "chefs" e cada uma pode convidar um cliente. Um dos participantes me contou: "Já participei duas vezes. Ficamos muito empolgados preparando o cardápio e nos empenhamos ao máximo porque o *feedback* é imediato. O relacionamento com meus clientes é muito mais intenso agora. Mas o mais importante para mim é que me lembro vividamente dessa experiência emocional. Eu muitas vezes me recordo dessa empolgação e paixão pelos clientes para me motivar".

Mas há outras maneiras de desenvolver o vínculo emocional entre funcionários e os produtos e clientes da empresa. Por exemplo, a Stryker GmbH & Co.kg, sediada em Duisburgo, Alemanha, é uma líder no setor de engenharia médica e fabricante de próteses. A Stryker não apenas convida clientes para contar à empresa como os produtos melhoram sua vida (como permitir que eles voltem a andar com uma prótese da Stryker), como os funcionários de todas as unidades também vão regularmente a campo (por exemplo, hospitais) para ver como os produtos da Stryker estão sendo utilizados. Outro exemplo é a empresa alemã Securetec, que desenvolve tecnologia de ponta testes rápidos para detecção de drogas e substâncias perigosas. A divisão de P&D da Securetec emprega uma ampla variedade de assistentes e cientistas, inclusive químicos, biólogos e engenheiros. Apesar de esses funcionários normalmente terem instrução formal para realizar pesquisa e desenvolvimento de novos sistemas de detecção e métodos inovadores de diagnóstico em condições de laboratório, eles trabalham longe dos locais onde suas invenções são aplicadas como produtos finais: departamentos de polícia e alfândegas. Para dar a esses funcionários uma ideia mais clara do mercado, dos produtos e das necessidades do clientes, o CEO Rudolf Zimmermann envia cada novo funcionário – incluindo o pessoal de P&D, Controle de Qualidade e Marketing – para observar o trabalho de seus clientes. Dessa forma, em uma semana o funcionário acompanha policiais em batidas de controle de tráfico de drogas e, na semana seguinte, acompanha o trabalho de policiais rodoviários no turno da noite. Um funcionário da Securetec nos contou como essa prática o afetou: "Essa experiência com a polícia – nosso principal cliente – se mantém comigo o tempo todo e me motiva no meu trabalho, especialmente quando surgem dificuldades ou quando preciso desenvolver novas ideias e soluções práticas e inovadoras".

A meta da criação do maior número possível de pontos de contato com o cliente é possibilitar que a maioria dos funcionários sinta a adrenalina proveniente do mercado. A Hilti cria pontos de contato instituindo uma diretriz de que pelo menos 60% dos funcionários precisam realizar algum trabalho de vendas diretas, o que os coloca efetivamente em contato com o mercado. As vendas diretas – que a Hilti conduz com exclusividade – permite que os funcionários não apenas entendam melhor o produto, como também aprendam diretamente sobre o mercado e tragam novas iniciativas para a empresa.

Promova o *feedback* instantâneo dos clientes e reconheça a boa avaliação dos funcionários. Para sustentar a energia organizacional, você deve promover processos contagiosos para absorver, canalizar e distribuir por toda a empresa os impulsos do mercado. As empresas nos setores de varejo e hotelaria utilizam a técnica do cliente oculto. Por exemplo, na Vapiano, uma rede de restaurantes em rápido crescimento, os clientes ocultos – que são profissionais de pesquisa de qualidade disfarçados de cliente e que avaliam produtos e serviços – visitam os restaurantes com frequência e depois se reúnem com todo o *staff* para uma sessão de *feedback* na qual conversam sobre problemas específicos e determinam juntos melhorias diretas e inovações. Clientes ocultos também são utilizados para estabelecer o *benchmarking* interno e a inauguração de novos restaurantes.

De maneira similar, a Serview, especializada em consultoria e treinamento para alinhamento de TI empresarial, divulga o *feedback* dos clientes na Intranet da empresa logo depois dos eventos ou seminários, inclusive os de lançamentos de novos produtos, feiras comerciais ou aquisições de clientes-chave[35]. Os funcionários dos bastidores são os que mais se beneficiam desse tipo de *feedback* e encorajamento, que lhes dão uma ideia do porquê (e para quem) estão trabalhando. Por incluir comentários diretos e empolgados de depoimentos dos clientes, esse *feedback* instantâneo também permite que os funcionários vejam os efeitos de seu próprio trabalho no mercado, quase como se tivessem eles mesmos participado do evento. Dessa forma, esse tipo de *feedback* imediato complementa de maneira crucial os levantamentos de satisfação do cliente, que são mais elaborados e conduzidos com menos frequência.

Além de colocar seu pessoal em contato direto com o *feedback* do cliente, você deve dar a cada funcionário a chance de ser aplaudido, literal ou figurativamente. Na Itemis, uma empresa alemã de *software* de porte médio, todos os funcionários trabalham nos projetos de desenvolvimento e implementação de soluções de *software*[36]. Para manter o nível de energia mesmo depois da conclusão dos projetos, a Itemis dá a todos os seus funcionários a oportunidade de pesquisar tópicos de interesse especial na área de *software*. Depois, eles são convidados a apresentar o que pesquisaram aos outros funcionários e a clientes em conferências, compartilhar o que aprenderam e publicar e assinar os resultados da pesquisa. Não apenas é gratificante e motivador poder utilizar o horário de trabalho para realizar esse tipo de pesquisa e desenvolvimento de conhecimento, como isso também tem o poder de recarregar as baterias dos funcionários. Além disso, a atenção e os elogios que os funcionários recebem como resultado desse empenho adicional lhes dão a chance de ficarem "famosos" na empresa. Com esse sistema, a Itemis tornou-se uma empregadora atraente e renomada. Enquanto a maioria das empresas da indústria de *software* tem dificuldade de encontrar pessoal capacitado, a Itemis recebe um grande volume de currículos de pessoas talentosas.

Outro exemplo é a Busch-Jaeger, subsidiária da ABB e líder de tecnologia de instalação elétrica, que possui cerca de mil funcionários em Lüdenscheid e Aue, Alemanha. O CEO Hans-Georg Krabbe cria deliberadamente um fluxo contínuo de entusiasmo e ressonância emocional pública que contagia os funcionários de fora para dentro, e reforça o sentimento de orgulho e importância do pessoal da empresa. Krabbe criou um sistema com várias fontes de *feedback* externo. Por exemplo, sem exceção, todos os gestores executivos da Busch-Jaeger precisam visitar clientes para receber diretamente um *feedback* pessoal do mercado. Além disso, a empresa participa regularmente de concursos e competições. Nos últimos anos, a Busch-Jaeger ganhou inúmeros prêmios, como o Ludwig-Ehrhard Award pelo desempenho em 2006, o iF Product Design Award em 2007 pelo design de produtos e o prêmio "melhor dos melhores" do Red Dot Design Awards em 2008, o que inspirou seus funcionários, estimulou seu envolvimento e os encheu de orgulho.

Outros canais que reforçam a reputação externa da empresa são os comerciais veiculados na TV local; os funcionários da Busch-Jaeger são abordados por pessoas que querem saber mais sobre a empresa e seus produtos. O orgulho pela empresa é intensificado com essa empolgação externa. Políticos locais e outras pessoas proeminentes são convidados a eventos de exposições dos produtos da empresa e o *feedback* dessas pessoas é divulgado aos funcionários por meio da Intranet ou pessoalmente. Isso também ajuda a transferir a empolgação externa aos funcionários e, dessa forma, ela se espalha, de fora para dentro.

Krabbe descreveu como utiliza deliberadamente os canais de comunicação externa para sustentar com sucesso o nível de energia da empresa: "Da mesma forma como no futebol, a empresa está em campo e a energia e o entusiasmo são gerados pela torcida da platéia. E esse efeito não pode ser obtido somente com elogios internos, é necessário que venha de fora. O sucesso financeiro é bom e importante para uma empresa, mas não cria entusiasmo, nem identificação, nem orgulho – isso vem de uma ressonância positiva externa". É interessante notar que o contágio emocional gerado de maneira sistemática e deliberada por Krabbe para a Busch-Jaeger é tão comum nos esportes que é visto como algo natural. A energia que os atletas e times recebem da torcida chega a ser fisicamente tangível. De fato, os atletas muitas vezes encorajam os fãs com gestos e outras expressões para que eles continuem torcendo e expressando seu entusiasmo – com um evidente efeito energizante.

Alavanque a paixão dos clientes entusiastas. Você pode espalhar a energia pela sua organização utilizando o entusiasmo dos seus clientes mais fiéis: seus fãs. Quando a empresa tem grandes fãs, você sabe que atingiu o tipo de excelência de atendimento que transforma um comprador em um cliente para a vida toda[37]. Especialmente desde o advento da mídia social, fãs não apenas são clientes infinitamente fiéis, como também potenciais embaixadores de seus produtos ou serviços no mercado, por tenderem a elogiar com entusiasmo os produtos e serviços de sua empresa e se sentirem emocionalmente ligados à ela.

Portanto, eles também podem ser uma grande fonte de energia para o pessoal da empresa.

A Hilti verifica constantemente a proporção de fãs entre seus clientes e pede que cada departamento procure maneiras de aumentar esse número o máximo possível. A paixão e a profunda fidelidade que os fãs expressam pela organização e seus produtos e serviços têm um efeito contagiante para os funcionários.

Georg Schneider VI é outro líder que alavanca o entusiasmo dos fãs de sua empresa. Ele faz isso por meio de eventos especiais para funcionários e clientes visando promover a cerveja produzida por sua empresa. Por exemplo, a cervejaria Schneider Weisse aliou-se à cervejaria Brooklyn Brewery para criar e oferecer a Schneider & Brooklyner Hopfen-Weisse ao público com um grande evento lançado simultaneamente na Bavária e em Nova York. O processo de produção da cerveja foi demonstrado em um evento público e recebido com muita atenção e entusiasmo pelos clientes. Depois do evento, a cervejaria alemã foi a Nova York para apresentar a cerveja ao lado do parceiro norte-americano. Os mais de 50 fã-clubes da Schneider Weisse ao redor do mundo realizam cada vez mais eventos, aos quais Schneider comparece pessoalmente com uma delegação alternada de funcionários, incluindo os próprios produtores de cerveja. Esses eventos ao mesmo tempo celebram os fãs da cervejaria a permitem que Schneider leve esse retorno, por meio de fotos e outras impressões, de volta à empresa como uma forma de inspiração para os funcionários.

O potencial de criar fãs ou usar a energia dos fãs da empresa não se restringe a um tipo de setor ou indústria, nem se limita a certos tipos de produtos. A Stryker, por exemplo, proporciona uma abrangente variedade de produtos e serviços ortopédicos incluindo próteses – um segmento de mercado não muito atraente. No entanto, até um fabricante desse tipo pode desenvolver paixão e fascínio por seus produtos e, por consequência, empolgar os funcionários. Na matriz da Stryker, todos os produtos são exibidos como se fossem obras de arte, com *layouts* especiais e uma fascinante instalação de iluminação. Além disso, a empresa tem obras de arte que representam os produtos da Stryker de maneira esteticamente agradável – representações artísticas de próteses e assim por diante. A empresa também promove o produto do mês, apresentado a todos os funcionários e por eles celebrado. Todos esses elementos juntos contribuem para a criação de fãs dentro e fora da empresa: essas práticas encorajam e disseminam a paixão e o orgulho pelos produtos.

Revigorando a cultura

Acabamos de ver como, para administrar a longo prazo a energia de uma organização, você precisa se envolver em uma abordagem sistemática com as estruturas e o comportamento da gestão, basicamente criando um forte clima de liderança. Esse tipo de liderança, combinada com os processos estratégicos que exploramos anteriormente neste capítulo, mostra-se revigorante e muito útil para manter a energia corporativa produtiva. Mas as empresas precisam fortalecer outro componente do sistema de gestão para sustentarem a energia no longo prazo: a cultura.

Em nossa pesquisa, repetidamente observamos como a *cultura* da organização pode ser um fator determinante do sucesso ou do fracasso do processo de manter as empresas energizadas durante um longo período. Essa é constituída das premissas, dos valores e das crenças básicas compartilhadas pelos membros da empresa, e determina como as pessoas se comportam inconscientemente e percebem a si mesmas e à organização[38]. Enquanto um forte sistema visa a promover um clima de liderança energizante e, dessa forma, o modo como os líderes agem na organização, a cultura representa o caráter distintivo. Ela proporciona o contexto para a ação, determina como são conduzidos os negócios e pode ser uma importante fonte de energia, se for apropriadamente cultivada e orquestrada[39]. Ela também pode bloquear ou minar significativamente a energia se não for apropriadamente desenvolvida.

Empresas como a Novo Nordisk e a Phoenix Contact nos proporcionam um exemplo positivo. A Hilti também vem investindo, por mais de 25 anos, no desenvolvimento deliberado de sua cultura por meio do treinamento INNO e da *Our Culture Journey*, que analisaremos mais adiante neste capítulo. A empresa dedicou-se substancialmente a essas medidas de desenvolvimento cultural. Só nos três últimos anos, a Hilti empregou 67 facilitadores de treinamento, os sherpas, e gastou mais de 10 milhões de dólares por ano em *workshops* culturais.

Somando tudo, esses encontros representam mais de 30 mil dias de trabalho anuais dedicados apenas ao desenvolvimento cultural.

Figura 5.5 – Componentes de um sistema de gestão revigorante: cultura

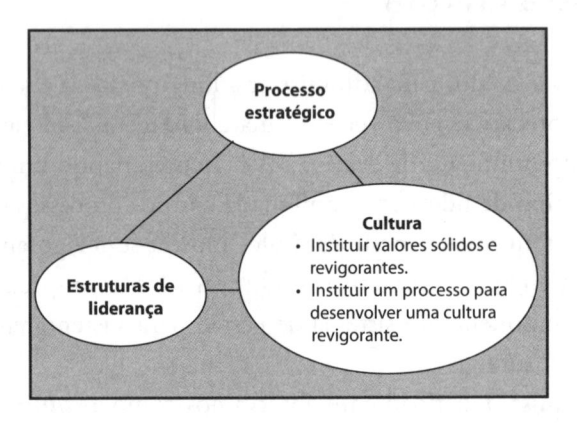

```
        Processo
        estratégico

                    Cultura
                    • Instituir valores sólidos e
                      revigorantes.
   Estruturas de    • Instituir um processo para
   liderança          desenvolver uma cultura
                      revigorante.
```

Nossa pesquisa demonstra que, como a Hilti, empresas que conseguem se manter na zona de energia produtiva trabalham conscientemente para desenvolver sua cultura organizacional, visando à iniciativa e ao envolvimento ativo de toda a organização. Na qualidade de líder, você precisa criar soluções específicas para sua empresa, que façam sentido para sua cultura. Elas podem incluir o estabelecimento de valores sólidos e revigorantes (Figura 5.5).

Instituir valores sólidos e revigorantes

Quais valores deveriam constituir as bases para o comportamento sustentável e as expectativas na empresa? Do ponto de vista da energia, você deve promover um conjunto de valores que sustentem-a, visando a encorajar um senso proativo de urgência – valores que indiquem, por exemplo, como a empresa lida com a ação, o *feedback* ou a iniciativa pessoal. No entanto, não existem conjuntos de valores "genéricos". Em vez disso, você deve encontrar o conjunto de valores que funcione em sua empresa. Nesse sentido, podemos citar a Zeiss, empresa de alta tecnologia óptica e optoeletrônica, que articulou seus valores da seguinte forma: "servir, capacitar, agir e vencer".

Como um benefício adicional desse processo, você pode utilizar a tarefa de encontrar um conjunto específico de valores para sua empresa como uma oportunidade para demonstrar o comportamento exemplar orientado pelos valores. Os funcionários não demoram a observar e avaliar o comportamento da diretoria em relação a quaisquer valores recém-introduzidos, de forma que você, na qualidade de um líder, deve se certificar de determinar valores e padrões que você e sua equipe possam colocar em prática. Os executivos, algumas vezes, não sabem ao certo o que significa ter uma cultura forte. O simples fato de uma empresa ter instituído um conjunto de valores profundamente compartilhados não quer dizer que a empresa possa sustentar automaticamente a energia organizacional. A chave para sustentar a energia a longo prazo é ter um conjunto de valores *sólidos*, isto é, que permanecem sendo relevantes e essenciais para a empresa toda. Apesar de muitas empresas terem instituído historicamente alguns valores essenciais desde o início, esses podem ou não continuar sendo relevantes a longo prazo. Você deve, portanto, rever periodicamente os valores de sua empresa e se certificar de que eles ainda se apliquem. Se não forem mais adequados, é hora de elaborar valores novos que sejam sustentáveis e que possam ser empregam especificamente às circunstâncias atuais.

Em nosso trabalho com empresas, identificamos um conjunto de valores e normas culturais que ajudam a sustentar a energia. Esses incluem inovação, *feedback* aberto e iniciativa pessoal (exploraremos esses valores e outros mais adiante neste capítulo). Mas eles só podem servir como uma orientação geral. Como líder, você deve primeiramente encontrar os valores, as crenças, as normas e os padrões comportamentais que sejam indicados à situação e ambição únicas de sua organização e, depois, reavaliá-los regularmente. Na Lufthansa, por exemplo, até o início dos anos 1990, os funcionários acreditavam piamente que trabalhavam para *a* companhia aérea alemã, uma empresa sem concorrentes, muito acima das outras companhias aéreas. Como vimos no Capítulo 1, crenças inflexíveis e não proativas como essas praticamente empurraram a empresa para a falência. A forte cultura organizacional da Lufthansa sustentou diretamente a complacência da empresa, restringindo a iniciativa pessoal e a mudança, o que paralisou toda a companhia aérea. Então, apesar de a Lufthansa acreditar firmemente nos seus valores, esses eram equivocados em termos de conteúdo: precisavam ser consideravelmente reformados para salvar a empresa. Dessa forma, o primeiro passo que você deve tomar é ponderar se os valores, as normas e os padrões comportamentais sustentam ou ameaçam a alta energia positiva.

Vamos voltar ao exemplo da Hilti. A empresa não apenas tem um histórico de desenvolvimento de valores, que comunica por toda a organização, como também se mantém disposta a ajustá-los periodicamente, quando necessário, a fim de sustentar a energia e o sucesso. O programa de treinamento da cultura da empresa é um bom modelo. Na primeira fase, o treinamento INNO, cinco princípios comportamentais básicos e sua aplicação, foi apresentado a todas as equipes em um seminário de três dias[40].

Os cinco princípios da empresa representam um bom modelo para valores energizantes:

1. **Regras.** Como os funcionários da Hilti são sensibilizados em relação à importância das regras para a colaboração e a coordenação, esse primeiro princípio enfatiza que as regras não devem ser vistas como restrições às ações das pessoas, mas como uma liberdade definida para agir, e que essa liberdade promove o empreendedorismo interno.

2. **Círculo de hábitos.** Todo mundo pode cair na rotina que impede novas experiências: a chave é conscientizar-se delas e resistir aos perigos da rotina mecânica. Dessa forma, os funcionários são convocados a sair de seu "círculo de hábitos" e experimentar novas posturas, em vez de se limitar a falar ou pensar sobre fazer algo a respeito.

3. **Liberdade de escolha.** "Ame-o, mude-o ou deixe-o": cabe a cada pessoa decidir se é capaz de se identificar com o trabalho e, portanto, mudar as coisas ou deixá-las como estão, o que implica em aceitar o que não pode mudar e se concentrar em coisas que de fato pode influenciar. Mas "deixe-o" também significa que, se você recusa determinadas atribuições, deveria pensar em se afastar da empresa caso, depois de um bom tempo, não conseguir se identificar com seu trabalho. O mais importante, na Hilti, é que as pessoas são cientes de que escolheram seu trabalho e as condições. Assim, se houver um problema, elas podem assumir uma postura ativa e mudar o que estiver insatisfatório, em vez de se limitar a reclamar e espalhar energia negativa.

4. **Faz parte da vida.** Este princípio diz respeito a derrotas e fracassos. Os funcionários da Hilti sabem que as coisas podem dar errado quando seguem um novo caminho ou adotam uma nova iniciativa. Toda nova ideia pode vir acompanhada de experiências positivas, mas, também, pode fracassar. Como enfatiza Michael Hilti: "O maior erro que você pode cometer é não cometer nenhum erro". Esse princípio encoraja correr riscos.

5. **COTOYO.** Acrônimo da expressão "commitment to yourself" (comprometa-se consigo mesmo). Espera-se que os funcionários da Hilti se comprometam plenamente com tudo o que fazem. Esse princípio lembra as pessoas de que só aqueles que se comprometem com um caminho pessoal serão capazes de superar obstáculos e empecilhos enquanto buscam atingir suas metas, independentemente de essas metas serem pessoais ou organizacionais.

Durante anos, todas as equipes da Hilti exploraram os cinco princípios durante o treinamento INNO de três dias. Assim que foi criada a base para uma cultura orientada à inovação na empresa. Essa cultura sustenta com determinação a energia comportamental, emocional e mental da empresa. Consequentemente, o empreendedorismo interno e a iniciativa individual se tornaram impulsionadores-chave da inovação e um fonte interna de melhoria contínua na empresa.

Mesmo quando sua empresa possui um forte sistema de valores, como a Hilti, algumas vezes é preciso se distanciar um pouco e colocá-lo à prova. Essa capacidade de reavaliar sua capacidade e seu sistema de valores permitiu que a Hilti reagisse com eficácia quando, em 2003, o setor global de construção entrou em uma crise de profundidade e amplitude sem precedentes. O conselho de administração executivo da Hilti começou imediatamente a examinar os desafios mais amplos dos negócios, particularmente a cultura da empresa. Mais especificamente, a Hilti reavaliou se o sistema descentralizado de responsabilidades e a grande autonomia dos funcionários, que haviam sido introduzidos intencionalmente, continuava sendo apropriado, considerando o estado enfraquecido do setor. O conselho de administração perguntou-se se a Hilti seria capaz de realizar uma transformação fundamental e, ao mesmo tempo, continuar respeitando a responsabilidade e a autonomia dos funcionários.

A administração da Hilti chegou à conclusão que "sim". Enquanto a maioria das empresas poderia ter optado por uma abordagem *top-down* para concretizar uma mudança fundamental, a Hilti ateve-se ao seu direcionamento. Os valores não devem se restringir a discursos vazios ou princípios retóricos de superação. A importância da cultura e dos valores é demonstrada não nos bons momentos, mas, sim, nos momentos de dificuldade. São nesses momentos que você se vê diante de um dilema – muitas vezes entre necessidades econômicas e valores. Se você se decidir contra os valores, ganhará a curto prazo, mas perderá a longo.

O conselho de administração da Hilti decidiu não apenas se ater à cultura estabelecida, como também reforçá-la. Dando prosseguimento ao treinamento INNO, a empresa lançou o *Our Culture Journey* em 2005, uma maneira de aprimorar o desenvolvimento da cultura corporativa em em suas equipes[41]. Com o novo programa, a cultura e os códigos de conduta da empresa foram efetivamente vinculados aos processos de negócios. O *Our Culture Journey* constituiu um passo adiante na definição dos elementos culturalmente essenciais para facilitar a inovação e a energia sustentada. A Hilti condensou seu quadro de referência de valores em quatro valores essenciais: integridade, coragem, trabalho em equipe e comprometimento. Cada equipe da Hilti participou de três acampamentos de treinamento consecutivos – batizados de *Foundation*, *Rubicon* e *Pit Stop* (que descrevemos no Capítulo 4) – para aprender mais sobre os valores da empresa, encontrar maneiras de aplicá-los a suas rotinas de trabalho e vinculá-los aos processos de negócios. Analisaremos esses acampamentos de treinamento mais adiante neste capítulo.

Para sustentar a alta energia produtiva, as empresas precisam construir culturas que mantenham a energia confortável a distância e que combatam a energia corrosiva ou a inércia resignada e as armadilhas de energia típicas – como a armadilha da aceleração, que leva à fadiga e à estafa. Com base em nossa experiência com empresas cujas culturas corporativas são orientadas à inovação, como a Hilti, a IBM, a Phoenix Contact, a Novo Nordisk e a Lufthansa, recomendamos que você leve em consideração sete áreas-chave de valores para o desenvolvimento de uma cultura que promova a energia sustentada.

Inovação *versus* rotina. Para desenvolver uma cultura que promova a energia sustentada, você deve voltar-se à inovação e possibilitar que as pessoas contribuam regularmente com novas ideias e questionem o que a empresa pensa, espera, faz e planeja. Uma postura proativa como essa faz com que seja possível combater tradições inflexíveis, normas restritivas e bajuladores[42]. A Novo Nordisk, por exemplo, enfatiza a inovação em suas iniciativas de deliberado desenvolvimento[43]. De acordo com o estilo de gestão da Novo Nordisk, cada pessoa é encorajada a inovar: "Todos devem melhorar continuamente a qualidade do próprio trabalho". E as pessoas são encorajadas a compartilhar os conhecimentos adquiridos e promover a inovação em unidades e equipes: "Cada unidade deve compartilhar e utilizar práticas melhores".

Nossa pesquisa demonstra que empresas com alta *ambidestralidade contextual*, isto é, um contexto de trabalho que fomenta as atitudes orientadas à eficiência ao mesmo tempo em que encoraja o envolvimento inovador, apresentam desempenho e perfis de energia significativamente melhores[44]. Os resultados do nosso estudo mostram que, em empresas nas quais os funcionários percebem seu contexto de trabalho como ambidestro – ou seja, onde são incentivados a adaptabilidade (inovação) e o alinhamento (eficiência) –, o desempenho é melhor. Os níveis de energia produtiva (5%) e a energia confortável (6%) aumentam, enquanto os níveis de energia corrosiva (–9%) e inércia resignada (–5%) são significativamente reduzidos[45]. Ademais, empresas com alta ambidestralidade contextual apresentaram uma pontuação mais alta em desempenho geral (7%), produtividade dos funcionários (16%), eficiência (16%), crescimento (6%) e retenção de funcionários (9%).

Iniciativa empreendedora *versus* obediência. Outro fator-chave é desenvolver uma cultura empreendedora, ou seja, na qual os funcionários se veem como empreendedores, que se sentem responsáveis pela empresa, tomam a iniciativa, são proativos e fazem escolhas. Na Audi, esse tipo de comportamento, que visa o bem da empresa, é chamado de "desobediência criativa". Ciente de que algumas das inovações e alguns dos sucessos mais significativos da empresa são resultado de maneiras novas e criativas de executar projetos, a Audi promove deliberadamente o espírito empreendedor e encoraja um grau saudável de desobediência criativa.

A lição, portanto, é não ceder à pressão da conformidade e o consenso, já que culturas excessivamente conformistas reduzem o envolvimento e a iniciativa das pessoas[46]. O efeito do empreendedorismo sobre a energia corporativa é impressionante: nossa pesquisa demonstra que, em empresas nas quais os funcionários sentem que a administração é aberta a novas sugestões e nas quais o contexto de trabalho encoraja as pessoas a assumir a responsabilidade por novas ideias, os níveis de energia produtiva (12%) e energia confortável (15%) são consideravelmente mais altos, enquanto os níveis de energia corrosiva (–20%) e inércia resignada (–13%) são reduzidos[47].

Integridade *versus* oportunismo. Como definimos a energia produtiva como a extensão na qual uma empresa mobiliza seu potencial na busca de metas *compartilhadas*, essa é prejudicada por comportamentos egoísta, oportunista ou não cooperativo de qualquer natureza. Uma cultura que contribui para sustentar as forças produtivas da organização baseia-se na integridade. Em culturas que levam a integridade a sério, a desonestidade, a maximização de benefícios pessoais, o "estrelismo" e a mentalidade de silos não são tolerados. Na Hilti, a integridade é um dos valores culturais essenciais da empresa: ela é relevante para tudo o que as pessoas fazem na Hilti, mesmo se implicar custo pessoal ou desvantagem econômica.

Foco *versus* excesso de atividade. Uma das maiores ameaças à energia produtiva sustentada e ao pleno envolvimento na organização é uma cultura de excesso de atividade, na qual as pessoas são cronicamente ativas e energizadsa, envolvidas em diversas atividades e constantemente sob pressão, mas que, no entanto, não possuem um foco bem definido ou compartilhado[48]. A energia produtiva requer que as pessoas concentrem conscientemente seus esforços e seu envolvimento nas coisas certas. Para ajudar sua empresa a superar uma cultura de excesso de atividade, em favor de uma cultura focada, você deve apoiar de maneira ativa valores e padrões comportamentais que incentivem a seleção, priorização e concentração dos esforços e do envolvimento emocional de seus funcionários. Isso não significa que as pessoas devam se empenhar menos. Pelo contrário, as pessoas devem se certificar de estarem focadas no que é realmente necessário e "ousar" dar menos atenção a atividades menos importantes.

No programa original de desenvolvimento da cultura (o INNO), a Hilti encorajou as pessoas a fazerem escolhas conscientes sobre seu trabalho, introduzindo gradualmente normas em torno do princípio da liberdade de escolha. No programa atual, o *Our Culture Journey*, a Hilti concentra-se mais explicitamente na importância da energia e do foco, encorajando seu pessoal a se concentrar nas atividades-chave. Ao fazer do foco um elemento crucial da cultura, os indivíduos bem como as empresas como um todo combatem o excesso de atividade, a estafa e a armadilha da aceleração.

Feedback aberto *versus* excesso de tolerância. Para sustentar um alto nível de energia, é necessário trabalhar contra uma característica cultural comum que impede o alto desempenho: o excesso de tolerância. O excesso de tolerância ocorre quando você e outros líderes da organização evitam o *feedback* aberto, as críticas e medidas ativas contra o desempenho insatisfatório ou com o comportamento divergente. As pessoas assumem uma postura de excesso de tolerância por uma razão positiva: o fato de que elas se gostam e aceitam umas às outras. Mas quando as pessoas param de expressar suas opiniões porque não querem criticar o desempenho dos outros, essa postura passa a prejudicar a energia sustentada. É importante que você, na posição de líder, combata o *silêncio organizacional*, um padrão comportamental que vemos com frequência em empresas assoladas por normas e que leva as pessoas a engavetar informações[49]. Diferenças e questões cruciais permanecem não ditas e, mais cedo ou mais tarde, explodem em forma de forças destrutivas[50]. Essas normas são criadas por executivos que se envolvem em *feedback* e comunicação impermeável, destrutiva ou desonesta, ou são avessos a novas ideias. O resultado normalmente é que os funcionários se desvinculam do processo de inovação.

Em uma "carta de sexta-feira", intitulada "Comunicações claras, concisas e diretas", Juergen Dormann voltou-se contra essa cultura de comunicação superficial: "Praticamente a cada vez que solicitei informações no último mês, recebi um arquivo de PowerPoint de tamanho considerável. Será essa a nossa nova linguagem corporativa? Achei que fosse o inglês... Não quero que tentem me vender ideias quando estivermos discutindo problemas concretos, quero fatos, opiniões, argumentos, contextos. Não quero autopromoção, quero que alguém coloque os problemas na mesa de forma que possamos analisá-los e encontrar soluções. Não estou dizendo que deveríamos banir *slides* de PowerPoint e parar de fazer apresentações. O que estou dizendo é: vamos minimizá-los. Vamos construir uma cultura de análise, diálogo, tomada de decisões e ação disciplinada... De outra forma, onde está o poder ("Power")? E qual é o sentido ("Point")?"[51].

Como discutimos anteriormente, para irem além do *status* de número um, as empresas devem facilitar o *feedback* aberto de forma que críticas – além de meros elogios ao *status quo* – de fato cheguem aos líderes. E você deve desenvolver uma cultura que encoraje as pessoas de todas as partes de sua organização a serem críticas para ajudar a organização a aprender. Na Hilti, as pessoas têm autonomia para discutir e analisar questões cruciais – para "confrontar a verdade nua e crua", como se diz ali. Eles fazem isso mesmo quando os fatos nem sempre são fáceis de aceitar ou geram desconforto. Mas o *feedback* aberto ajuda as pessoas a crescerem e a empresa a contestar continuamente o *status quo* e a explorar seu pleno potencial.

Necessidade de excelência *versus* necessidade de níveis obrigatórios de desempenho. Para que sua empresa seja mais que a número um, você deve cultivar em seu pessoal o desejo de buscar o desempenho máximo – de ir além do que se exige deles. Em uma cultura revigorante, é essa mentalidade compartilhada que impulsiona o alto nível de envolvimento, e não a tentativa por parte da diretoria de impor padrões de alto desempenho às pessoas. Pius Baschera descreveu a necessidade interior de excelência na cultura da Hilti quando era o CEO da empresa: "O nosso pessoal tende a determinar a si mesmo metas bastante ambiciosas, que muitas vezes não são realistas. Mas prefiro ter de refrear as pessoas às vezes a continuamente forçá-las a avançar com um chicote".

Uma organização que internalizou muito bem essa necessidade de excelência é o clube de futebol alemão FC Bayern Munich. Esse vencedor recordista de títulos nacionais apoia o alto desempenho sustentável como poucas outras organizações. Como qualquer empresa que gera continuamente um desempenho extraordinário, o clube se comprometeu com uma filosofia de ser o número um. Para o clube, não estar no topo simplesmente não é uma opção. Esse compromisso inflexível com o máximo desempenho atraiu os melhores jogadores. "O clube tem uma longa tradição de sucesso", disse Oliver Kahn, goleiro do FC Bayern Munich e da seleção nacional alemã, e detentor de mais de 15 títulos nacionais e internacionais[52]. "Os responsáveis pelo clube só falam sobre o máximo que pode ser realizado. Tudo gira em torno de estar no topo. Todo o resto nem chega a ser discutido." De forma similar, você precisa assegurar que essa necessidade de excelência seja internalizada por toda a empresa para que ela se torne a número um e, principalmente, se quiser que ela chegue além dessa posição.

Coragem *versus* incerteza. Inovação, iniciativa empreendedora, foco, *feedback* aberto, excelência e integridade, tudo isso requer um ingrediente-chave de uma cultura revigorante: coragem. Não confunda coragem com arrogância ou soberba, que são os piores inimigos da energia produtiva. Incerteza, ansiedade e aversão ao risco só levam a um comportamento reativo, hesitação ou inércia.

A Hilti promove a coragem como um de seus valores e a vincula à ideia de sair do "círculo dos hábitos". Para ser mais do que a número um, as empresas precisam de uma cultura de coragem: a coragem de liderar, de se entusiasmar, de encontrar, definir e seguir novos caminhos, e a coragem de se comprometer.

Apesar de esses sete fatores poderem orientá-lo no desenvolvimento de uma cultura voltada à energia sustentada, no final de tudo é necessário perguntar: "Qual a cultura certa para nós?"; "O que esses valores significam para a nossa organização e nossas pessoas?"; "Como podemos incorporar esses valores às atividades rotineiras de todos os membros da empresa?". A cultura específica de uma organização pode ser desenvolvida, mas ela nunca pode ser rápida e facilmente alterada. Ao fomentar uma determinada cultura, você deve levar em consideração as raízes da cultura organizacional específica e tentar se basear o máximo possível nos valores, nas atitudes e nas crenças básicas revigorantes que já existem ou que foram proeminentes no passado. É assim que o processo de desenvolvimento e implementação da cultura se torna poderoso.

Instituir um processo para desenvolver uma cultura revigorante

Desenvolver uma cultura voltada a uma energia organizacional verdadeiramente sustentada pode ser um caminho longo e algumas vezes cheio de obstáculos. Antes de enveredar por esse caminho, você deve levar em consideração as seguintes questões – e ser capaz de responder afirmativamente a elas:

- A tarefa da liderança de administrar a cultura significa mais para nós do que um modismo que nos ocupou por alguns meses? Temos o vigor necessário para concluir esse processo e mantê-lo a longo prazo?
- Estamos dispostos a investir nosso tempo, como executivos seniores, e um tempo considerável de todos os nossos gestores e funcionários nesse processo?

- Estamos dispostos a investir os recursos financeiros necessários para um processo de desenvolvimento da cultura que envolva todos os membros da organização?

- Estamos dispostos a tratar a cultura com a seriedade e determinação necessárias para assegurar que nossos valores culturais sejam honrados e praticados?

Vimos muitas empresas que tentaram desenvolver uma cultura corporativa, mas não o fizeram com muita convicção. O resultado foi o fracasso do processo e a perda da confiança dos funcionários na cúpula administrativa. Não existe uma fórmula mágica para criar uma cultura que possibilite altos níveis de energia, envolvimento emocional ou pensamento e comportamento criativos para atingir as metas da empresa e sustentar a energia organizacional. Como a cultura é em grande parte um elemento intangível, só é possível alterar e influenciar diretamente a cultura da empresa a longo prazo, e ainda assim com algumas limitações. Mas cada funcionário pode ajudar a influenciar a cultura de alguma forma. Portanto, você e outros executivos devem facilitar uma mudança cultural orientada, e colocar a continuidade e a sistematização no centro de seus esforços. Esse processo deve ser bastante sistemático para ajudar as pessoas tanto a suportar o desconforto da implementação como a desenvolver a disciplina necessária para incorporar a cultura em suas rotinas.

Os líderes que conseguem promover culturas voltadas à energia sustentada percorrem um processo que inclui seis passos distintos (Figura 5.6)[53]. Mais uma vez, a Hilti nos proporciona um bom exemplo de alguns desses passos, como ilustraremos abaixo.

Analisar a cultura atual. Em muitas empresas, a cultura corporativa não é explícita ou bem compreendida: até mesmo gestores seniores só têm uma ideia intuitiva da cultura. Dessa forma, o primeiro passo é compreender e definir a cultura atual e esclarecê-la a todas as pessoas da organização. Você precisa apresentar uma imagem clara dos valores, normas, tradições e práticas atuais. Assim, você deve facilitar conversas aprofundadas com todas as partes interessadas, como clientes, funcionários, fornecedores e colaboradores, ou utilizar levantamentos já existentes para analisar atentamente os tipos de sistemas de alerta antecipado que já discutimos.

Figura 5.6 – Seis passos para o desenvolvimento cultural sistemático

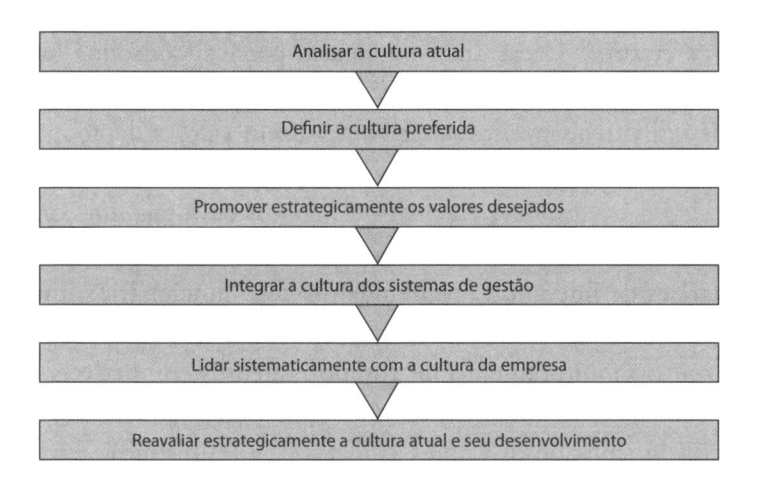

```
┌─────────────────────────────────────────┐
│        Analisar a cultura atual         │
└─────────────────────────────────────────┘
                    ▼
┌─────────────────────────────────────────┐
│       Definir a cultura preferida       │
└─────────────────────────────────────────┘
                    ▼
┌─────────────────────────────────────────┐
│ Promover estrategicamente os valores desejados │
└─────────────────────────────────────────┘
                    ▼
┌─────────────────────────────────────────┐
│   Integrar a cultura dos sistemas de gestão   │
└─────────────────────────────────────────┘
                    ▼
┌─────────────────────────────────────────┐
│ Lidar sistematicamente com a cultura da empresa │
└─────────────────────────────────────────┘
                    ▼
┌─────────────────────────────────────────┐
│ Reavaliar estrategicamente a cultura atual e seu desenvolvimento │
└─────────────────────────────────────────┘
```

Definir a cultura desejada. Muitas vezes os valores e as normas comportamentais de uma empresa crescem e se desenvolvem sem controle algum. Mas é crucial que você segure as rédeas com firmeza no que diz respeito a analisar e definir os valores, os padrões comportamentais e as tradições desejados. Anteriormente neste capítulo, descrevemos algumas áreas importantes para a sustentação da energia, inclusive inovação, empreendedorismo interno e desenvolvimento da excelência. Valores essenciais como honestidade, franqueza, dedicação, cooperação, força e perseverança são tão focados e fáceis de entender que as pessoas podem internalizá-los profundamente e se referir constantemente a eles.

Promover estrategicamente os valores desejados. Alguns executivos sentem que seu trabalho chegou ao fim com o anúncio da cultura desejada. No entanto, o processo deve apresentar os valores desejados e os padrões comportamentais a todos os funcionários e vincular sistematicamente esses valores ao trabalho deles. Para assegurar que esses valores sejam implementados com sucesso, é necessário desenvolver e participar de um fluxo coerente de iniciativas pró-cultura, como *workshops*, sessões de treinamento e *feedback* interativo.

Integrar a cultura aos sistema de gestão. Os executivos seniores de uma empresa são os responsáveis por verificar se os processos culturais estão verdadeiramente vinculados à estratégia e ao sistema de liderança. Caso contrário, os processos culturais fracassarão, e não será possível consolidá-los no longo prazo. Por exemplo, sistemas de incentivo que se concentram puramente em ganhos individuais muitas vezes contradizem valores de cooperação ou promovem padrões comportamentais contraproducentes. Por outro lado, na qualidade de líder, você deve fazer dos elementos culturais um componente permanente das ferramentas e práticas de gestão, por meio de instrumentos como diretrizes de liderança, levantamentos com funcionários, modelos de competência, sistemas de avaliação, reconhecimento e promoção. Isso pode ser feito com o monitoramento de comportamentos compatíveis ou divergentes do valores, levando-os em consideração ao dar *feedback* ou distribuir recompensas, vinculando os valores às metas da administração e os incorporando a outros sistemas de gestão.

Na Hilti, a cultura é considerada uma parte da estratégia da empresa. Além disso, a cultura é o fio condutor para decisões relativas aos recursos humanos: a seleção, a avaliação de desempenho e a alocação de pessoal em posições-chave, especialmente na diretoria, levam em conta sempre os fatores culturais. Quando, em 2007, três dos quatro membros do conselho de administração executivo saíram da empresa, os fatores culturais exerceram um importante papel – especialmente os trabalho em equipe, integridade e coragem.

Lidar sistematicamente com a cultura da empresa. Ao optar pelo desenvolvimento cultural, é preciso encontrar maneiras de fazer com que os valores da empresa sejam compulsórios para todas as pessoas da organização. Deve ficar claro a todos que o desenvolvimento da cultura é levado a sério, e você deve demonstrar isso por meio de suas ações.

Os executivos da Hilti valorizam e recompensam abertamente os funcionários que colocam em prática a cultura desejada. Aconselhamos vincular os valores aos sistemas de *feedback* ou remuneração, por exemplo, os objetivos da administração. Da mesma maneira, as organizações não devem deixar de agir com rigor quando as pessoas desrespeitarem as normas e os valores. A administração da Hilti concorda que, apesar dos grandes desafios necessariamente impostos pela cultura, a empresa não pode se dar ao luxo de fazer concessões: ela deve praticar sistematicamente a cultura de uma maneira convincente e disciplinada. Os membros do conselho de administração executivo, portanto, não apenas dão regularmente uns aos outros um *feedback* extremamente franco e questionam as ações uns dos outros no que se refere à adesão aos valores da Hilti, como também são coerentes e rigorosos em relação a violações da cultura da empresa. "Não é uma questão de intolerância", disse o membro do conselho Michael Hilti. "Pelo contrário, é uma questão de justiça. Nossas regras de comportamento são claramente definidas e dão às pessoas muita liberdade. Mas certas coisas simplesmente não são negociáveis. É como se alguém chegasse para jogar futebol com uma raquete de tênis. Ou você pede que ele comece a usar os pés e a bola de futebol ou sugere que ele encontre outro lugar para jogar tênis. Seria covardia deixar o jogador de tênis jogar, porque ele atrapalharia os outros 21 jogadores de futebol e só mais tarde perceberia que não realizou nada no nosso jogo. Se uma pessoa não estiver comprometida com o que fazemos, é nossa responsabilidade mudar isso rapidamente: 'Mude-o, ame-o ou deixe-o' também se aplica a esse caso."

A política de promoções colocou à prova o grau de seriedade da Hilti em relação ao desenvolvimento da cultura. "Nossa avaliação de desempenho envolve duas dimensões: desempenho no trabalho e adequação cultural", disse Egbert Appel. Cerca de 70% das demissões na Hilti se devem à compatibilidade insuficiente com os valores da empresa e as competências exigidas. A empresa chega a demitir gestores com desempenho espetacular se essas pessoas não colocarem em prática os valores da Hilti, como se promoverem os próprios interesses à custa dos outros.

A Carl Zeiss foi desafiada ainda mais em relação a seus valores durante períodos de crise. Em 2008, a empresa de alta tecnologia óptica e optoeletrônica tinha dado início havia um ano a um programa chamado *Corporate Agenda 2013*, quando a empresa foi atingida pela recessão. O presidente e CEO, Dieter Kurz, explicou: "A Carl Zeiss estava indo bem, mas precisava se reenergizar e melhorar se quisesse se manter no caminho certo, em termos de crescimento global".

Como parte da *Corporate Agenda 2013*, a Zeiss lançou a *Cultural Journey* para lapidar e reforçar sua cultura. O programa avançava a pleno vapor quando a recessão atingiu a empresa – os membros do conselho de administração executivo se uniram aos 150 gestores seniores da empresa e realizaram a *Passion-to-Win Tour*, iniciativa que os levou a conversar com quase todos os funcionários. Em inúmeros encontros de dois dias com as equipes – cerca de 200 no total –, a Zeiss apresentou, com a ajuda de facilitadores internos, um novo conjunto de valores ("atender, capacitar, agir e vencer"). No entanto, diante da crise, o trabalho precisava melhorar imediatamente em sua base de custo e eficiência para impedir um atravancamento do fluxo de caixa. Apesar de alguns argumentarem que a *Cultural Journey* deveria ser adiada, por motivos de ganho de eficiência, a diretoria estava convencida de que a mudança cultural beneficiaria a Carl Zeiss tanto em momentos de dificuldade quanto nos momentos bons. E a diretoria precisava se manter firme e ter a coragem de prosseguir com o que eles sentiam ser a decisão certa. Viver os valores na prática era considerado fundamental para o futuro da empresa. "A *Cultural Journey* é para a Carl Zeiss um pouco como a Cruz Vermelha nas Convenções de Genebra. A *Cultural Journey* é segura e ninguém tem permissão de atacá-la", disse Florian Mauerer, vice-presidente de desenvolvimento estratégico corporativo.

Além disso, o valor do *empowerment* em particular promoveu a liderança até a base da pirâmide – o que foi decisivo para o sucesso do programa de corte de custos da Zeiss. A cúpula da empresa determinou a meta geral de cortar de 10 a 99 milhões de dólares em custos operacionais. No entanto, em vez de exigir, de cima para baixo, que todas as unidades de negócios atingissem o mesmo nível de corte de custos, deu ao seu pessoal autonomia de decisão e fez duas perguntas aos líderes das unidades de negócio: "Até que ponto eles poderiam cortar custos tendo em vista a situação específica de cada um?"; "E como eles realizariam isso?". O processo desceu em cascata pela hierarquia. "Esse tipo de liderança era novo na Carl Zeiss", contou Kurz. E os gestores utilizaram os encontros com as equipes para definir metas de caixa e as respectivas mensurações. Foi um sucesso notável para a empresa. Em março de 2010, o programa já tinha superado a meta inicial de economia de custos em 20%. E o mais importante, gestores por toda a hierarquia ganharam mais *empowerment* e autonomia durante a crise: a liderança cresceu em todos os níveis.

Reavaliar estrategicamente a cultura atual e seu desenvolvimento. Para se certificar de que empresa continuará no caminho certo no desenvolvimento de uma cultura revigorante, é necessário rever a cultura regularmente e fazer ajustes necessários. Mais uma vez, isso não significa uma constante redefinição dos valores. Mas você precisa de transparência em relação à eficácia dos valores e das normas: esses facilitam um senso de urgência proativo e ajudam a sustentar o entusiasmo, o alerta e o empenho? Na qualidade de líder, você deve comunicar o progresso, mas, também, tem de lidar com resultados não tão positivos. É assim que você faz com que a mudança cultural intangível seja concreta, compreensível e obrigatória. Para isso, você deve monitorar sistematicamente o *status* da cultura realizando levantamentos regulares com funcionários, conduzindo sessões de avaliação internas anuais com a equipe da cúpula administrativa como uma parte de suas atividades regulares de avaliação e monitorando o desempenho da cultura em relação ao comportamento, à energia e aos indicadores financeiros.

Na Hilti, o grupo de gestão executiva coordena o desenvolvimento cultural da empresa. No entanto, à luz dos valores específicos da Hilti, as unidades descentralizadas é que são responsáveis por melhorar os pontos fracos potenciais. A Hilti identifica pontos de melhoria em grande parte por meio de um monitoramento regular da cultura, como a pesquisa anual relativa à opinião de funcionários. Os levantamentos vinculam a situação da cultura ao desempenho da empresa. O processo formal implica que cada equipe de gestores de cada unidade ou grupo de trabalho discuta esses resultados em suas reuniões, e determine atividades que visem a melhorar os pontos fortes e lidar de forma específica com os pontos fracos.

Neste capítulo, analisamos como você pode sustentar a energia da sua empresa a longo prazo. Para sustentar a energia, você deve transformar a cultura organização, partindo de da autopercepção de uma líder de mercado para a de uma organização com uma motivação interior, diversas fontes de energia e um desejo compartilhado de prosperar.

Você deve preparar o terreno e desenvolver um sólido *sistema de gestão revigorante* para sustentar a energia produtiva, e esse precisa ter três componentes revigorantes: processos estratégicos, estruturas de liderança e cultura. Para orquestrar a energia coletiva é preciso alinhar esses componentes para formar um único e integrado sistema de gestão: uma liderança forte e uma cultura organizacional coerente sustentarão a estratégia da empresa, e vice-versa. Em resumo, se você desenvolvê-los corretamente, os componentes trabalharão juntos para inspirar seu pessoal, promover a agilidade mental e encorajar uma ação coordenada e colaborativa para que metas sejam alcançadas e compartilhadas por toda a organização. Essa energia sustentada e plena é o que você precisa para elevar sua empresa além do número um.

CAPÍTULO 6

LÍDERES ENERGIZANTES

Perspectivas pessoais sobre como aumentar o nível de energia

O que impulsionar e sustentar a energia da sua organização implica para você, o líder? Quais são os requisitos e comprometimentos pessoais que você deve ter ou desenvolver? Neste capítulo de conclusão, acrescentamos uma nova perspectiva aos conceitos-chave apresentados ao longo do livro nos concentrando nos desafios e nas oportunidades que você, na qualidade de líder, enfrenta pessoalmente ao energizar a sua empresa.

As estratégias e atividades de liderança que recomendamos – desde monitorar a energia corporativa até "matar o dragão" ou "conquistar a princesa" – só funcionam quando *você e outros líderes da organização* estiverem dispostos e capazes de gerenciar com eficácia a própria energia. Você pode se perguntar, por exemplo: "Sou um líder energizado ou transpareço uma baixa energia? Ou energia demais? E como eu afeto os outros? Eu os entusiasmo de forma que eles também se tornem energizantes? Ou sou incapaz de contagiar os outros com a fagulha do entusiasmo? Será que até dreno a energia das pessoas ou as sobrecarrego?"[1]. Para ajudá-lo a encontrar respostas a essas perguntas, este capítulo analisa a perspectiva pessoal de um líder encarregado de direcionar a energia organizacional ao longo dos quatro caminhos descritos neste livro:

- administrar proativamente a energia;
- mobilizar a energia em torno de "um dragão" ou de "uma princesa";
- impedir vigorosamente a corrosão;
- desacelerar.

Administrar proativamente a energia

Impulsionar a energia da sua organização requer primeiramente compreender, avaliar e diagnosticar a situação dessa energia para obter uma imagem precisa do *seu potencial humano*. O Questionário de Energia Organizacional (QEO) de 12 perguntas, apresentado no Apêndice, o ajudará a fazer isso, e a começar a desenvolver estratégias focadas de liderança.

Como as pessoas normalmente entendem a energia organizacional apenas por meio de uma vaga intuição, uma ferramenta como o QEO lança luz no verdadeiro estado da empresa ou unidade. Como vimos, o perfil de energia organizacional representa a extensão exata na qual as empresas mobilizam seu potencial emocional, cognitivo e comportamental para atingir as metas compartilhadas. Uma mensuração de energia como essa traz à tona pontos fortes e fracos da organização. Por exemplo, o perfil pode revelar uma falta de energia produtiva, complacência ou alguma energia mal direcionada, como a energia corrosiva ou a inércia resignada, que de outra forma não seriam detectadas. Só quando você vislumbrar o estado de energia de sua empresa é que poderá identificar as atividades de liderança apropriadas para as respectivas áreas. Mas além de compreender a situação, você também deve dar início à implementação das atividades necessárias para melhorar o estado de energia *e* monitorar as melhorias no decorrer do tempo. Isso pode ser feito de duas maneiras: por meio das escolhas que você fizer e dos atitudes que tomar.

Na Phoenix Contact, as ações estratégicas do membro do conselho executivo Guntler Olesch incluem profissionalizar a confiança, a liderança e a energia em sua empresa. Ele mensura regularmente o estado da energia de sua organização. "O monitoramento do estado de energia do potencial humano da Phoenix deve ser realizado regularmente, todos os anos, da mesma forma que os balanços patrimoniais são calculados e mensurados", contou-nos Olesch "e depois devemos nos perguntar: 'Como podemos orientar e controlar com determinação nossos fatores *soft*, os recursos humanos?' ". Ao comparar a energia de sua empresa ou unidade com *benchmarks*, você pode definir metas ambiciosas para alavancar a energia.

Para administrar vigorosamente a energia de sua empresa, você também deve estar preparado para liderar pelo exemplo. Mobilizar a energia positiva na direção de um propósito compartilhado e combater a energia negativa é, em última instância, uma atividade extremamente pessoal para os executivos. Se a cúpula adminisrativa não tiver energia suficiente, você deve agir rapidamente. A energia positiva se multiplica rapidamente e se espalha pela empresa, mas a energia negativa é ainda mais contagiante. Independentemente de você ser responsável pela energia da empresa inteira ou de partes dela, precisa primeiro administrar ativamente a energia de sua própria equipe e agir como um exemplo de comportamento a ser seguido, visando a promover a energia positiva. Lembre-se do programa *Our Culture Journey*, da Hilti, no qual os membros do conselho de administração executivo foram os primeiros a passar pelos acampamentos de treinamento de cultura para demonstrar seu pleno comprometimento administrando sua própria energia, seu foco e sua confiança. Esse envolvimento pessoal e a administração proativa da energia nos níveis mais altos da organização contribuem continuamente para reforçar a seriedade e a eficácia do desenvolvimento da cultura na empresa como um todo. O quadro *Você administra bem a energia da sua organização?* propõe três questões simples que você pode utilizar para ter rapidamente uma ideia de seu desempenho enquanto gestor.

Você administra bem a energia da sua organização?

- Você avalia regularmente a energia (a utilização do potencial humano) de sua empresa ou departamento e a compara a *benchmarks* ou padrões de melhores práticas?
- Você determina metas ambiciosas explícitas em termos do alavancamento da energia?
- Você administra ativamente a energia de sua própria equipe?

Mobilizar a energia em torno de "um dragão" ou de "uma princesa"

As duas estratégias para energizar rapidamente as empresas que apresentamos neste livro – "matar o dragão" e "conquistar a princesa" – funcionam envolvendo os funcionários na superação de uma ameaça ou no alcance de uma oportunidade especial. As duas estratégias dependem da necessidade da empresa de se concentrar em uma única meta durante o período em que elas estiverem tentando impulsionar a energia. A necessidade de se focar também significa que as organizações devem decidir conscientemente *não* se envolver em outras oportunidades com o mesmo nível de prioridade e atenção. Basicamente, mobilizar a energia requer que você não aja de maneira oportunista, o que faria com que sua empresa se transformasse em um barco sem foco, à deriva, sendo lançado de um lado para o outro por forças externas. Em vez disso, você deve canalizar as forças internas na direção de desafios claros, comprometendo-se plenamente, e lutar pelo foco escolhido, independente de isso significar combater uma ameaça ou buscar uma oportunidade excepcional.

Como no caso da administração da energia, você deve mobilizar a energia primeiro por meio das escolhas que fizer (no caso, escolhendo a estratégia "do dragão" ou "da princesa") e das atitudes que exibir enquanto busca atingir seu objetivo. Se escolher "matar o dragão", por exemplo, você deve ter coragem suficiente para enfrentar questões difíceis e admitir que a empresa está diante de um grande desafio. Você deve estar preparado para demonstrar humildade: colocar de maneira convincente que você é incapaz de combater a ameaça sozinho e que conta com a capacidade de seu pessoal para solucionarem juntos o problema. Ao escolher "matar o dragão", você deve admitir que a administração não é onipotente e não tem todas as respostas. Os executivos muitas vezes têm dificuldade de reconhecer as limitações de sua influência e, simultaneamente, evocar o sentimento de que seu pessoal é necessário. No entanto, especialmente nessa situação, você precisa que seu pessoal se envolva plenamente e gere muitas ideias e muita motivação para que a empresa supere a ameaça iminente. Quando você consegue fomentar essa motivação, as pessoas por toda a empresa tendem a ir muito além das expectativas e usar seu pleno potencial para dar apoio à empresa, como vimos nos exemplos da Lufthansa, da Lidl e do Sonova.

Essa estratégia também requer que você resista ao impulso de mimar seu pessoal. Proteger os funcionários da verdadeira natureza de uma ameaça só os impede de assumir responsabilidade e se envolver plenamente na solução. Em vez de pegar todo o fardo para você e delegar pequenas atividades aos pedaços ao seu pessoal – como os executivos fazem com frequência –, você deve confiar na capacidade de seus funcionários de "matar o dragão" com a toda força coletiva da empresa. Esta é a única maneira de criar um pleno envolvimento: confiar na energia de seu pessoal.

A estratégia de "conquistar a princesa", por outro lado, requer que você concentre a energia de seu pessoal em uma oportunidade ou visão excepcional – basicamente um sonho com uma data de validade. Criar a imagem de um futuro desejado também constitui uma tarefa muito pessoal para o líder, porque revela suas mais profundas emoções e ambições para a empresa. Tendo em mente que não há nenhuma garantia de que a empresa de fato "conquistará a princesa", ou a meta desejada, mesmo assim, na qualidade de líder, você deve apresentar seu objeto de desejo à empresa demonstrando ao seu pessoal a confiança de que, juntos, conseguirão. Temos visto líderes inspirarem seu pessoal dessa forma: Hubertus von Gruenberg da Continental AG, Gunther Olesch da Phoenix Contact, Tom Johnstone da SKF e B. Muthuraman da Tata Steel.

Embora "conquistar a princesa" implique se comprometer com um objeto de desejo e buscar concretizá-lo com todo o empenho, você não deve se ater a um foco tão estreito a ponto de perder de vista todo o cenário. Seu compromisso com a visão deve ser complementado com uma abertura para levar em consideração as ideias alheias, possíveis modificações e outros impulsos. Se conseguir aceitar esses fatores como melhorias, oportunidades para um maior desenvolvimento das próprias visões, você será capaz de envolver os outros na implementação da visão e terá a chance de crescer pessoalmente (veja o quadro *Você mobiliza bem a energia da sua organização?*). Achim Badstübner, líder de design externo da Audi, descreveu essa inter-relação de visão e fatores externos como um processo de intenso desenvolvimento pessoal. Se você atingir esse equilíbrio, está a caminho de um progresso mais rico e mais gratificante: caso contrário, você corre o risco de sonhar acordado, frustrar-se ou reduzir sua prontidão para a mudança. Badstübner explicou essa inter-relação da seguinte forma: "O processo de design é similar a uma relação amorosa. Você pode ter um ideal, mas só poderá chegar a um resultado final que ame ainda mais do que sua visão original se aceitar de braços abertos as imperfeições, os desvios e as influências externas. Essa abertura ao inesperado requer força pessoal e coragem: a coragem de amar. Essa coragem é contagiante. As pessoas da equipe também se inspirarão a concretizar a visão e lutar por ela apesar das restrições, dos empecilhos e dos desafios do trabalho do dia a dia".

Você mobiliza bem a energia de sua organização?

- Você mobiliza a energia de sua empresa ou departamento ao redor de um objetivo ou prioridade distintiva que todos conhecem com clareza, seja ela de lidar com uma ameaça ou de concretizar uma oportunidade excepcional?

- Ao lidar com uma grande ameaça, seu pessoal entende que você conta com eles para superá-la?

- Ao buscar concretizar uma visão, você equilibra o pleno comprometimento e a confiança com uma abertura aos estímulos internos e externos?

Impedir a corrosão

Administrar com eficácia a energia requer que você, na qualidade de líder, confronte diretamente o negativismo e as forças destrutivas. Mais uma vez, é uma questão de escolhas que você deve fazer e de atitudes que deve demonstrar. No entanto, muitos líderes se isolam da energia corrosiva ao negá-la ou até mesmo ignorá-la ativamente. Como na fábula das novas roupas do rei, esses líderes encorajam um ambiente corporativo que elimina a percepção de sinais negativos e vivem em um mundo de harmonia artificial. O problema é que, como regra geral, a energia corrosiva começa com problemas aparentemente insignificantes que, quando negligenciados, intensificam-se, crescem e ficam cada vez mais contagiosos, até que começam a dominar a maneira como seus funcionários colaboram entre si e fazem negócios. Quando você, na qualidade de líder, demonstra claramente um comportamento passivo em relação à corrosão, você passa a fazer parte do problema, permitindo que forças negativas dominem a empresa e a coloquem no caminho da armadilha da corrosão.

Apesar de você não precisar conhecer cada pequeno detalhe dos conflitos e da concorrência interna existentes em sua empresa, deve ficar alerta para os indícios de problemas relevantes de alinhamento na empresa. Só então você poderá intervir rapidamente e impedir possíveis espirais negativas capazes de prejudicar o desempenho e o moral. Para cortar a energia corrosiva pela raiz, demonstre por meio de suas ações que sua maior prioridade é confrontar diretamente os atos corrosivos. Você pode fazer isso dedicando tempo para analisar meticulosamente as fontes de energia corrosiva e eliminá-las rápida e firmemente, como fizeram a ABB, a Lidl e o Otto Group. Muitas vezes, questões delicadas como falta de integridade ou disputas de poder em departamentos específicos residem no centro do problema, e você pode hesitar em confrontar os funcionários. Mas, na qualidade de líder, você não tem outra escolha além de encontrar a fonte da corrosão e combatê-la.

No fim das contas, você é um exemplo a ser seguido e deve refletir isso no próprio comportamento e na própria integridade, mantendo-se sempre ciente de seu impacto sobre os outros. Quando seu comportamento pessoal demonstra que o envolvimento corrosivo não é aceito, você desenvolve uma cultura na qual a energia corrosiva é confrontada com determinação. Dessa forma, não evite tomar medidas rigorosas quando elas se fizerem necessárias, especialmente quando os funcionários espalham a energia corrosiva, mesmo se essas pessoas forem profissionais de alto desempenho.

E o mais importante, você deve começar por você mesmo e por sua própria equipe ao procurar sinais de corrosão antes de se voltar para a organização como um todo. Se encontrar desconfiança, agressividade, problemas de alinhamento ou outras energias destrutivas em si mesmo ou na sua equipe administrativa, você deve estar preparado para conduzir uma análise aprofundada das fontes da energia corrosiva. Você deve estar pronto para admitir os próprios erros e lidar com as críticas. Na qualidade de um executivo, você lidera pelo exemplo e se transforma em uma figura exemplar para lidar com o negativismo – para o melhor ou para o pior, e independentemente de você perceber isso ou não (veja o quadro *Você sabe combater a corrosão?*).

Você sabe combater a corrosão?

- Você é sensível a indícios de forças corrosivas e confronta ativamente o negativismo?

- O combate a fontes de energia destrutiva é uma prioridade máxima para você?

- Você pede *feedback* com frequência e reflete sobre o próprio comportamento para verificar se não está colaborando com o surgimento de forças corrosivas na empresa?

- Ao encontrar sinais de negativismo, você se mostra disposto a confrontá-lo, lidar com críticas e admitir possíveis erros visando a eliminar a energia corrosiva?

- Você valoriza o propósito organizacional geral mais do que seus próprios interesses?

Desacelerar

Como mencionamos antes, cerca de 50% de todas as empresas sofrem de excesso de aceleração: elas não têm foco suficiente e operam constantemente no limite, sobrecarregando os funcionários e gerando uma estafa coletiva. Os líderes devem rejeitar conscientemente a interpretação simplificada do *Citius, altius, fortius* ("Mais ágil, mais alto, mais forte"). Em vez de pressionar constantemente a empresa a ir além de suas competências, você, líder, pode atingir as metas de sua empresa com mais eficácia se concentrando totalmente em menos atividades, mas se certificando de que elas sejam as atividades *certas*. Apesar de essa ideia contradizer os padrões comuns de liderança de se empenhar cada vez mais, as empresas de hoje precisam de líderes dispostos a permitir uma "desaceleração para acelerar". Controle a velocidade de sua empresa interrompendo atividades desnecessárias e implementando ativamente uma cultura de *pit stop*.

Infelizmente, muitas vezes são os próprios líderes que geram o excesso de aceleração, em razão da própria falta de foco e valorização de atividades em demasia (para verificar se você, na qualidade de líder, contribui para o problema de excesso de aceleração de sua organização, responda às questões do quadro *Em que medida você desacelera a energia de sua organização, e sua própria energia, quando necessário?*). No entanto, uma pequena parcela das organizações é altamente energizada e focada: cerca de 40% de todos os gestores contribuem para a falta de foco e para o excesso de aceleração da empresa – os gestores "ocupados"[2]. Líderes energizados demais não têm foco e produzem com entusiasmo um fluxo constante de ideias ou iniciativas, o que leva a um ciclo vicioso, com líderes sobrecarregando seus departamentos, funcionários resistindo, executivos aumentando a pressão e funcionários resistindo ainda mais. Quando seus funcionários começam a falar do "novo modismo do mês", você sabe que eles chegaram ao limite e não suportam mais novas ideias.

Em que medida você desacelera a energia de sua organização, e a sua própria energia, quando necessário?

- Você verifica regularmente se sua empresa está mostrando sinais de estafa organizacional?

- Você apresenta as iniciativas com paixão, ao mesmo tempo em que determina metas realistas e atingíveis?

- Você permite regularmente que sua empresa desacelere para voltar a se acelerar?

- Você pessoalmente faz *pit stops* regulares para se recarregar, retomar o foco e refletir sobre as prioridades de sua empresa?

Mais uma vez, o melhor antídoto é liderar pelo exemplo. Na qualidade de líder, você deve ir além de meramente desenvolver novas ideias: em vez disso, seu papel deve ser esclarecer a si mesmo e aos seus funcionários em que pontos sua empresa ou unidade precisa concentrar energia – e se certificar de que seu pessoal se sinta parte desse processo.

Além disso, na sua vida cotidiana, você deve ser um exemplo a ser seguido, fazendo pausas para mostrar ao seu pessoal que leva a estratégia a sério. Como mencionamos anteriormente, Bill Gates tira uma semana duas vezes ao ano só para pensar, e a prática recentemente também foi adotada por 43 líderes seniores da Microsoft. Só desacelerando e refletindo é que você poderá enxergar além da rotina diária dos negócios e, assim, conduzir com confiança seu pessoal na direção das prioridades da empresa. Gestores energizados com um foco claro sabem o que mais importa para a organização a longo prazo: fazer pits stops regulares envia a mensagem de que desacelerar é fundamental para voltar a acelerar no futuro.

A coragem de liderar uma empresa energizada

Como vimos no Capítulo 5, um dos maiores desafios de liderança é sustentar a energia e conduzir a empresa para além do *status* de número um. Esse é um desafio fundamentalmente diferente de buscar se tornar o número um. Quando sua empresa está na liderança, o maior teste que você enfrenta na qualidade de executivo é superar o medo de ser incapaz de repetir o sucesso. Em vez de buscar direcionar a empresa para além do número um, algumas vezes você pode se ver tão focado em preservar o *status quo* que fica paralisado, temendo o declínio. Quando isso acontece, você tende a manter o *status quo*, a parar de questionar as decisões e soluções existentes e a deixar de tentar novas abordagens. O resultado é a estagnação.

Em vez disso, você deve se manter preparado para passar da mobilização à manutenção da energia, o que requer uma mudança fundamental de abordagem. Os líderes seniores fazem das estratégias de mobilização a principal fonte de energia– "matar o dragão" e "conquistar a princesa". Mas sustentar a energia depende de várias fontes, e é por isso que seu foco principal deve mudar a fim de identificar oportunidades e desafios para construir um sistema de gestão capaz de gerar diversas fontes de energia.

Para isso, um passo decisivo é desenvolver líderes fortes em diferentes níveis hierárquicos e em diversas partes da organização. Esses líderes trabalham como energizadores e geram um senso de urgência proativo em suas equipes. Muitos executivos têm dificuldade em desenvolver essa habilidade crucial. Não se trata de uma liderança não intervencionista, do tipo *laissez-faire*, mas, pelo contrário, de uma extremamente exigente e ativa, baseada em duas importantes ações: fazer com que a empresa se comprometa plenamente com o alto desempenho e desenvolver a coragem de deixar acontecer. Sim, coragem: a coragem de aceitar que você não é mais a fonte primária de energia da organização.

Amor pelo desempenho máximo

Em um programa chamado *21 Grams*, a Audi fortalece explicitamente o amor pelo máximo desempenho de seus funcionários – amor pelo produto, o desejo interior de melhorar até mesmo os menores detalhes e a disposição de ir constantemente até o limite[3]. O programa tem várias fases, durante as quais todo o conselho de administração executivo vivencia e reflete os padrões comportamentais e as atitudes distintivas e profundamente internalizadas da Audi – a alma da Audi. Em um passo posterior, outros grupos de executivos seniores participam do *21 Grams* para fortalecer e promover o amor pelo máximo desempenho de toda a empresa. No final do século passado, o fundador da Audi, August Horch, saiu da empresa onde trabalhava porque sentia que ela não tinha capacidade visionária. Em vez de seguir o princípio "tão bom quanto necessário" praticado pelo ex-empregador, ele fundou a própria empresa com base no princípio "o melhor possível". É o amor por essa filosofia que a liderança atual da Audi busca inculcar em seus funcionários.

Outras organizações compartilham desse amor por atingir o melhor possível. Como vimos no Capítulo 5, o clube de futebol alemão FC Bayern Munich, como poucas outras organizações, busca o sucesso excepcional continuado. O clube inteiro compromete-se firmemente com o desempenho máximo. A organização adotou a "filosofia do número um", nas palavras de Oliver Kahn, goleiro do FC Bayern Munich e da seleção nacional alemã. De forma similar, é necessário assegurar o máximo empenho de sua empresa para internalizar o amor necessário por essa prática. Kahn nos explicou esse amor compartilhado pelo máximo desempenho: "Em nosso clube, a equipe da diretoria e cada membro do clube, com certo grau de brutalidade positiva, fazem de tudo para assegurar o máximo sucesso e nunca desistem. Eles nunca estão realmente satisfeitos... Quem quiser descansar não deve entrar no FC Bayern Munich. Por toda a parte e o tempo todo, o progresso e o sucesso precisam ser visíveis. Essa é a filosofia do número um".

Na qualidade de líder, você não apenas deve internalizar essa filosofia como também deve ajudar toda sua empresa a fazê-lo. Só quando você dá poder aos líderes da organização – funcionários responsáveis pelo sucesso do empreendimento – sua empresa desenvolverá um senso de urgência sustentada e uma energia produtiva que permeie toda a organização e ajude-a a ir além do *status* de número um.

Coragem de desenvolver líderes

Os executivos estão acostumados a se manter no controle da situação. No entanto, esse controle vindo exclusivamente dos níveis hierárquicos mais altos prejudica o senso de urgência proativo das empresas. Talvez o maior desafio para os líderes com personalidade forte é ter a coragem de proporcionar ao seu pessoal liberdade suficiente para que se desenvolvam e se transformem em líderes ativos. A maioria dos executivos, que ao longo da carreira aprendeu uma abordagem justamente contrária, muitas vezes resiste a essa abordagem. No entanto, com sua força e presença, líderes carismáticos acabam por sufocar a iniciativa e os pontos fortes de seu pessoal. Eles devem ter a coragem de resistir à tendência, por mais bem-intencionada que seja, de controlar todos os atos e processos e, em vez disso, devem promover líderes fortes e abrir mão do controle sistematicamente e de maneira disciplinada.

Se você não conseguir abrir mão do controle, pode se transformar em um gargalo. Como discutimos anteriormente, quando três de quatro membros do conselho de administração executivo da Hilti – inclusive o CEO Pius Baschera – saíram da empresa em menos de dois anos, os líderes rapidamente dotaram de *empowerment* o nível hierárquico imediatamente abaixo, demonstrando que a Hilti era verdadeiramente independente de seus grandes líderes.

Durante o campeonato mundial de 2006, Oliver Kahn vivenciou uma situação especial na qual foi forçado a abrir mão do controle. Há muito tempo ele vinha sonhando em vencer, com a seleção alemã, a Copa do Mundo na Alemanha, mas não foi escolhido para jogar com o time na partida de abertura e precisou assistir ao jogo do banco de reservas. Ele se lembra do incidente como o maior desafio de sua carreira profissional: "Eu não sabia como lidar com a situação até que percebi que aquilo era exatamente o que a vida esperava de mim, de alguém que queria vencer a qualquer custo". Muitas vezes, é mais fácil para líderes fortes se empenharem ao máximo do que abdicar do controle, mas existe outra forma de liderança: liderar os outros para o sucesso. Kahn ponderou: "Eu encarei o desafio, o que levou a esse resultado incrível: eu não era o grande perdedor, mas, pelo contrário, as pessoas ficaram gratas e emocionalmente foi muito gratificante para mim. Sempre acreditei que só era possível vencer se você atuasse em campo e ganhasse o título. Não, você também pode vencer quando não está em campo".

Para sustentar a energia em sua organização, você, na qualidade de líder, deve aprender a abrir mão do controle como fez Kahn. Você deve aprender que liderar sua empresa para que ela chegue além do *status* de número um não implica você mesmo apresentar o melhor desempenho, mas, sim, que precisa ajudar os outros a crescer, vencer e liderar.

Abrir mão do controle é ainda mais difícil porque muitos executivos na maioria das vezes gostam de ser o centro das atenções. Pela nossa experiência, há uma enorme diferença entre líderes que compreendem intelectualmente o potencial do conceito da energia, mas não lideram de acordo, daqueles que se envolvem na liderança energizante e exploram, na prática, o pleno potencial das ferramentas e estratégias de liderança. Os últimos desenvolvem um atributo decisivo e diferenciador: a coragem de realizar atividades energizantes e superar a incerteza, a superficialidade e a apatia.

Para sustentar a energia, você deve se distanciar e ter a coragem de deixar o palco para seu pessoal – e permitir que eles liderem e criem a próxima vitória da empresa. Essa abordagem, em vez de reduzir sua importância, permite fortalecer os outros e ajudá-los a liderar em vez de você mesmo assumir a liderança de tudo. Especialmente em momentos de dificuldade, isto é, em épocas de crise, maior concorrência, ciclos acelerados de inovação e intensificação das mudanças nas organizações, precisamos de líderes fortes e energizantes em todos os níveis hierárquicos – líderes otimistas e confiantes.

Impulsionar e manter a energia de uma empresa é sua principal tarefa como líder. Você possui vários recursos à sua disposição, mas, em última instância, nenhum recurso organizacional é tão poderoso quanto a energia de seu pessoal – a inspiração compartilhada, a agilidade mental e a ação coordenada visando a atingir metas em comum. E, à medida que avançamos no futuro, orquestrar a energia está se tornando *a* tarefa de líderes por toda parte, em qualquer tipo de organização ao redor do mundo. Para despertar resultados excelentes, você deve primeiramente encarregar-se do próprio amor pelo máximo desempenho, da paixão e da coragem para liderar uma empresa energizada.

APÊNDICE

COMO AVALIAR A ENERGIA DA SUA ORGANIZAÇÃO

No decorrer do livro, discutimos a importância de avaliar objetivamente os estados de energia de sua empresa, de forma a desenvolver um *insight* sólido para determinar atividades de liderança que impulsionem o desempenho. Muitas vezes, a melhor maneira de realizar essa avaliação é por meio de um levantamento padrão com as pessoas envolvidas. Para trabalhar com empresas, utilizamos muito o Questionário de Energia Organizacional 12 (QEO 12), um instrumento de levantamento padronizado que consiste em doze questões de autoavaliação. Descobrimos que essas autoavaliações nos proporcionavam uma imagem imparcial e precisa dos quatro estados de energia de uma empresa.

O QEO 12

Você também pode utilizar o QEO 12 (Questionário de Energia Organizacional) como uma ferramenta de autoavaliação da energia de sua empresa (ou de sua unidade ou equipe)[1]. Ele é uma maneira de traduzir rápida e sistematicamente as experiências e a mentalidade dos executivos e funcionários no que se refere à utilização do potencial humano de sua empresa em um perfil de energia transparente. O perfil de energia de sua organização é uma imagem precisa da distribuição dos quatro estados de energia pela empresa, departamento ou equipe. Quando você compreende os pontos fortes e possíveis pontos fracos dos estados de energia de sua empresa, pode tomar determinadas ações para melhorar a situação. Dessa forma, ao longo deste livro, você encontrou uma variedade de estratégias de liderança para combater os principais desafios focados em energia, como mobilizar a energia, combater a energia corrosiva, livrar-se da armadilha da aceleração (superar o problema do excesso de energia) e sustentar a energia produtiva. Conduza o levantamento agora, utilizando o QEO 12, para se beneficiar ao máximo da leitura deste livro e identificar atividades de liderança que beneficiarão a empresa, o departamento ou a equipe. À medida que avançar, convide também seus funcionários de todos os níveis hierárquicos a responder as questões para obter uma imagem mais completa. Você deve aplicar repetidamente o QEO 12 e trabalhar com outros executivos para desenvolver uma compreensão compartilhada do perfil de energia e de questões referentes à energia em equipes, departamentos e da empresa como um todo.

Como aplicar o QEO 12

1. Responda as doze questões do QEO 12 utilizando a coluna apropriada de respostas (Tabela A.1). Foque suas respostas na sua área de responsabilidade – por exemplo, a empresa toda ou a divisão, unidade ou departamento pelo qual você é responsável. Se convidar seus funcionários a preencher o questionário, eles devem manter suas respostas focadas na unidade ou equipe à qual pertencem.

2. Evite optar repetidamente pela resposta mediana – "Neutro".

3. Siga as instruções da Tabela A.2 para calcular suas pontuações de energia para os quatro estados de energia.

4. Anote as pontuações da Tabela A.2 na Figura A.1 – *O seu perfil de energia*. Ligue os pontos para realizar uma análise no gráfico de radar (também conhecido como "gráfico em forma de aranha"). Esse é o perfil de energia (o Índice EO) de sua organização (ou divisão, unidade ou departamento). Você pode comparar os valores de seu perfil de energia com os valores de *benchmark* apresentados na Figura A.1 como um indicador preliminar. Mas sempre dizemos aos clientes que os valores de *benchmark* devem ser ponderados com cuidado. Até o momento não encontramos diferenças substanciais entre setores, mas o porte da empresa costuma afetar os resultados.

Apêndice

5. Apresentamos alguns perfis de energia típicos que encontramos em nosso trabalho com empresas. Esses perfis, além dos apresentados no fim do Capítulo 1, o ajudarão a identificar os pontos fortes e fracos potenciais, e desafios de seu próprio perfil de energia. Os capítulos 2 a 5 proporcionam estratégias e ferramentas para lidar com os desafios de sua organização.

Tabela A.1 – As 12 perguntas do Questionário de Energia Organizacional (QEO 12)

	As pessoas do(a) meu(minha) _____ (preencha com "empresa", "departamento", "unidade" ou "equipe")...	Discordo plenamente	Discordo	Neutro	Concordo	Concordo plenamente
1	... gostam do que fazem.	0	25	50	75	100
2	... não têm muito ímpeto.	0	25	50	75	100
3	... sentem-se relaxadas no trabalho.	0	25	50	75	100
4	... sentem-se furiosas no trabalho.	0	25	50	75	100
5	... sentem-se entusiasmadas no trabalho.	0	25	50	75	100
6	... não têm desejo algum de fazer algo acontecer.	0	25	50	75	100
7	... muitas vezes especulam sobre as verdadeiras intenções de nossa administração.	0	25	50	75	100
8	... realmente se importam com o destino da empresa.	0	25	50	75	100
9	... são eficientes na condução do trabalho.	0	25	50	75	100
10	... se comportam com frequência de maneira destrutiva.	0	25	50	75	100
11	... fazem de tudo para assegurar o sucesso da empresa.	0	25	50	75	100
12	...sentem-se desanimadas no trabalho	0	25	50	75	100

Tabela A.2 – Calculando sua pontuação de energia

Calculando sua pontuação de energia

Pontuação de energia produtiva
Some os valores das respostas às questões 5, 8 e 11: _____ e divida por três: _____.
Essa é sua pontuação autoavaliada de energia produtiva: _____.

Pontuação de energia confortável
Some os valores das respostas às questões 1, 3 e 9: _____ e divida por três: _____.
Essa é sua pontuação autoavaliada de energia confortável: _____.

Pontuação de inércia resignada
Some os valores das respostas às questões 2, 6 e 12: _____ e divida por três: _____.
Essa é sua pontuação autoavaliada de inércia resignada: _____.

Pontuação de energia corrosiva
Some os valores das respostas às questões 4, 7 e 10: _____ e divida por três: _____.
Essa é sua pontuação autoavaliada de energia corrosiva: _____.

Figura A.1 – Seu índice EO, ou perfil de energia

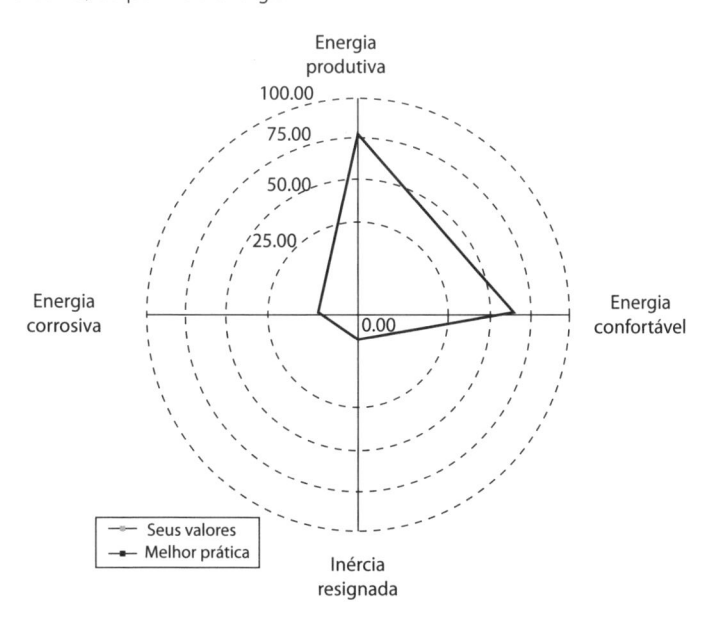

Apêndice

	Energia produtiva	Energia confortável	Inércia resignada	Energia corrosiva
Sua companhia	____%	____%	____%	____%
Benchmark	81%	75%	12%	18%

Nota: Os dados de *benchmark* representam dados das empresas com os 10% resultados superiores de um estudo envolvendo aproximadamente 24 mil entrevistados de 187 empresas alemãs.

Interpretando seu índice EO

1. Analise seu perfil de energia (Índice EO) e identifique o(s) estado(s) mais forte(s) de energia. Tenha em mente que as autoavaliações de gestores costumam ser significativamente melhores do que a avaliação feita por seus funcionários, seja da empresa como um todo, do departamento ou de uma equipe. Em outras palavras, seus resultados, na qualidade de um gestor ou líder, podem ser positivamente tendenciosos – entre 5% a 10%. Compare as pontuações de sua unidade com os valores de *benchmark* da Figura A.1, observando os seguintes pontos:

- A energia produtiva deve equivaler a aproximadamente 75% ou mais (de preferência cerca de 80%).

- A energia confortável não deve ser dominante. Uma pontuação de aproximadamente 70% ou mais é excelente se a energia produtiva atingir pelo menos o mesmo nível. A inércia resignada não pode ser maior que 20%-25%. Analise meticulosamente as forças resignadas da organização quando o índice equivaler a 25% ou mais.

- A energia corrosiva não deve ser superior a 20%-25%. Preste muita atenção às forças destrutivas da empresa quando a energia corrosiva equivaler a 25% ou mais.

2. Anote os pontos fortes e fracos do perfil de energia de sua empresa (ou divisão, unidade ou departamento). Elabore uma lista detalhada de causas para cada ponto forte e fraco.

3. Aprofunde seu conhecimento do perfil de energia e dos fatores que levam a esses resultados. Volte às perguntas, pense em comportamentos típicos e incidentes que se aplicam às questões para o(s) estado(s) de energia mais crítico(s) e anote-os em outra folha de papel. Depois, identifique as causas fundamentais dos comportamentos e incidentes em sua organização.

4. Neste ponto você já deve ter uma ideia mais aprofundada da energia da unidade pela qual é responsável. Relacionamos a seguir alguns cenários típicos, incluindo desafios de liderança potencialmente relevantes e referências aos capítulos deste livro, que você pode desejar reler com atenção.

5. Você pode começar a compartilhar seus resultados e sua análise com os colegas e sua equipe. Você também pode convidá-los a realizar o mesmo processo e comparar resultados e *insights* para começar a desenvolver uma compreensão compartilhada dos estados de energia de sua empresa, seus desafios e as ações necessárias para lidar com esses desafios.

Perfis de energia potencial da sua autoavaliação

Apesar de não ser possível apresentar aqui uma lista exaustiva de cenários possíveis, a lista abaixo pode ser utilizada como um ponto de partida para ajudá-lo a determinar possíveis ações a serem tomadas.

Energia claramente produtiva. Sua empresa (ou divisão, unidade ou equipe) está na feliz situação de se encontrar predominantemente na zona de energia produtiva – a energia produtiva é alta (acima de 75%), a energia confortável não é mais alta do que a energia produtiva e os dois estados de energia negativa são baixos, isto é, menos de 25%. Reenergizar rapidamente e mobilizar as forças positivas de sua empresa não é seu desafio essencial. Seu desafio, em vez disso, é encontrar uma maneira de sustentar a alta energia produtiva. O Capítulo 5 o ajudará a sustentar a energia e evitar a armadilha da complacência e o Capítulo 4 apresenta dicas para evitar o excesso de aceleração.

Mix de energias produtiva e confortável. Suas pontuações de energia produtiva não são particularmente altas e a energia confortável é igualmente intensa ou até mais intensa que a sua energia produtiva. Seu principal desafio é mobilizar a energia produtiva. Existem duas estratégias alternativas de liderança que você pode utilizar: mobilizar a energia envolvendo seu pessoal no combate a uma ameaça ou desafio negativo (estratégia de "matar o dragão") ou envolver seu pessoal na busca da concretização de uma oportunidade excepcional (estratégia de "conquistar a princesa"). O Capítulo 2 descreve como reenergizar rapidamente a organização por meio da estratégia "do dragão" e "da princesa" e o Capítulo 5 mostra como escapar da armadilha da complacência.

Energia corrosiva com alguma energia produtiva. A energia corrosiva é muito superior a 25% e domina seu perfil. O desafio-chave é neutralizar a energia destrutiva em sua empresa. Não é possível transformar a energia corrosiva em energia produtiva – essa tentativa constitui um erro comum na prática de gestão. Em vez disso, você deve eliminar o negativismo, acalmar a organização e criar espaço e abertura para o desenvolvimento de um novo nível de confiança, prontidão para colaborar e um novo interesse em alcançar as metas comuns. Só quando a energia corrosiva for neutralizada é que você poderá começar a melhorar a energia produtiva na organização. Veja o Capítulo 3 para ações que você pode começar a realizar agora mesmo.

Domínio da inércia resignada ou energia confortável. Sua maior preocupação, e seu desafio mais importante, é gerar a energia produtiva. Existem duas estratégias de liderança alternativas que você pode utilizar para mobilizar a energia: "matar o dragão" e "conquistar a princesa". Técnicas para reenergizar rapidamente a organização são apresentadas no Capítulo 2. No caso de uma intensa inércia resignada, da falta de foco e de uma organização sobrecarregada, veja maneiras de superar a armadilha da aceleração no Capítulo 4.

Absolutamente nenhuma energia. Sua empresa não apresenta uma pontuação muito alta em nenhum dos quatro estados de energia. Ela perdeu a capacidade de gerar qualquer tipo de energia, positiva ou negativa. As pessoas perderam coletivamente o interesse pela empresa, seu propósito e suas atividades a tal ponto que até no lado negativo as pessoas demonstram pouca resignação, frustração, ceticismo ou espírito combativo. A apatia coletiva prevalece. O Capítulo 2 oferece conselhos para mobilizar a energia e o Capítulo 5 explica como ajudar a mudar os hábitos mentais, padrões comportamentais e rotinas emocionais de sua organização desenvolvendo um sistema de gestão revigorante.

Notas

Introdução

1. J. Dutton, *Energize Your Workplace* (Nova York: Jossey-Bass, 2003), 7.
2. A. Boesche, H. Bruch e J. Kunz, "Die Kraft positiver Energien", *Personalwirtschaft* (dez. 2008): 54-56.
3. O Questionário de Energia Organizacional (Organizational Energy Questionnaire – OEQ) é protegido por direitos autorais © 2010 para o Institute for Leadership and Human Resource Management, Universidade de St. Gallen, Suíça. Todos os direitos reservados em todas as mídias.
4. Salvo indicação contrária, as citações de executivos são oriundas de entrevistas conduzidas por nós.
5. H. Bruch e S. Ghoshal, "Unleashing Organizational Energy", *Sloan Management Review*, 44 (2003) : 45-51.
6. Similar à ideia de estafa e sua dimensão emocional, cognitiva e física, a força da energia organizacional consiste de uma inter-relação de características emocionais, cognitivas e físicas de uma empresa. Veja A. Pines, E. Aronson e A. Aronson, *Career Burnout: Causes and Cures* (Nova York: Free Press, 1988).
7. Para saber mais sobre a energia emocional, veja Dutton, Energize Your Workplace, 7. Para saber mais sobre o fluxo, veja M. Csikszentmihalyi, *Finding Flow: The Psychology of Engagement with Everyday Life* (Nova York: Basic Books, 1997). Para saber mais sobre a vitalidade, veja R. M. Ryan e C. Frederick, "On Energy, Personality, and Health: Subjective Vitality as a Dynamic Reflection of Well-Being", *Journal of Personality*, 65 (1997): 529-565. Para saber mais sobre prosperidade, veja G. Spreitzer et al., "A Socially Embedded Model of Thriving at Work", *Organization Science*, 16 (2005): 537-549. Para mais sobre vigor, veja A. Shirom, "Feeling Vigorous at Work? The Construct of Vigor and the Study of Positive Affect in Organizations", in *Research in Organizational Stress and Well-Being*, ed. D. Ganster e P. L. Perrewe (Greenwich, CT: JAI Press, 2003), 135-165. Para saber mais sobre motivação, veja E. A. Locke, "The Motivation Sequence, the Motivation Hub, and the Motivation Core", *Organizational Behavior and Human Decision Process*, 50 (1991): 288-299; E. A. Locke, G. P. Latham e M. Erez, "The Determinants of Goal Commitment", *Academy of Management Review*, 13 (1988): 23-39. Para mais sobre empolgação positiva, veja R. W. Quinn e J. E. Dutton, "Coordination as Energy-in-Conversation", *Academy of Management Review* 30 (2005): 36-57. Para saber mais sobre envolvimento e vigor, veja A. B. Bakker e E. Demerouti, "Towards a Model of Work Engagement", *Career Development International*, 13, n. 3 (2008): 209-223.
8. S. G. Barsade, "The Ripple Effect: Emotional Contagion and Its Influence on Group Behavior", *Administrative Science Quarterly*, 47 (2002): 644-675; E. Hatfield, J. T. Cacioppo e R. L. Rapson, *Emotional Contagion* (Nova York: Cambridge University Press, 1994).
9. F. Walter e H. Bruch, "The Positive Group Affect Spiral: A Dynamic Model of the Emergence of Positive Affective Similarity in Work Groups", *Journal of Organizational Behavior*, 29 (2008): 239-261.
10. 10. E. H. Schein, *The Corporate Culture Survival Guide*, edição nova e revista (Nova York: John Wiley and Sons, 2009).
11. Para nossa pesquisa quantitativa, desenvolvemos o Questionário de Energia Organizacional

(QEO) como uma ferramenta de levantamento para mensurar e analisar o estado de energia da empresa e avaliar os impulsionadores-chave da energia, como liderança, direcionamento estratégico e *empowerment*. Mensuramos a energia de mais de 700 empresas, com a participação de mais de 250 mil pessoas nas avaliações de energia organizacional com base no QEO. As respostas cobrem 55 países e 25 idiomas e incluem participantes dos Estados Unidos, Europa e Ásia. Não encontramos diferenças significativas nos perfis de energia de empresas de diferentes regiões geográficas. Em algumas empresas, repetimos o levantamento até cinco vezes para avaliar a energia ao longo do tempo. Também testamos o impacto da energia sobre o desempenho. Para a nossa pesquisa qualitativa, conduzimos mais de 30 estudos de caso, por exemplo, na ABB, Airbus, Alinghi, Alstom Power Service, Audi, Baloise Insurance, BMW, buw, Carlson Wagonlit Travel, Continental AG, Hilti, IBM, Lidl Switzerland, Lufthansa, Microsoft, Otto Group, Phoenix Contact, Sonova, Stryker, Sulzer, Swiss International Air Lines, Tata Steel, Tata Motors e Unaxis. De acordo com nossas extensas coletas de dados ao longo dos anos e em mais de 90 *workshops* com altos executivos e gestores de linha de várias empresas internacionais, nossas ferramentas e estratégias de liderança relacionadas à energia comprovaram sua eficácia e relevância na prática.

12. H. Bruch e S. Ghoshal, "Unleashing Organizational Energy", *Sloan Management Review*, 44 (2003): 45-51.
13. H. Bruch et al., "High Performance Work Systems and Firm Performance: The Mediating Role of Organizational Energy", trabalho apresentado na Academy of Management Meeting, Chicago, 2009.
14. Os dados sobre estados de energia são baseados em uma subamostra de 3.773 entrevistados de 104 empresas alemãs em 2009; dados de medidas de desempenho são baseados em uma subamostra de 225 membros de equipes de diretoria de 104 empresas alemãs, também em 2009.
15. Para uma descrição dessas consequências da utilização da energia coletiva, veja A. Etzioni, *The Active Society* (Nova York: The Free Press, 1975).
16. Bruch et al., "High Performance Work Systems"; A. M. L. Raes e H. Bruch, "How Top Management Team Behavioral Integration Influences Organizational Energy and Employee Outcomes", 2010; H. Bruch, M. Cole e B. Vogel, "Linking Productive Organizational Energy to Firm Performance and Individuals' Satisfaction", trabalho apresentado na Academy of Management Meeting, Filadélfia, 2007.
17. H. Bruch e S. Poralla, "Sonova 2008: Orchestrating the Innovation Beat", estudo de caso (St. Gallen, Suíça: Universidade de St. Gallen, 2008).

Capítulo 1

1. H. Bruch e S. Ghoshal, "Unleashing Organizational Energy", *Sloan Management Review*, 44 (2003): 45-51.
2. R. Cross, W. Baker e A. Parker, "What Creates Energy in Organizations?", *Sloan Management Review*, 44 (2003): 51-56; e D. N. Still, "Are You Ready to Rebound?" *Harvard Business Review*, mar. 2010, 70-74.
3. Q. N. Huy, "Emotional Balancing of Organizational Continuity and Radical Change: The

Contribution of Middle Managers", *Administrative Science Quarterly*, 47, n. 1 (2002) 31-69; F. Walter e H. Bruch, "The Positive Group Affect Spiral: A Dynamic Model of the Emergence of Positive Affective Similarity in Work Groups", *Journal of Organizational Behavior*, 29 (2008): 239-261.

4. H. Bruch e S. Poralla, "Sonova 2008: Orchestrating the Innovation Beat", estudo de caso (Gallen, Suíça: Universidade de St. Gallen, 2008).
5. H. Bruch, "Lufthansa 2003: Energising a Decade of Change", estudo de caso (St. Gallen, Suíça: Universidade de St. Gallen, em colaboração com a Lufthansa School of Business, 2003).
6. Ibidem.
7. J. Dutton, *Energize Your Workplace* (Nova York: Jossey-Bass, 2003). Veja também estes artigos sobre emoções positivas e desempenho de equipes: S. G. Barsade, "The Ripple Effect: Emotional Contagion and Its Influence on Group Behavior", *Administrative Science Quarterly*, 47 (2002): 644-675; P. Totterdell, "Catching Moods and Hitting Runs: Mood Linkage and Subjective Performance in Professional Sport Teams", *Journal of Applied Psychology*, 85 (2000): 848-859.
8. Os dados de estados de energia se basearam em uma subamostra de 3.773 entrevistados de 104 empresas alemãs em 2009; os dados de medidas de desempenho se basearam em uma subamostra de 225 membros de equipes de diretoria de 104 empresas alemãs em 2009.
9. Os dados se basearam em uma subamostra de entrevistados de 104 empresas alemãs em 2009: 3.783 entrevistados sobre estados de energia, 3.886 entrevistados sobre comprometimento e 3.893 entrevistados sobresatisfação.
10. Os dados de estados de energia de funcionários se basearam em uma subamostra de 3.783 entrevistados de 104 empresas alemãs em 2009. Os dados de estados de energia de cúpulas administrativas se basearam em uma subamostra de 225 membros de equipes de diretoria de 104 empresas alemãs em 2009.
11. Essa hipótese de trabalho se baseou no trabalho de John Kotter, que observou que empresas na zona de conforto têm dificuldades com mudanças. Para mais informações, veja J. Kotter, *A Sense of Urgency* (Boston: Harvard Business School Press, 2008).
12. P. Cooke e J. Hastings,"New Industries: Imperative for Agriculture's Survival, Regional Australia Summit", 27-29 out. 1999.
13. Para mais sobre a Laura Ashley e a IBM, veja D. N. Sull, "Why Good Companies Go Bad", *Harvard Business Review*, jul.-ago.1999. Para mais sobre a Swissair, veja W. Ruigrok, "A Tale of Strategic and Governance Errors", *European Business Forum*, 17 (2004): 56-60. Para mais sobre a Polaroid, veja H. De Bodinat, M. Dougan e C. Urdl, "Product Alignment: The Key Driver of Profit and Growth", *Prism*, 1 (2004) : 23-39.
14. D. N. Sull, *Why Good Companies Go Bad and How Great Managers Remake Them* (Boston: Harvard Business Press, 2005).
15. S. Raisch et al., "Organizational Ambidexterity: Balancing Exploitation and Exploration for Sustained Performance", *Organization Science*, 20, n. 4 (2009): 685-695.
16. Sull, *Why Good Companies Go Bad*.
17. M. Tushman e C. A. O'Reilly III, "Ambidextrous Organizations: Managing Evolutionary and Revolutionary Change", *California Management Review*, 38 (1996): 8-30.

18. Sull, *Why Good Companies Go Bad.*
19. E. Walter e H. Bruch, "Structural Impacts on the Occurrence and Effectiveness of Transformational Leadership: An Empirical Study at the Organizational Level of Analysis", *Leadership Quarterly*, 21 (2010): 765-782.
20. E. H. Schein, *The Corporate Culture Survival Guide*, edição nova e revista. (Nova York: John Wiley and Sons, 2009).
21. P. Brandes, R. Dharwadkar e J. W. Dean, "Does Organizational Cynicism Matter? Employee and Supervisor Perspectives on Work Outcomes", *Eastern Academy of Management Best Papers Proceedings* (1999): 150. Veja também M. S. Cole, H. Bruch e B. Vogel, "Emotion as Mediators of the Relations Between Perceived Supervisor Support and Psychological Hardiness on Employee Cynicism", *Journal of Organizational Behavior*, 27 (2006): 463-484.
22. Os dados se basearam em uma subamostra de entrevistados de 104 empresas alemãs em 2009: 3.783 entrevistados sobre estados de energia, 3.886 entrevistados sobre comprometimento, 3.893 entrevistados sobre satisfação e 225 membros de equipes de diretoria para medidas de desempenho.
23. H. Bruch e W Jenewein, "ABB 2005: Rebuilding Focus, Identity, and Pride", estudo de caso (St. Gallen, Suíça: Universidade de St. Gallen, 2005).
24. K. Braham e C. Heimer, A. B. B., *The Dancing Giant: Creating the Globally Connected Corporation* (Londres: Pitman Publishing, 1998).
25. Bruch e Ghoshal, "Unleashing Organizational Energy".
26. T. A. Wright e D. G. Bonnett, "The Contribution of Burnout to Work Performance", Journal of *Organizational Behavior*, 18 (1997): 491-499; T. A. Wright e R. Cropanzano, "Emotional Exhaustion as a Predictor of Job Performance and Voluntary Turnover", *Journal of Applied Psychology* (1998): 486-493; H. Bruch e I. J. Menges, "The Acceleration Trap", *Harvard Business Review*, abr. 2010, 80-86; J. W. Greenwood III e J. W. Greenwood Jr., Managing Executive Stress (Nova York: John Wiley & Sons, 1979).
27. G. Probst e S. Raisch, "Die Logik des Niedergangs", *Harvard Business Manager,* 26 (2004): 37-45.
28. H. Bruch e S. Poralla, "Transformationale Fiihrung bei Baloise Schweiz 2007", estudo de caso (St. Gallen, Suíça: Universidade de St. Gallen, 2007).
29. Bruch, "Lufthansa 2003".
30. Q. N. Huy, "Emotional Balancing of Organizational Continuity and Radical Change", *Administrative Science Quarterly*, 47 (2002): 31-69.
31. A. C. Edmonson e D. Mclain Smith, "Too Hot to Handle? How to Manage Relationship Conflict", *California Management Review*, 19 (2006): 6-27.
32. Os dados se basearam em uma subamostra de 5.904 entrevistados a respeito de confiança e 409 membros de equipes de diretoria sobre estados de energia na diretoria e medidas de desempenho (de 164 empresas alemãs) em 2008.
33. Os dados se basearam em uma subamostra de 5.976 entrevistados para estados de energia na empresa e 397 membros de equipes de diretoria para estados de energia na diretoria (de 104 empresas alemãs) em 2009.

34. M. Masuch, "Vicious Circles in Organizations", *Administrative Science Quarterly*, 30 (1985): 14-33; H. L. Rausch, "Interaction Sequences", *Journal of Personality and Social Psychology*, 2 (1965): 487-499.
35. S. Hareli e A. Rafaeli, "Emotion Cycles: On the Social Influence of Emotion in Organizations", *Research in Organizational Behavior*, 28 (2008): 35-59; J. R. Kelly e R. Barsade, "Emotions in Small Groups and Work Teams", *Organizational Behavior and Human Decision Processes*, 86 (2001): 99-130; B. Parkinson, "Emotions Are Social", *British Journal of Psychology*, 87 (1996): 663-684.
36. S. G. Barsade e D. E. Gibson, "Why Does Affect Matter in Organizations?", *Academy of Management Perspectives*, 21 (2007): 36-59; C. A. Bartel e R. Saavedra, "The Collective Construction of Work Group Moods", *Administrative Science Quarterly*, 45 (2000): 197-232.
37. P. J. Frost, *Emoções Tóxicas no Trabalho* (Futura, 2003).
38. Os dados se basearam em uma subamostra de entrevistados de 104 empresas alemãs em 2009: 3.773 entrevistados para estados de energia e 3.834 para identidade.
39. Dados baseados em ibidem.
40. A. Boesche, H. Bruch e J. Kunz, "Die Kraft positiver Energien", *Personalwirtschaft*, 2 (2008): 54-56.
41. O QEO 36 (QEO 36) é protegido por direitos autorais © 2010 para o Institute for Leadership and Human Resource Management, Universidade de St. Gallen, Suíça. Todos os direitos reservados em todas as mídias.
42. O QEO 12 (QEO 12) é protegido por direitos autorais © 2010 para o Institute for Leadership and Human Resource Management, Universidade de Gallen, Suíça. Todos os direitos reservados em todas as mídias.
43. O Índice de Energia Organizacional (Organizational Energy Index – OEI) é protegido por direitos autorais © 2010 para o Institute for Leadership and Human Resource Management, Universidade de St. Gallen, Suíça. Todos os direitos reservados em todas as mídias.
44. Categorizamos as empresas participantes em 10% superior, 10% inferior e média utilizando a amostra de 24.000 entrevistados e 187 empresas alemãs. Sugerimos a pontuação dos 10% superiores como o benchmark.
45. Os dados se basearam em uma subamostra de entrevistados de 104 empresas alemãs em 2009: 3.783 entrevistados para estados de energia, 3.886 entrevistados para comprometimento, 3.673 entrevistados intenção de rotatividade e 225 membros de equipes de diretoria para medidas de desempenho.
46. H. Bruch e B. Vogel, "Alstom Power Service 2005: Building a Service Identity", estudo de caso (St. Gallen, Suíça: Universidade de St. Gallen, 2004).
47. W. Graenicher, "Leadership and Identität. Untrennbar für Erfolg bei Alstom Power Service 2005", in *Leadership: Best Practices and Trends*, ed. H. Bruch, S. Krummaker e B. Vogel (Wiesbaden: Gabler), 219-230.
48. C. Bareil, A. Savoie e S. Meunier, "Patterns of Discomfort with Organizational Change", *Journal of Change Management*, 7 (2007): 12-24; S. Oreg, "Personality, Context, and Resistance to Organizational Change", *European Journal of Work and Organizational Psychology*, 15 (2007): 73-101; S. K. Piderit, "Rethinking Resistance and Recognizing Ambivalence: A Multidimensional View of Attitudes Toward an Organizational Change", *Academy of Management Review*, 25 (2000): 783-

794; A. E. Rafferty e M. A. Griffin, "Perceptions of Organizational Change: A Stress and Coping Perspective", *Journal of Applied Psychology*, 91 (2006): 1154-1162.

Capítulo 2

1. H. Bruch e S. Ghoshal, "Unleashing Organizational Energy", *Sloan Management Review*, 44 (outono 2003): 45-51, descreveram vividamente essas duas estratégias.
2. Ibidem.
3. G. Hamel e C. K. Prahalad, *Competing for the Future* (Boston: Harvard Business School Press, 1994).
4. R. S. Lazarus, *Emotion and Adaptation* (Nova York: Oxford University Press, 1991); N. H. Frijda, The Emotions (Cambridge: Cambridge University Press, 1986).
5. H. Bruch, "Lufthansa 2003: Energising a Decade of Change", estudo de caso (St. Gallen, Suíça: Universidade de St. Gallen, em colaboração com a Lufthansa School of Business, 2003).
6. D. B. Bibeault, *Corporate Turnaround: How Managers Turn Losers into Winners* (Nova York: McGraw-Hill, 1982).
7. H. Bruch, B. Shamir e G. Eilam-Shamir, "Managing Meanings in Times of Crises and Recovery: CEO Prevention-Oriented Leadership", in *Being There Even When You Are Not: Leading Through Strategy, Structures and Systems*, ed. R. Hooijberg et al. (Oxford: JAI Press, 2007), 127-153.
8. R. A. Heifetz e D. L. Laurie, "The Work of Leadership", *Harvard Business Review*, jan.-fev. 1997, 132.
9. J. P. Kotter, Leading Change (Boston: Harvard Business Press, 1996).
10. R. S. Lazarus, Emotion and Adaptation (Nova York: Oxford University Press, 1991); N. H. Frijda, *The Emotions* (Cambridge: Cambridge University Press, 1986); J. M. George e J. Zhou, "Understanding When Bad Moods Foster Creativity and Good Ones Don't: The Role of Context and Clarity of Feelings", *Journal of Applied Psychology*, 87 (2002): 687-697.
11. J. E. Dutton e S. Jackson, "Categorizing Strategic Issues: Links to Organizational Action", *Academy of Management Review* (1987): 76-90.
12. As quatro últimas estratégias se baseiam na teoria da auto-eficácia. Veja A. Bandura, *Self-Efficacy: The Exercise of Control* (Nova York: Freeman, 1997).
13. Dutton e Jackson, "Categorizing Strategic Issues".
14. Bandura, *Self-Efficacy*; R. D. Goddard, W K. Hoy e A. Woolfolk Hoy, "Collective Efficacy Beliefs: Theoretical Developments, Empirical Evidence, and Future Directions", *Educational Researcher*, 33 (2004) : 3-13.
15. C. B. Watson, M. M. Chemers e Preiser, "Collective Efficacy: A Multilevel Analysis", *Personality and Social Psychology Bulletin*, 27 (2001): 1057-1068.
16. Carta de sexta-feira n. 3, 13 set. 2002.
17. G. Chen e P D. Bliese, "The Role of Different Levels of Leadership in Predicting Self- and Collective Efficacy: Evidence for Discontinuity", *Journal of Applied Psychology*, 87 (2002): 549-556.
18. H. Bruch e S. Ghoshal, "Unleashing Organizational Energy".
19. J. P. Kotter, "Leading Change: Why Transformation Efforts Fail", *Harvard Business Review*, mar.-abr. 1995, 59-67.
20. P. C. Nutt e R. W. Backoff, "Transforming Organizations with Second-Order Change", *Research in

Organizational Change and Development, 10 (1997): 229-274.
21. A. Wrzesniewski e J. E. Dutton, "Crafting a job: Revisioning Employees as Active Crafters of Their Work", *Academy of Management Review*, 26 (2001): 179-201.
22. J. P. Kotter e D. S. Cohen, *The Heart of Change: Real-Life Stories of How People Change Their Organizations* (Harvard Business Press: Boston, 2002).
23. Bruch e Ghoshal, "Unleashing Organizational Energy".
24. T. C. Davenport e J. C. Beck, *The Attention Economy: Understanding the New Currency of Business* (Boston: Harvard Business Press, 2001); N. M. Tichy e M. A. Devanna, *The Transformational Leader* (Nova York: John Wiley & Sons, 1986), 179-180. Nossas pesquisas empíricas mostram repetidas relações estatisticamente significativas entre uma visão forte e uma mobilização emocional, mental e baseada em ação.
25. N. M. Tichy e S. Sherman, *Control Your Destiny or Someone Else Will: How Jack Welch Is Making General Electric the World's Most Competitive Corporation* (Nova York: Doubleday Business, 1993).
26. Bruch e Ghoshal, "Unleashing Organizational Energy".
27. B. Shamir, R. J. House e M. B. Arthur, "The Motivational Effects of Charismatic Leadership: A Self-Concept-Based Theory", *Organizational Science*, 4 (1993): 577-594. Kim Cameron, professor da Universidade de Michigan, sugere que os executivos precisam se envolver muito mais em comunicação emocionalmente positiva do que em declarações negativas (K. S. Cameron, *Positive Leadership* [São Francisco: Berrett-Koehler, 2008]).
28. H. Bruch e U. Frei, "Tata Steel 2005: The Vision of Harmonizing Profitable Growth and Social Responsibility", estudo de caso (St. Gallen, Suíça: Universidade de St. Gallen, 2004).
29. Veja http://wwwvijaygovindarajan.com/2009/03/the tata-nano-product or_ socia.htm.
30. Veja http://wwwft.com/cms/s/0/94b77e52-b563-lldc-896e-0000779fd2ac.html.
31. R. M. Kanter, B. A. Stein e D. T. Jick, "The 'Big Three' Model of Change", in *The Challenge of Organizational Change: How Companies Experience It and Leaders Guide It*, ed. R. M. Kanter, B. A. Stein e D. T. Jick (Nova York: Free Press, 1992), 3-19; Kotter, "Leading Change".
32. Kotter, *Leading Change*.
33. H. Bruch, D. Dolle e C. Schudy, "Die besten Arbeitgeber im deutschen Mittelstand", in *Top Job*, ed. W. Clement e H. Bruch (Heidelberg: Redline Wirtschaft, 2010), 4-19.
34. L. E. Ginzel, R. M. Kramer e R. I. Sutton, "Organizational Impression Management as a Reciprocal Influence Process: The Neglected Role of the Organizational Audience", *Research in Organizational Behavior* (ed. B. M. Staw e L. L. Cummings), 15 (1993): 227-266.
35. Kotter, "Leading Change"; J. C. Collins, *Good to Great: Why Some Companies Make the Leap and Others Don't* (Nova York: HarperBusiness, 2001).
36. B. M. Bass e R. Bass, *Bass Handbook of Leadership*, 4. ed. (Nova York: Free Press, 2008).
37. Bruch e Ghoshal, "Unleashing Organizational Energy".

Capítulo 3

1. S. G. Barsade, "The Ripple Effect: Emotional Contagion and Its Influence on Group Behavior", *Administrative Science Quarterly*, 47 (2002): 644-675; E. Hatfield, J. T. Cacioppo e R. L. Rapson, *Emotional Contagion* (Nova York: Cambridge University Press, 1994).

2. Ibidem.
3. H. Bruch, "Lufthansa 2003: Energizing a Decade of Change", estudo de caso (St. Gallen, Suíça: Universidade de St. Gallen, em colaboração com a Lufthansa School of Business, 2003).
4. E. W. Morrison e F. J. Milliken, "Organizational Silence: A Barrier to Organizational Change and Development in a Pluralistic World", *Academy of Management Review*, 25 (2000): 706-725.
5. Os dados se basearam em uma subamostra de entrevistados de 104 empresas alemãs em 2009: 3.783 entrevistados para estados de energia, 3.886 entrevistados para comprometimento, 3.865 entrevistados para confiança e 3.673 entrevistados intenção de rotatividade. Os dados de medidas de desempenho se basearam em uma subamostra de 225 membros de equipes de diretoria de 104 empresas alemãs em 2009.
6. O verdadeiro nome dessa pessoa e outras informações identificadoras relevantes foram modificados.
7. Q. N. Huy, "Emotional Balancing of Organizational Continuity and Radical Change", *Administrative Science Quarterly*, 47 (2002): 31-69.
8. H. Bruch e W Jenewein, "ABB 2005: Rebuilding Focus, Identity, and Pride", estudo de caso (St. Gallen, Suíça: Universidade de St. Gallen, 2008).
9. Ibidem.
10. O verdadeiro nome dessa pessoa e outras informações identificadoras relevantes foram modificados.
11. O verdadeiro nome dessa pessoa e outras informações identificadoras relevantes foram modificados.
12. R. G. Zuelsdorf, *Strukturelle Konflikte in Unternehmen. Strategien für das Erkennen, Lósen, Vorbeugen* (Wiesbaden, Alemanha: Gabler, 2007).
13. Ibidem.
14. O verdadeiro nome dessa pessoa e outras informações identificadoras relevantes foram modificados.
15. Zuelsdorf, *Strukturelle Konflikte*.
16. P. J. Frost e S. Robinson, "The Toxic Handler", *Harvard Business Review*, jul.-ago. 1999, 96-106.
17. O verdadeiro nome dessa pessoa e outras informações identificadoras relevantes foram modificados.
18. Frost e Robinson, "The Toxic Handler"; para gestores de nível médio, Huy, "Emotional Balancing", também discute o papel do terapeuta.
19. Frost e Robinson, "The Toxic Handler".
20. Ibidem.
21. Ibidem.
22. S. Albert e D. A. Whetten, "Organizational Identity", *Research in Organizational Behavior*, 7 (1985): 263-295; N. Ellemers, D. De Gilder, e S. A. Haslam, "Motivating Individuals and Groups at Work: A Social Identity Perspective on Leadership and Group Performance", *Academy of Management Review*, 29 (2004): 459-478.
23. H. Bruch e S. A. Boehm, "Organizational Energy and the Role of Identity", *Human Factor*, 1 (2005): 38-43.

24. Os dados se basearam em uma subamostra de entrevistados de 164 empresas alemãs em 2008: 5.976 entrevistados para estados de energia, 5.939 entrevistados para orgulho e 5.873 entrevistados para identificação.
25. Os dados se basearam em uma subamostra de entrevistados de 164 empresas alemãs em 2008: 5.976 entrevistados para estados de energia e 5.698 entrevistados para visão compartilhada.
26. Bruch e Boehm, "Organizational Energy".
27. S. A. Boehm, "Die organisationale Identität von Unternehmen all Quelle starker positiver Emotional", in *Erfolgsfaktor Emotionales Kapital – Menschen begeistern, Ziele erreichen*, ed. J. Menges, L. Ebersbach e C. Welling (Bern, Suíça: Haupt, 2008), 71-90; H. Bruch e S. A. Boehm, "ABB 2005: Rebuilding Focus, Identity, and Pride", observação em estudo de caso (St. Gallen, Suíça: Universidade de St. Gallen, 2004); Bruch e Boehm, "Role of Identity".
28. Bruch e Boehm, "ABB 2005", observação.
29. Ibidem.
30. R. Deshon et al., "A Multiple Goal, Multilevel Model of Feedback Effects on the Regulation of Individual and Team Performance", *Journal of Applied Psychology*, 89 (2004): 1035-1056.
31. Existem apenas alguns estudos sobre os conceitos do comprometimento com metas coletivas: R. P. Deshon et al., "A Multiple Goal, Multilevel Model of Feedback Effects on the Regulation of Individual and Team Performance", *Journal of Applied Psychology*, 89 (2004): 1035-1056; H. Klieg e P. W. Mulvey, "Two Investigations of the Relationships Among Group Goals, Goal Commitment, Cohesion, and Performance", *Organizational Behavior and Human Decision Processes*, 61 (1995): 44-53; H. Klein e P. W Mulvey, "The Impact of Perceived Loafing and Collective Efficacy on Group Goal Processes and Group Performance;" *Organizational Behavior and Human Decision Processes*, 74 (1998): 62-87. Essas publicações normalmente conceitualizam o comprometimento de acordo com análises do nível de equipes. Os autores desconhecem estudos que lidem com o comprometimento com a meta do nível organizacional.
32. H. Bruch e B. Vogel, "Continental 2001: Liberating Entrepreneurial Energy", estudo de caso (St. Gallen, Suíça: Universidade de St. Gallen, 2001).
33. Para uma estratégia similar do nível de equipes, veja R. Hackman, The Design of Work Teams", in *Handbook of Organizational Behavior*, ed. J. W. Lorsch (Englewood Cliffs, NJ: Prentice-Hall, 1987) 315-342.
34. Hollenbeck, Williams, Klein (1989).
35. Para uma estratégia análoga do nível individual, veja E. A. Locke, K. N. Shaw e L. M. Saari, "Goal Setting and Task Performance", *Psychological Bulletin*, 90 (1981): 125-152; K. D. McCaul, V B. Hinsz e H. S. McCaul, "The Effects of Commitment to Performance Goals on Effort", *Journal of Applied Psychology*, 17 (1987): 437-452; L. J. Millward e L. J. Hopkins, "Psychological Contracts, Organizational and Job Commitment", *Journal ofApplied Social Psychology*, 28 (1998): 1530-1556.
36. Bruch e Boehm, "ABB 2005".
37. Carta de sexta-feira n. 7, 11 out. 2002.
38. B. E. Ashforth e F. Mael, "Social Identity Theory and the Organization", *Academy of Management Review*, 14 (1989): 20-39.
39. Carta de sexta-feira n. 88, 2 jul. 2004.

Capítulo 4

1. H. Bruch e I. J. Menges, "The Acceleration Trap;" *Harvard Business Review*, abr. 2010, 80-86.
2. Os dados se basearam em uma subamostra de entrevistados de 104 empresas alemãs em 2009: 3.783 entrevistados sobre estados de energia, 3.555 entrevistados sobre exaustão emocional, 3.893 entrevistados sobre satisfação e 3.673 entrevistados sobre intenção de rotatividade. Os dados de medidas de desempenho se basearam em uma subamostra de 225 membros de equipes de diretoria de 104 empresas alemãs em 2009.
3. Os dados se basearam em uma subamostra de 3.777 entrevistados de 104 empresas alemãs em 2009.
4. Dados conforme ibidem.
5. Dados conforme ibidem.
6. H. Bruch e W. Jenewein, "ABB 2005: Rebuilding Focus, Identity, and Pride", estudo de caso (St. Gallen, Suíça: Universidade de St. Gallen, 2005).
7. Os dados se basearam em uma subamostra de 3.777 entrevistados de 104 empresas alemãs em 2009.
8. H. Bruch, "Lufthansa 2003: Energizing a Decade of Change", estudo de caso (St. Gallen, Switzerland: Universidade de St. Gallen, em colaboração com a Lufthansa School of Business, 2003).
9. O verdadeiro nome dessa pessoa e outras informações identificadoras relevantes foram modificados.
10. F. Malik, *Managing Performing Living* (Frankfurt: Campus Verlag, 2006), 323.
11. Para o conceito de energia e foco, veja H. Bruch e S. Ghoshal, *A Bias for Action: How Effective Managers Harness Their Willpower, Achieve Results, and Stop Wasting Their Time* (Boston: Harvard Business Press, 2004).
12. Carta de sexta-feira n. 57, 31 out. 2003.
13. R. J. Zaugg e N. Thom, "Excellence Through Implicit Competencies: Human Resource Management, Organizational Development, Knowledge Creation", *Journal of Change Management*, 3 (2003): 1-21.
14. D. A. Nadler e M. L. Tushman, "Types of Organizational Change: From Incremental Improvement to Discontinuous Transformation", in *Discontinuous Change: Leading Organizational Transformation*, ed. D. A. Nadler, R. B. Shaw e A. E. Walton (São Francisco: Jossey-Bass, 1994), 15-34; P C. Nutt e R. W. Backoff, "Transforming Organizations with Second-Order Change", *Research in Organizational Change and Development*, 10 (1997): 229-274.
15. H. Bruch e S. Poralla, "Hilti 2008: Leadership with Energy and Focus", estudo de caso (St. Gallen, Suíça: Universidade de St. Gallen, 2008).
16. Bruch e Poralla, "Hilti 2008".
17. H. Bruch, J. I. Menges e C. Schudy, "Die besten Arbeitgeber im deutschen Mittelstand", in *Top Job*, ed. W Clement e H. Bruch (Heidelberg: Redline Wirtschaft, 2008), 6-27.

Capítulo 5

1. A obra de N. Nohria, W. Joyce e B. Roberson, "What Really Works", *Harvard Business Review*, jul. 2003, 42-52, confirma nossos sistemas de gestão sugeridos. Os pesquisadores estudaram práticas de administração essenciais para organizações de alto desempenho e se referiram a

estratégia, cultura e estrutura como os componentes primários dessas organizações e à liderança como um componente secundário. Constatamos que, em um menor grau, as áreas secundárias de execução, fusões e parcerias, talento e inovação são diretamente relacionadas à energia sustentada, mas categorizamos essas áreas secundárias como elementos dos três sistemas de gestão que descrevemos no texto (estratégia, estruturas de liderança e cultura). Ademais, incluímos a "estrutura" de Nohria, Joyce e Roberson no que chamamos de "estrutura de liderança"; veja também E. E. Lawler III e C. G. Worley, *Built to Change: How to Achieve Sustained Organizational Effectiveness* (São Francisco: Jossey-Bass, 2006).

2. As discussões foram conduzidas no encontro de tendências da Swiss Performance Academy em 6 junho de 2008, em Zurique. Os participantes foram Valentin Chapero, CEO do Sonova Group; Oswald Gruebel, até 2007 CEO da Credit Suisse e desde fevereiro de 2009 CEO da UBS; Thomas Kubr, CEO da Capital Dynamics; e Thomas Christoph Brand, CEO da Sunrise Communications.

3. G. S. Day e P J. Schoemaker, "Are You a Vigilant Leader?", *MIT Sloan Management Review*, 49 (2008): 43-51.

4. N. J. Allen e J. P Meyer, "Organizational Socialization Tactics: A Longitudinal Analysis of Links to Newcomers' Commitment and Role Orientation", *Academy of Management Journal*, 33 (1990): 847-858.

5. G. Mueller-Stewens e C. Lechner, *Strategisches Management-wie strategische Initiativen zum Wandel fuehren*, 3. ed. (Stuttgart: Schäffer-Poeschel, 2003).

6. H. I. Ansoff, "Managing Strategic Surprise by Response to Weak Signals", *California Management Review*, 18 (1975): 21-33.

7. G. Probst e S. Raisch, "Die Logik des Niedergangs", *Harvard Business Manager*, 26 (2004): 37-45.

8. H. Bruch e S. Bieri, "Hilti 2003: Maintaining a Proactive Sense of Urgency", estudo de caso (St. Gallen, Suíça: Universidade de St. Gallen, 2003); H. Bruch e S. Bieri, "Hilti 2003: Maintaining a Proactive Sense of Urgency", observação em estudo de caso (St. Gallen, Suíça: Universidade de St. Gallen, 2003).

9. H. Bruch e S. Poralla, "Hilti 2008: Leadership with Energy and Focus", estudo de caso (St. Gallen, Suíça: Universidade de St. Gallen, 2008).

10. Veja C. Argyris e D. Schön, *Organizational Learning: A Theory of Action Perspective* (Reading, Mass.: Addison-Wesley, 1978).

11. Bruch e Bieri, "Hilti 2003"; Bruch e Bieri, "Hilti 2003", observação; Bruch e Poralla, "Hilti 2008".

12. G. M. Spreitzer e R. E. Quinn, "Empowering Middle Managers to Be Transformational Leaders", *Journal of Applied Behavioral Science*, 32, n. 3 (1996): 237-261. Ao contrário do conceito de orientação transformacional de B. M. Bass, Leadership and Performance Beyond Expectations (New York, NY: Free Press, 1985), discutido aqui, outras abordagens se concentram na abordagem orientada à visão no âmbito da empresa, que tende a se restringir ao comportamento da diretoria e outros líderes de alto nível hierárquico. Veja B. W. Bennis e B. Nanus, *Leaders: Strategies for Taking Charge* (Nova York: Harper & Row, 1985); J. P. Kotter, *Leading Change* (Boston: Harvard Business Press, 1996); N. M. Tichy e M. A. Devanna, *The Transformational Leader* (Nova York, NY: John Wiley, 1986).

13. U. R. Dumdum, K. B. Lowe e B. J. Avolio, "A Meta-analysis of Transformational and Transac-

tional Leadership Correlates of Effectiveness and Satisfaction: An Update and Extension", in *Transformational and Charismatic Leadership:The Road Ahead*, ed. B. J. Avolio e F. J. Yammarino (Oxford: Elsevier, 2002), 35-66; F. Walter e H. Bruch, "Structural Impacts on the Occurrence and Effectiveness of Transformational Leadership: An Empirical Study at the Organizational Level of Analysis", *Leadership Quarterly*, 21 (2010): 765-782.

14. Os dados se basearam em uma subamostra de entrevistados de 104 empresas alemãs em 2009: 3.758 entrevistados sobre clima de liderança inspiradora, 3.804 entrevistados sobre estados de energia, 234 sobre medidas de desempenho.

15. B. M. Bass e B. J. Avolio, *Improving Organizational Effectiveness Through Transformational Leadership* (Thousand Oaks, Calif.: Sage, 1994). Para uma revisão, veja E. Walter e H. Bruch, "An Affective Events Model of Charismatic Leadership Behavior: A Review, Theoretical Integration, and Research Agenda", *Journal of Management*, 6, n. 35 (2009): 1428-1452.

16. H. Bruch e S. Poralla, "Transformationale Führung bei Baloise Schweiz 2007", estudo de caso (St. Gallen: Universidade de St. Gallen, 2007).

17. B. Shamir, R. J. House e M. B. Arthur, "The Motivational Effects of Charismatic Leadership: A Self-Concept-Based Theory", *Organization Science*, 4 (1993): 577-594.

18. Bruch, Shamir e Eilam-Shamir, "Managing Meanings".

19. Os dados se basearam em uma subamostra de entrevistados de 104 empresas alemãs em 2009: 3.758 entrevistados sobre clima de liderança orientada à prevenção, 3.804 entrevistados sobre estados de energia, 234 sobre medidas de desempenho.

20. Walter e Bruch, "Structural Impacts".

21. Os dados se basearam na amostra explicada na "Introdução": uma amostra de 14.300 entrevistados de 104 empresas alemãs em 2009.

22. H. Bruch, D. Dolle e C. Schudy, "Die besten Arbeitgeber im deutschen Mittelstand", in *Top Job*, ed. W. Clement e H. Bruch (Heidelberg: Redline Wirtschaft, 2010), 4-19.

23. S. B. De Jong e H. Bruch, "The Importance of a Homogeneous Transformational Leadership Climate for Organizational Performance", Universidade de St. Gallen, Suíça, 2010.

24. D. A. Nadler e M. L. Tushman, "The Organization of the Future: Strategic Imperatives and Core Competencies for the 21st Century", *Organizational Dynamics*, 28 (1999): 45-60. Veja também Gary Hamel, *The Future of Management* (Boston: Harvard Business School Press, 2008).

25. Walter e Bruch, "Structural Impacts"; J. I. Menges, E Walter, B. Vogel e H. Bruch, "Transformational Leadership Climate: Performance Linkages, Mechanisms, and Boundary Conditions at the Organizational Level", *The Leadership Quarterly*, no prelo.

26. Ibidem.

27. Bruch e Poralla, "Hilti 2008".

28. B. Vogel, "Linking for Change: Network Action as Collective, Focused and Energetic Behavior", *Long Range Planning*, 38 (2005): 531-553.

29. H. Bruch e S. Ghoshal, "Lufthansa 2000: Maintaining the Change Momentum", estudo de caso (Londres: London Business School, 2000).

30. J. Dutton, *Energize Your Workplace* (Nova York: Jossey-Bass, 2003).

31. Ibidem.
32. H. M. Weiss e R. Cropanzano, "Affective Events Theory: A Theoretical Discussion of the Structure, Causes and Consequences of Affective Experiences at Work", *Research in Organizational Behavior*, 18 (1996): 1-74.
33. H. Bruch e S. Poralla, "Sonova 2008: Orchestrating the Innovation Beat;" estudo de caso (St. Gallen, Suíça: Universidade de St. Gallen, 2008).
34. H. Bruch, J. I. Menges e C. Schudy, "Die besten Arbeitgeber im deutschen Mittelstand", in *Top Job*, ed. W. Clement e H. Bruch (Heidelberg: Redline Wirtschaft, 2008), 6-27.
35. Ibidem.
36. K. Blanchard e S. Bowles, *Raving Fans: A Revolutionary Approach to Customer Service* (Nova York: William Morrow, 1993).
37. E. H. Schein, *Corporate Culture Survival Guide* (São Francisco: Wiley, 2009).
38. G. Morgan, Images of Organization, 2. ed. (Thousand Oaks, Calif.: Sage,1997); E. Chein, Corporate Culture Survival Guide (São Francisco: Wiley, 2009).
39. Bruch e Bieri, "Hilti 2003"; Bruch e Bieri, "Hilti 2003", observação.
40. Bruch e Poralla, "Hilti 2008".
41. Para estratégias de combate à inércia na empresa, veja o Capítulo 2 bem como H. Bruch e S. Ghoshal, *A Bias for Action: How Effective Managers Harness Their Willpower, Achieve Results, and Stop Wasting Their Time* (Boston, Harvard Business Press, 2004).
42. S. Sohm, "Living Corporate Culture: A Case Study on Novo Facilitation and their Applicability in other Companies", estudo de caso (Gütersloh, Alemanha: Bertelsmann Stiftung, 2000).
43. C. Gibson e J. Birkinshaw, "Antecedents, Consequences, and Mediating Role of Organizational Ambidexterity", *Academy of Management Journal*, 47 (2004): 209-226. Para uma visão geral, veja S. Raisch et al., "Organizational Ambidexterity: Balancing Exploitation and Exploration for Sustained Performance", *Organization Science*, 20, n. 4 (2009): 685-695; C. Schudy e H. Bruch, "Productively Energizing the Organization Through a High Performance Context: Contextual Ambidexterity and Its Performances Consequences", *Academy of Management Best Paper Proceedings*, 2001.
44. Os dados se basearam em uma subamostra de entrevistados de 104 empresas alemãs em 2009: 104 entrevistados para ambidesteridade, 3.804 entrevistados para estados de energia e 234 para medidas de desempenho. Veja também Gibson e Birkinshaw, "Organizational Ambidexterity".
45. R. Charan, "How Networks Reshape Organizations-for Results", *Harvard Business Review*, set.-out. 1991, 104-115.
46. Os dados se basearam em uma subamostra de entrevistados de 164 empresas alemãs em 2008: 3.905 entrevistados para empreendedorismo e 234 entrevistados para estados de energia.
47. Bruch e Ghoshal, Bias for Action.
48. W. E. Morrison e F. J. Milliken, "Organizational Silence: A Barrier to Organizational Change and Development in a Pluralistic World", *Academy of Management Review*, 25 (2000): 706-725.
49. L. Perlow e S. Williams, "Is Silence Killing Your Company?", *Harvard Business Review*, maio 2003, 52-58.
50. Carta de sexta-feira n. 7, 11 out. 2002.

51. H. Bruch e B. Vogel, "Die Philosophie der 'Nummer 1'", *Harvard Business Manager*, 30 (2008): 32-42.
52. Bruch e Ghoshal, Bias for Action; E. H. Schein, *Organizational Culture and Leadership*, 2. ed. (São Francisco: Jossey-Bass, 1992).
53. Bruch e Bieri, "Hilti 2003"; Bruch e Bieri, "Hilti 2003", observação; Bruch e Poralla, "Hilti 2008".

Capítulo 6

1. R. Cross, W. Baker e A. Parker, "What Creates Energy in Organizations?", *Sloan Management Review*, 44 (2003): 51-56.
2. H. Bruch e S. Ghoshal, *A Bias for Action: How Effective Managers Harness Their Willpower, Achieve Results, and Stop Wasting Their Time* (Boston: Harvard Business Press, 2004).
3. O nome do programa, *21 Grams*, se baseia em experimentos de Duncan MacDougall (1866-1920), um médico de Massachusetts do início do século XX que procurou mensurar o peso da alma humana (D. MacDougall, "Hypothesis Concerning Soul Substance, Together with Experimental Evidence of the Existence of Such Substance", *Journal of the American Society for Psychical Research* [1907]).

Apêndice

1. Direitos autorais © 2010 do Institute for Leadership and Human Resource Management, Universidade de St. Gallen, Suíça. Todos os direitos reservados em todas as mídias.

Índice remissivo

ABB, 19, 252
  carisma do CEO, 209
  cartas de sexta-feira, 183-184
  crescimento excessivo e mudança incessante, 46
  dedicação aos desafios, 117-118
  desenvolvimento de lideranças, 210
  empregados, 118, 130-131, 152
  encorajamento emocional, 95-97
  exaustão organizacional, 164
  excesso de aceleração, 163
  identidade, 154
  identidade sustentável, 154
  inércia resignada, 47-48
  Leadership Challenge Program, 210
  multicarga, 163
  orgulho, 153
  pontos fortes e sucessos do passado, 153
  rápido crescimento, 49
  reorganização drástica, 163-164
administração
  envolvimento em "matar o dragão", 81-88
  estruturas alinhadas aos princípios de liderança, 216-217
  falta de clareza e consenso, 87
  incorporação da cultura à, 241
  revigorante, 194-195
administrando proativamente a energia, 247-248
agentes de mudança, identificação de, 66-67
agressão e armadilha da aceleração, 158
agressão interpessoal, 120
alerta mental, 79
alta energia corrosiva e desempenho, 57-58
alta energia produtiva, 21-22
Alstom, 19
Alstom Group, 68
Alstom Power Service. *Veja* APS
ambidestralidade contextual, 234-235
ameaças
  ações tangíveis para superar as, 93
  acompanhamento das, 93
  adoção do processo de radar, 202
  autênticas, 78
  como um desafio positivo, 92-94
  compreensão das, 90-92
  comunicação aos empregados, 88-90
  concorrentes, 82
  confiança em lidar com as, 92-94
  conscientização, 75
  desapego do empregado às, 87-88
  discussão, 84
  empresas de sucesso, 82
  evasão defensiva, 82-83
  externas, 78
  foco nas, 85
  identificação de, 78, 82-83
  imaginárias, 78
  interesse emocional pelas, 90
  interpretação, 83-85
  mobilizando os empregados, 98
  pressão das, 83-84
  proteger os empregados das, 247
  quantitativas e qualitativas, 202
  raízes das, 83-85
ameaças externas e acionadores de estresse, 78
apoio individualizado, 213
Appel, Egbert, 189, 219, 242
Apple, 40
APS (Alstom Power Service), 68
armadilha da aceleração, 27-28, 48-49, 158
  atividades simultâneas, 158-159
  carga perpétua, 164-166
  cultura de *pit stop*, 186
  desacelerar para acelerar, 174-175, 184-185
  desempenho, 158
  detecção, 159, 161-164
  energia corrosiva, 158
  escapar da, 31, 157-192
  esteira ergométrica de atividade e pressão, 160
  faxina geral, 169-170
  mudanças, 171, 173, 175-186, 189-191
  multicarga, 163-164, 167
  parando a ação, 167-171
  pausas, 174, 179-184
  prejudicando a empresa, 158
  redirecionamento de sistemas de gestão, 173, 175-179
  sinais de alerta antecipado, 167
  sintomas, 158
  sistemas de *feedback*, 175, 186, 189-190
  sobrecarga, 161-163, 167
  tendências de negócios, 167
armadilha da complacência, 26, 40, 193
  "conquistar a princesa", 26
  escapar da, 30-31
  identificação da ameaça, 75
  "matar o dragão", 26
  principais ferramentas para o combate da, 74
  tirando as empresas da, 99-100
armadilha da corrosão, 26-27
  alinhamento, 125-126

comunicação cortês *versus* verdadeiro diálogo, 125
confiança, 126
conflito, 123-124
   escapar da, 31, 120-154
   fraca identidade organizacional, 126
   mensurar a corrosão, 124, 126-127
   negar as tendências corrosivas *versus* lidar proativamente com a, 125
   neutralização da, 127-144
   procurar a, 122-123
   sinais de alerta antecipado, 125-126
armadilhas de energia comuns, 25-28
arrogância, 238
ASPIRE (ASPirational Initiatives to Retain Excellence), 107
assistente de comunicação pessoal, 186
assistentes sociais na Lidl, 145-147
atendimento direto ao cliente, 224
AT&T, 104
atividades de prioridade máxima, 173
atividades em suspenso, 173
atividades orientadas ao futuro, 115
Audéo, 186
Audi, 105-106
   amor pelo máximo desempenho, 255-256
   desobediência criativa, 235
   espírito empreendedor, 235
   intenso desenvolvimento pessoal, 250
   programa 21 Grams, 255
avaliação da energia organizacional, 25, 259-265
   aplicação do QEO, 68-71
   armadilhas comuns, 25-28
   autoavaliação, 264
   autoconceitos, 43
   benchmarks, 64-65
   desempenho de negócios e, 22
   em *workshops*, 71
   energia confortável, 29-34
   energia corrosiva, 50-57
   energia produtiva, 33-39
   estratégias, 43
   índice QEO, 61-69
   inércia resignada, 42-48
   levantamento com empregados, 36-37, 39
   monitoramento, 69-70
   passos para a verificação instantânea de energia, 72
   perfil de energia, 264-265
   perguntas a fazer sobre a, 18
   QEO (Questionário de Energia Organizacional), 22, 23, 50, 60-62

Badstübner, Achim, 250
baixa energia positiva ou energia negativa, 20
baixa energia produtiva, 37
baixa intensidade, 18-19
bajuladores, 43
Baloise Group, 52, 221
Baloise Switzerland, 52, 95, 212-213
Balzers, determinação de metas, 175-176
Barnevik, Percy, 46, 47, 130, 163, 209
barreiras à visão, superação de, 197, 203-205
Barsade, Sigal G., 17
Baschera, Pius, 84, 196, 202, 205, 219, 220, 237-238, 257
Berg, Hans, 132, 133
Bibeault, Donald B., 82
Birken, Alexander, 134
Black & Decker, 202
Bleicher, Knut, 116
BMW, 198-199
Bolli, Thomas, 182
Bosch, 202
Bosch-Siemens Haushaltsgeräte. *Veja* BSI
branding, 109
brainstorming destrutivo, 136-139
brainstorming negativo, 137-139
Brooklyn Brewery, 227
BSH (Bosch-Siemens Haushaltsgeräte), 26-27, 50-51
Buechner, Ton, 162
Bush, George H. W., 16
Busch-Jaeger, 90-91, 226
buw, 228
carga perpétua, 164-166
Carl Zeiss, 231, 243-244
Carlson Wagonlit Travel. *Veja* CWT
celebração de sucessos, 181-182
Centerman, Jörgen, 47, 164
CEOS. *Veja* executivos
CEOS suíços e crise financeira global, 196
Chapero, Valentin, 27-28, 34, 185, 196
Citius, altius, fortius (lema olímpico), 27
clientes ocultos, 225
combatentes da toxicidade, 139-144, 146
"*commitment to yourself*" ("comprometa-se consigo mesmo"). *Veja* COTOYO
companhias aéreas, colapso acentuado após o 11 de Setembro, 35-36
complacência, 146-147
   estruturas de liderança descentralizadas, 219
   evitar a, 82
   indicadores de, 41
   padrões de liderança, 43
comprometimento coletivo, 150-151

comprometimento compartilhado, 151
comunicação
    apele às emoções dos empregados, 90-91
    comunicação cortês *versus* verdadeiro diálogo, 125
    conscientização, 88-91
    encorajamento, 122
    incitando à ação, 88
    liderança, 210
    perigo realista e relevante, 88-90
    restauração de linhas de, 127
concorrência
    energia corrosiva, 52
    energizar empregados para enfrentar a, 89
    grande ameaça, 86
concorrência interna, 52, 120-121
confiança
    combatentes da toxicidade, 143
    falta de, 126
ConocoPhillips, 18
"conquistando a princesa", 29-30, 104, 99-116
    alavancando a tensão positiva, 100
    alinhando recompensas com a visão, 111-113
    branding claro da visão, 108-109
    busca de longo prazo, 115-116
    busca da visão compartilhada, 117
    confiança na oportunidade, 109-112
    continuidade, 115-116
    ceticismo, frustração ou estresse negativo, 100
    empregados que não apoiam a visão, 111
    energia produtiva, 100
    inércia resignada, 79, 99-100
    liderança inspiradora, 210-213
    limitação de tempo da oportunidade, 116
    matando pequenos dragões no caminho, 117-119
    mobilização da energia ao redor, 247-249
    monitoramento do progresso da visão, 109
    oportunidades, 101-103
    orquestrando a utilização, 116-119
    passos anteriores, 114-116
    resumo de tarefas, 101
    tarefas, 101-114
Continental AG, 113-114, 115, 250
    divisão entre grupos, 199
    identificação da princesa, 103
    indústria automobilística, 118
    metas compartilhadas e intenso comprometimento coletivo, 151
    redes sociais por toda a empresa, 221
    reuniões PDE (pesquisa, desenvolvimento e engenharia), 151, 199
    continuidade, 199

coragem
    de desenvolver líderes, 256-258
    de liderar uma empresa energizada, 254-256
    versus incerteza, 238-239
corrosão
    impedir vigorosamente a, 251-253
    prevenir a, 144, 146-148, 149-154
COTOYO ("*commitment to yourself*" – "comprometa-se consigo mesmo"), 233
crise financeira, 118
crise financeira global e CEOs suíços, 1196
cultura apressada, 179
cultura coerente, 242-244
cultura de aceleração, 191-192
cultura preferida, 239-241
culturas
    aceleração, 171, 173, 175-186, 188-191
    alterar e influenciar, 239
    análise das atuais, 240
    avaliação estratégica, 244
    coerentes, 242-244
    complacência, 41, 42
    coragem *versus* incerteza, 238-239
    definição, 228
    desempenho, 237-238
    desenvolvimento, 239-241
    energia confortável e, 234
    energia corrosiva e, 234, 252
    faxina geral, 170
    feedback, 122
    feedback aberto *versus* excesso de tolerância, 236-237
    foco *versus* excesso de atividade, 236
    inércia resignada, 234
    iniciativa empreendedora *versus* obediência, 235
    inovação *versus* rotina, 234-235
    integridade *versus* oportunismo, 234-235
    necessidade de excelência *versus* necessidade de níveis obrigatórios de desempenho, 237-238
    preferidas, 240-241
    revigorantes, 195, 228-245
    sistema de gestão, 241
    valores, 241
culturas corrosivas, natureza crônica das, 134
cultura organizacional, 17. *Veja também* culturas
cúpula administrativa, 54-55
    boa liderança, 210
    filtrando ou dourando a pílula das más notícias, 122
    impulsionando a confiança na visão, 111
    mudanças frequentes na, 47-48
CWT (Carlson Wagonlit Travel), 12-15, 17-18, 22-23

CWT Netherlands, 12-15, 20, 60
DAIG (Deutsche Annington Immobilien Group), 70
Day, George, 196
Dekker, Jan Willem, 12-15, 17-18, 60
demandas, explosão de, 162
desacelerar para acelerar, 184-185, 253-255
desaceleração, 253-255
desafios externos e mobilização da empresa, 75-99
desafios, identificação de, 74
desempenho
    armadilha da aceleração, 158
    CWT (Carlson Wagonlit Travel), 24
    energia confortável, 39-40, 44-45
    energia corrosiva, 57-58
    energia organizacional, afetando a, 21-23
    energia produtiva, 36, 38, 40
    Hilti, 195
    indicadores, 104
    indicadores cruciais elevados, 104
    inércia resignada, 46-50
    informantes-chave e, 21
detecção de forças corrosivas, 121-127
Deutsche Annington Immobilien Group. *Veja* DAIG
direcionamento, falta de, 48
disciplina, falta de, 191
disputas internas, 120
Domino's Pizza, 104
Dormann, Juergen, 95, 117, 150, 183-185, 194, 209
    cartas de sexta-feira, 152-154
    cultura de comunicação, 237
    ênfase nos pontos em comum, 153
Drack, Silja, 76, 145
dragão seguido de princesa, 117-118
dragões, 85-86
    mobilização da energia ao redor de, 147-149
    seguidos de princesas, 117-118
Dutton, Jane, 36
Edmonson, Amy C., 54
Eisert Klaus, 96
e-mails, utilização excessiva de, 192
emoções, apelo às emoções dos empregados, 90-91
empresas, 199
    alta energia corrosiva, 57
    alta energia produtiva, 21, 36
    assumir encargos demais, 157
    brainstorming desconectado e negativo, 137-138
    busca do atingimento de metas, 21
    canalização insuficiente da energia, 98
    concorrência negativa entre unidades internas, 52
    crescimento rápido demais, 162
    desigualdades entre divisões, 52

energia confortável, 22, 41-43
energia corrosiva, 21, 23
energia produtiva, 36
entusiasmo dos clientes, 227-228
estados de energia, 61
excesso de aceleração, 158
fazer mais com menos, 49
feedback do cliente, 90-91
fontes de ideias e inspiração, 196
identidade complacente, 40, 147
identidade desenraizada, 147
identidade exaurida, 146-147
identidade sustentável, 148
identificação de sinais fracos, 83
índice EO, 61
inércia resignada, 21 23
mudança, 43, 184
redirecionamento de sistemas de gestão, 173, 175-179
sustentar a energia, 190
valores, cultura e apoio mútuo, 57
empresas de alta energia, 38
empresas de baixa energia, 38
empresas de sucesso e ameaças, 82
empresas inertes, mobilização de, 98
empresas sobrecarregadas, 97-98
Emoções tóxicas no trabalho (Frost), 57
encarando de frente o conflito, 123-124
encerramento de projetos, 188
encorajamento emocional, 95-97
energia
    administrar proativamente a, 247-248
    avaliada pelos empregados, 21
    coletiva, 16
    contagiante, 17
    definição da organização, 11, 15
    destrutiva, 51
    efeito de contágio, 17
    empreendedorismo, 235
    espirais de autorreforço, 17
    Hilti, 195
    impulsionamento da, 12, 32
    mal direcionada e mal utilizada, 121
    nenhuma, 265
    orquestração da, 11-32
    positiva e negativa, 19-20
    produtiva, 33-39
energia coletiva, 16
energia confortável, 19-20, 22, 39, 129, 262-265
    armadilha da complacência, 40-41
    dominância, 40, 41-43, 64
    eficiência, 235

empreendedorismo, 235
exemplo prático, 40
inação dos empregados, 40
inovação, 235
liderança inspiradora, 210
liderança orientada à prevenção, 213
Lufthansa, 42-43
mudança e, 43
nível reduzido de atividade, 40
percepção de sinais fracos, 40
pontuação, 64-65
qualidades positivas, 45
questões a detectar, 44
sem energia produtiva, 39
energia confortável dominante, 41-13
energia corrosiva, 13-14, 19-21, 24, 50-58, 262-265
   abordagem lúdica para lidar com, 133-134
   administração e, 122
   agir rapidamente contra, 120-121
   agressão e forças destrutivas, 66
   agressão interpessoal, 120
   alta *versus* baixa, 50, 56, 58, 122-123
   armadilha da aceleração, 158
   batalhas internas, 51
   busca de sinais de, 252
   combate à, 57
   combatentes da toxicidade, 142-144
   comportamento passivo em relação à, 251
   comportamentos egoístas e, 53-54, 129
   comprometimento coletivo, 151-152
   concorrência negativa, 52
   confrontar a organização em relação à, 135-136
   coordenação interna e melhoria de processos, 57
   crescimento das empresas, 56
   cúpula administrativa, 55-56
   detecção antecipada, 123-124
   disputas internas, 120
   efeitos de longo prazo, 54
   eficiência, 235
   emoções negativas, 54
   empreendedorismo, 235
   energia destrutiva, 51
   espiral descendente de, 56
   estafa, 57
   exaustão emocional, 57
   imagem clara da, 121-122
   índices de desempenho, 56
   injustiça percebida, 129
   inovação, 235
   liberar a pressão, 130-131
   lidar diretamente com a, 251-252
   liderança orientada à prevenção, 213
   lutas de poder, 129
   negando evidências de, 123
   perigos da, 56-58
   poder destrutivo, 121
   porcentagens de *benchmarks*, 65-66
   prejudicando as empresas, 121
   prejudicando e enfraquecendo os outros, 51
   prevenção ou redução da, 69
   produtividade corporativa, 57
   questões a detectar, 59
   questões burocráticas e administrativas, 57
   raiva e fúria, 51
   rápida intensificação da, 56-57
   razões para, 51-56
   redirecionamento da, 127
   remoção rápida e vigorosa da, 66
   rivalidades internas, 120
   sacudidela emocional, 134-142
   sentimentos negativos resultantes da, 144
   sinal de alerta drástico, 134-139
energia individual e energia organizacional, 16-17
energia negativa, 19
   confrontando a, 123
   envolvendo proativamente os gestores, 87
   mensurando a, 122
energia organizacional, 16-17, 32. *Veja também* energia
   administrar proativamente a, 247-248
   análise e visualização da, 62-67
   armadilhas comuns, 25-28
   avaliação da, 25, 259-265
   componentes da, 15-16
   definição, 11, 15
   desempenho e, 21-23
   energia confortável, 19-20
   energia corrosiva, 19-20
   energia individual e, 16-17
   energia produtiva, 19-20
   destruição sistemática e sustentada, 207
   foco da, 31, 157-192
   impulsionadores mais relevantes, 67
   independência de estados, 20
   inércia resignada, 19-20
   intensidade da, 18-19, 33
   líderes e, 16, 17-18
   melhor estratégia para, 25
   oportunidades atraentes e, 100
   potencial emocional, cognitivo e comportamental, 15-16
   maleável, 15, 17-18
   matriz da energia, 18-20

má utilização da, 21
mensuração da, 59-73, 207
mobilização da, 30-31, 74-119
monitoramento, 69-71
obter o máximo da, 25-29
qualidade, 19, 33
situação atual da, 17
sustentar a, 28-32, 193-245
tipos de, 15
vitalidade corporativa, 12
energia positiva, 19, 31, 39, 120-154
energia produtiva, 14, 19-20, 33-39, 63, 235, 262-265
   alta *versus* baixa, 22, 36, 40, 65
   atividades essenciais cruciais para o sucesso, 33
   canalização da, 98
   como estado dominante, 41
   desenvolvimento da, 69
   discussões construtivas, 54
   distanciamento da, 27
   distribuição da, 37-38
   efeitos de desempenho positivo, 57
   eficiência, 235
   empreendedorismo, 235
   energia confortável sem, 39
   energia positiva, 120-154
   entusiasmo, alerta e empenho compartilhado, 36
   espirais positivas, 34
   estruturas de liderança descentralizadas, 219
   experiências do cliente, 223
   foco, 225
   grau de, 64
   inovação, 235
   liderança, 208, 210
   liderança orientada à prevenção, 213
   Lufthansa, 35
   metas em comum, 34
   metas, tarefas e iniciativas compartilhadas, 129
   níveis hierárquicos e, 38-39
   potencial da empresa, 98
   preservação da, 69
   questões a detectar, 38
   rápida redução da, 98
   redução da energia de volta à, 161-162
   urgência produtiva, 34
Enron, 41, 49
entusiasmo pelas visões, 104-105
envolvimento emocional, 79
escapando da armadilha da corrosão, 120-154
espirais positivas, 34
esportes e *feedback* do cliente, 226-227
estados de energia, 63-65, 262
   dominantes, 61

"dourar a pílula" de más notícias sobre, 122
   imagem dos, 61
estagnação, 255
estratégia compartilhada, 197, 198-201
estratégias
   avaliação regular das, 197
   compartilhadas, 198-201
   complacência, 41, 42
   conquistando a princesa, 116-119
   continuidade, 199
   decisões e informações atuais, 203
   descentralizadas, 203
   desenvolvimento contínuo, 206
   discussão de questões, 84
   feedback e, 203
   flexibilidade, 201
   focadas e realistas, 203
   "matando o dragão", 78
   milestones, 200-201
   monitoramento da implementação, 67
estruturas de liderança
   comunicação da autonomia, 221
   descentralizadas, 218, 219-221
   líderes energizadores, 209-218
   pontos de contato com o cliente, 223-228
   redes sociais por toda a empresa, 221-223
   relacionamentos informais, 219-223
   revigorantes, 206-218, 219-228
estruturas de liderança descentralizadas, 218, 219-221
eustresse, 90
evasão defensiva, 82-83
excesso de aceleração, 48-49, 184, 186, 253
excesso de tolerância *versus feedback* aberto, 236-237
executivos
   energia corrosiva, 123, 142
   estado de energia, 59-60
   forças negativas, 122-123
   lidando com o negativismo, 66
   lidando com os conflitos, 123
   membros do *staff* e, 88
   modo de aceleração em excesso e, 172
   orgulho organizacional, 145
   sacudidelas emocionais, 142
   temas quentes, 54
exemplos a serem seguidos baseados em sucessos passados, 94-95
exemplos externos a serem seguidos, 95

falso senso de segurança, 201
fases-chave, definição, 184

faxina geral, 169-173
faz parte da vida, 232-233
FC Bayern Munich, 238, 256
feedback
   aberto, 41, 49
   descritivo em vez de acusatório, 132
   dos clientes, 225-226
   dos empregados, 189
   estratégias e, 203
feedback aberto, 231
   versus excesso de tolerância, 236-237
feedback do cliente, 224, 226-228
feedback instantâneo do cliente, 225-226
fim do período do dragão, 117
Fischer, 202
FME (Fujitsu Microelectronics Europe), 216
foco
   energia organizacional, 31, 157-192
   falta de, 191
foco excessivo na oportunidade de longo prazo, 114-115
força dinâmica coletiva, 17
forças corrosivas
   detecção de, 121-127
   subjacentes, difusão de, 131
Ford, 104
fraca identidade organizacional, 126
Frerks, Martin, 135-136
Fritsche, Christian, 106
Frost, Peter, 57, 142
funcionários
   absenteísmo, 44
   ameaças, 89
   apatia, 44-45
   atribuição do sucesso aos, 94
   clientes, 13, 224-225, 226-227
   compartilhamento de experiências negativas, 143
   comportamento destrutivo e agressividade, 54
   comportamento egoísta, 53-54
   confiança na empresa, 92-95
   confiando na energia dos, 250
   desapego à ameaça, 87-88
   desvio da norma, 216
   emoções dos, 33, 50, 57, 90-91, 130-131,143
   energia altamente destrutiva, 14
   energia confortável, 40
   energia corrosiva, 13-14
   energia produtiva, 14
   estafa, 57
   falta de comprometimento, 46
   falta de comunicação, 13
   falta de motivação, 12-13
   falta de recursos, 160
   feedback, 67, 189
   foco na promoção do cliente, 212
   identificação de indícios, 83
   inércia resignada, 13-14, 45-46
   intensamente comprometidos, 37
   lidando com ameaças, 93-94
   mantendo os problemas longe dos, 88
   máximo desempenho, excelência e entusiasmo, 13
   mensageiros e catalisadores, 96
   metas coletivas, 103
   monitorar indícios, 204
   o que podemos parar de fazer, 168-169
   pausa, 182
   pensamento criativo sobre o problema, 85
   perigo realista e relevante, 88-90
   perspectiva compartilhada, 145
   questionamento do *status quo*, 209
   reconhecimento dos, 224, 225-226
   resolução de problemas, 88-92
   senso reduzido de identidade entre, 57
   visão e estratégia, 14
   visões emocionalmente atraentes, 104-107
futuro, imagem clara, vívida e única do, 102-103

gargalos, identificação de, 66-67
Gates, Bill, 180-181, 254
Genscher, Hans-Dietrich, 53
gestão de crises e parar a ação, 172
gestores
   classificando projetos, 172
   comportamento egoísta, 53-54
   desviando-se das norma da liderança, 216-218
   dúvidas em relação à capacidade dos, 207
   evasão defensiva, 82-83
   excessivamente orientados às regras, 43
   metas, 152, 199
   necessidade de níveis obrigatórios de desempenho *versus* necessidade de excelência, 237-238
   sistema APO (administração por objetivos), 176
   subestimando ou ignorando os problemas, 82
   verificação instantânea de energia, 71
Gorbachev, Mikhail, 16
grandes ameaças, identificação de, 74
Grünes, Thomas, 170

Happy Gate, 134
Hätty, Holler, 36, 166
Heifetz, Ronald A., 88
Hilti Group, 18, 194, 212, 234
   acampamento da fundação, 234

acampamento *pit stop*, 188-189, 234
acampamento Rubicon, 234
administração revigorante, 195
atividades de questionamento, 177
círculo de hábitos, 232, 2238
Competition Radar, 201-202, 206
concorrentes, 202
conselho de administração executivo, 220
coragem, 238
COTOYO ("*commitment to yourself*"– "comprometa-se consigo mesmo"), 233
cultura, 228-229, 233-234, 241-242, 244
cultura orientada à inovação, 233
desempenho, 195
desenvolvimento cultural, 220, 244
desenvolvimento de líderes, 257
EGE (equipe gerencial executiva), 220
energia, 195, 201
estratégias, 206
estrutura descentralizada, 219, 233
evolução contínua, 206
exemplos a serem seguidos, 94
faz parte da vida, 232-233
feedback, 237
funcionários, 202, 206, 219, 233
GAE (grupo de administração executiva), 206, 219-220
identificação das raízes do problema, 85
incentivos mal alinhados, 85
integridade, 236
justiça, 242
levantamentos de satisfação de clientes, 202
levantamentos com clientes, 206
liberdade de escolha, 232
listas de atividades que devem deixar de ser feitas, 177
metas estratégicas, 84
necessidade de excelência, 238
normas comportamentais, 236
orientação sistemática ao mercado, 202
Our Culture Journey, 188, 230, 234, 236, 248
pausas, 188
pessoal de vendas e concorrentes, 202
pontos de contato com o cliente, 224
princípios, 232-233
programa de treinamento cultural, 177
promoções, 242
redes sociais por toda a empresa, 221
regras, 232
Rule 69, 219
saída de membros do conselho de administração, 219

sinais fracos no ambiente, 202
sucesso e, 84
treinamento INNO, 228-229, 232, 233
valores, 232, 234, 242
vendas diretas, 219, 225
Hilti, Michael, 187, 220, 233, 242
Holtz, Ulrich, 182
Horch, August, 255
Huber, Heinrich, 90
Hubschneider, Martin, 94-95

IBM, 40, 115, 234
  eventos de improviso, 204-205
  redes sociais por toda a empresa, 221
identidade corporativa, 147-150
identidade desenraizada, 146, 147, 154
identidade exaurida, 146-150
identidade organizacional, 128
  identidade complacente, 146
  identidade desenraizada, 146
  identidade exaurida, 146-147
  identidade sustentável, 146
  investimentos visíveis e convincentes na, 154
  orgulho organizacional, 145
  prevenindo a corrosão, 144, 146-148, 150-154
  perspectiva compartilhada, 145-146
identidade sustentável, 146, 148, 154
iF Product Design, prêmio, 226
Igreja de São Nicolau (Leipzig), 16
impulsionamento da energia, 32
incerteza versus coragem, 238-239
índice eo, 61
  análise e visualização da energia organizacional, 62-67
  benchmark de boas práticas, 64
  energia corrosiva, 50-58
  energia produtiva, 64
  estados de energia, 63, 64
  estados de energia dominantes, 61
  estados de energia negativos, 65
  inércia resignada, 44-50
  interpretação do, 262-264
  pontuação de energia confortável, 64
indústria de viagens, 12
inércia resignada, 13, 19-21, 44-50, 265
ABB, 46-47
  alta *versus* baixa, 45
  apatia, 44-45
  atributos, 45
  baixos níveis de atividade, 45
  comunicação reduzida, 45
  conquistando a princesa, 79

289

crescimento excessivo, 49
disseminação da, 66
efeitos sobre os empregados, 45-46
eficiência, 235
empreendedorismo, 235
estresse coletivo, 78
excesso de aceleração, 48-49
falta de uma direção clara ou positiva, 48
frustração e dissociação interna, 99-100
identificação da ameaça, 75
inovação, 235
liderança inspiradora, 210
liderança orientada à prevenção, 213-214
matando o dragão, 79
metas, 45
mudança e, 45, 47-49
mudanças na cúpula administrativa, 47-48
negativismo criado por, 45
porcentagens, 65-66
prevenção ou redução da, 69
questões a detectar, 50
razões para, 46-50
remoção da, 66
resultados do QEO, 23
retirando as empresas da, 99-100
satisfação e, 46
iniciativa empreendedora *versus* obediência, 235
iniciativa pessoal, 231
inovação, 231
  versus rotina, 234-235
intensidade, 33
Itemis, 225-226

João Paulo II (papa), 16
Johnstone, Tom, 89-90, 250

Kahn, Oliver, 238, 256, 257
Kawi, Ryoichi, 86
Kennedy, John F., 104
Kohl, Helmut, 16
Komatsu, 86, 89
Kössler, Peter, 105, 106
Krabbe, Hans-Georg, 90-91
Krüger, Harald, 198
Kurz, Dieter, 243

Laura Ashley, 40
Laurie, Donald L., 88
Lehnhardt, Silke, 166
levantamentos com empregados, QEO como, 67-68
levantamentos de opinião com empregados, 67
levantamentos de satisfação de empregados, 64-65

liberar a pressão, 130-134
liderança
  clímax, 215-216
  clímax geral da, 215-216
  compartilhamento da, 207
  competência essencial da organização, 207
  complacência, 41, 42
  complacência e inércia, 26
  comunicação, 210
  continuidade da, 115-116
  desenvolvimento formal, 209-210
  energia produtiva, 208. *Veja também* energia produtiva
  energia organizacional, 209. *Veja também* energia organizacional
  equipes inspiradoras e energizantes, 208
  estruturas de administração, 216-218
  feedback contínuo, 209-210
  inspiradora, 210-213
  orientada à prevenção, 213-214
  orquestrando a energia, 11-32
  princípios não alinhados aos incentivos, 216
  revigorante, 195
liderança compartilhada, 207
liderança inspiradora, 210-216, 219
liderança orientada à prevenção, 213-214
liderando pelo exemplo, 248, 254
líderes
  abordagem positiva, 99
  apoio individualizado, 213
  apresentando o desafio, 86
  atacando apenas os sintomas, 83
  atividades, 170
  atividades simultâneas, 27
  bônus, 113
  concentrando-se na ameaça, 85
  coragem de desenvolver, 256-257
  deixando de comunicar a ameaça, 88
  determinando o foco, 86
  empregados liberando a pressão, 233
  energia corrosiva, 251
  energia organizacional, 16, 17-18
  energizantes, 209-218, 246-258
  estados de energia, 11, 65-66, 262
  evasão defensiva, 82-83
  excesso de aceleração, 253
  falta de quadros de referência e ferramentas, 18
  futuro desejado ou oportunidade especial, 102-103
  impelindo as empresas ao limite de sua capacidade, 164-165
  intelectualmente estimulados, 212

"matando o dragão", 79
máximo desempenho, 255-256
menos dependência dos, 207
motivação inspiradora, 212
parando a ação, 168
pausar e reorganizar-se, 172
pausas, 180
pouco tempo disponível, 83
sacudindo emocionalmente a empresa, 134-142
sistema de administração revigorante, 194-195
subestimar ou ignorar os problemas, 82
líderes energizantes, 246-258
líderes individuais, 32
Lidl Switzerland, 179, 247, 252
   assistentes sociais lidando com a toxicidade, 145-146
   energia negativa, 145
   enorme crescimento, 179
   entrando no mercado suíço, 75-78, 145-146
   "matando o dragão", 75-77
   motivação e clima positivo, 145
   oportunidades de crescimento, 82
   ponto de contato da administração para, 145
   proibição de novos projetos em toda a empresa, 179
   princípios corporativos e declaração de missão, 145
Lindahl, Göran, 47, 163
logos, excesso de utilização de, 108
Loos, Christoph, 188
Ludwig-Ehrhard Award, 226
Lufthansa, 12, 18, 194, 234, 247
   ações para combater ameaças, 93
   alterando o foco, 166
   C-Experience, 222
   colapso drástico após o 11 de Setembro, 35-36
   controle de custos, 164
   conselho de administração executivo e gestores, 36
   crise financeira nos anos 1990, 42
   cultura, 42
   cultura organizacional, 231
   custos do conflito, 53
   danos à, 53-54
   energia confortável, 42-43
   energia produtiva, 35
   estafa, 166
   estratégia, 42
   estratégias de resolução de problemas, 93
   evasão defensiva, 82-83
   Explorers 21, 221-222
   formalização, burocracia, padronização e centralização, 42
   greve dos pilotos (2001), 53-54, 121
   identificando o dragão, 81
   iniciativas estratégicas, 199-200
   liderança, 42
   matando o dragão, 81
   metas direcionadas, 35-36
   milestones, 200
   Operational Excellence, 200
   padrões de liderança complacente, 43
   passageiros, 42
   prevenindo a complacência, 28
   processo de mudança de longo prazo, 165
   programa D-check, 35, 81, 84, 200
   programa D-check Acute, 35, 36
   programa de desenvolvimento de gestores juniores, 221-222
   pior cenário possível, 81
   redes sociais por toda a empresa, 221
   reduzindo os custos com recursos humanos, 35-36
   School of Business, 165, 221
   STEP, 222
   Team Lufthansa, 222
   transporte de passageiros, 165
   Upgrade, 200

Makita, 202
Malik, Fredmund, 169
Malkowich, Philipp, 110
Marcano, Gabriel, 131
"matar o dragão", 26, 30-31, 74, 76-99
   alerta mental, 79
   ameaças, 80, 82-88, 92-95
   ameaças autênticas, 78
   antes de, 97-98
   aumentando a energia na crise, 75
   comunicação, 88-92
   conquistando a princesa, 118-119
   dominando o desafio, 79
   dragões imaginários, 78
   eficácia, 97-98
   encorajamento emocional, 95-96
   envolvendo os empregados, 79
   envolvimento da equipe gerencial, 86-87
   envolvimento emocional, 79
   exemplos a serem seguidos baseados em sucessos passados, 94-95
   imagem vívida do dragão, 85-86
   inércia resignada, 79
   Komatsu, 89
   liderança orientada à prevenção, 213-214

líderes, 79
Lidl, 75-78
Lufthansa, 81
mobilização da energia ao redor de, 89, 116-117, 247-249
  orquestrando a utilização de, 116-119
  resumo de tarefas, 80
  tarefas, 80-97
matriz da energia, 30, 33
  energia confortável, 39
  energia corrosiva, 50-58
  energia produtiva, 33-39
  inércia resignada, 44-50
Maru-c, abordagem na Komatsu, 89
Mauerer, Florian, 242
Mayrhuber, Wolfgang, 166
máximo desempenho, 255-256
McDonald's, 104
mensuração da energia organizacional. *Veja também* avaliação da energia organizacional
  análise e visualização com o índice EO, 62-67
  avaliações, 259-265
  QEO (Questionário de Energia Organizacional), 60-62, 67-69
  razões para, 59-60
metas, 199
  Balzers, 175-176
  comuns, 34
  conexão pessoal com as, 212
  pausas, 182
  valorização e celebração das, 183-184
metas ambiciosas, 199
metas coletivas, 103
metas compartilhadas, 235
metas de atividades que devem deixar de ser feitas, 176
metas desafiadoras, 199
metas em comum, redirecionamento de, 150
Microsoft, 180-181, 254
milestones, 200-201
Miller, David, 126-127
Milliken, Frances J., 122
Mobility Technologics. *Veja* MT
mobilização
  empresas, 99-116
  empresas inertes, 98
  energia, 247-248
mobilização da energia organizacional, 74-119
  conquistar a princesa, 74
  matar o dragão, 74, 75-99
monitoramento, 69-71
Morrison, Elizabeth Wolfe, 122

Moser, Peter, 169
motivação inspiradora, 213
MT (Mobility Technologics), 111-112
mudança
  faxina geral e, 171, 172
  início e conclusão claros, 184
  interminável ou malsucedida, 47-48, 109
  monitoramento, 67
mudança cultural, 43, 184
multicarga, 163-164, 167
Muro de Berlim, queda do, 16-17
Muthuraman, B., 107, 250

negar as tendências corrosivas *versus* lidar proativamente com, 125
negativismo
  exercício de representação de papéis, 134
  reduzir gradualmente o, 129-134
  válvulas de escape para o, 130-134
negócios *versus* foco, 236
neutralização da energia corrosiva, 127-131
Nike, 104
Nokia, 104, 205
Novo Nordisk, 228, 234
Number ONE, estratégia, 198
Number ONE on Tour, 198-199

obediência *versus* iniciativa empreendedora, 235
objetivos
  mais importantes, 199
  restritivos, 175-177
O'Connell, David, 142-144
Olesch, Günther, 96, 172, 247-248, 249
oportunidade de longo prazo, foco excessivo na, 114-115
oportunidades
  alinhamento dos sistemas de recompensa com as, 111-114
  comunicação apaixonada das, 104-109
  concretização das, 99-116
  definição, 101-103
  desafios, 195
  empregados, 103
  foco da energia nas, 250
  fortalecimento da confiança nas, 109-114
  imagem vívida e inigualável das, 102-103
  identificação, 101-103, 195
  interpretação, 101-103
  limitação de tempo das, 116
  longo prazo, 114-115
  mobilizando empresas, 99-116
  natureza abstrata, 101-102

oportunismo *versus* integridade, 235-236
O'Reilly, Charles, 41
organizações
   à beira da crise, 78
   ambidestralidade contextual, 234-235
   compartilhando as informações do radar, 204
   competência essencial da liderança, 207
   confiança ao lidar com a ameaça, 92-95
   emoção, pensamentos e ações nas, 17
   energia corrosiva, 135-136
   estafa das, 49
   grau de negativismo, 65
   perfil de energia coexistindo nas, 66
   piores cenários possíveis para as, 136-137
   potencial emocional, cognitivo e comportamental, 15-16
   mensurando a corrosão, 124, 126-127
   sobrecarregando recursos e pessoas, 48
orgulho organizacional, 145, 148, 152-154
orientação ao *input versus output*, 191
orquestrando a energia, 11-32
OTTO Group, 133-134, 170, 252
Our Culture Journey, 188

painel de controle de progresso, 200-201
Palmisano, Sam, 205
parar a ação, 173
   benefícios psicológicos aos empregados, 172
   faxina geral, 169-171
   gestão de crises, 172
   o que deveríamos parar de fazer?, 168-169
pausas, 174, 179-184
   Bill Gates, 180-182
   Hilti, 187
perfil de energia, 13, 60, 207, 259-260, 263
   autoavaliação, 264
   falta de comunicação combinada a profunda incerteza, 126-127
permanecendo como a número um, 254-255
perspectiva compartilhada, 145-146, 148
   comprometimento coletivo, 150-151
   futuro da empresa, 148, 150-152
pessoal
   força coletiva do, 16-17
Phoenix Contact, 228, 234, 250
   administrando proativamente a energia, 247-248
   atividades de redução de custos, 96-97
   classificando projetos, 172
   coleta de histórias de sucesso, 95
   comprometimento, 199
   comunicação aberta, 96-97
   confiança, 97
   crise contábil de 2008-2009, 172
   demissões, 96
   desenvolvimento de líderes, 217
   faxina geral, 172-173
   metas claras e simples, 199
   milestones, 200
   nova ambição estratégica, 217
   princípios de liderança, 217
   programa ABC, 172-173
   recessão e, 96-97
   redução salarial do conselho de administração executivo, 96-97
   trabalho de curto prazo, 96
   Strategy 2020, 200
   workshop anual de melhores práticas, 97
pit stop, 188
pit stop, cultura, 187
   Hilti, 188-189
Pohl, Andreas, 75-77, 179
Polaroid, 40
pontos de contato com o cliente
   criação de, 224
   empregados desenvolvendo um *insight* do mercado, 224-225
   energia positiva e, 223
   energizantes, 223-228
   entusiasmo dos clientes, 227-228
   feedback do cliente, 225-227
   reconhecimento dos empregados, 225-227
pontos fracos, identificação de, 20
potencial cognitivo, 15-16
potencial comportamental, 15-16
potencial humano, utilização pela organização, 60
Premium Sprint, visão, 118-119
preservação do *status quo*, 255
princesa
   dragão seguido de uma, 117-118
   mobilização da energia ao redor de uma, 247-248
   período de, 117
prioridades, confusão sobre as, 117
Probst, Gilbert, 49
processos de revitalização, 67
processos estratégicos
   ajustar o radar para sinais fracos, 197, 201-203
   avaliando regularmente as estratégias, 197, 205-206
   envolvendo as pessoas, 198
   estratégia compartilhada, 197, 198-201
   revigorantes, 195, 197-206
   superando barreiras à visão, 197, 203-204
Progressive Insurance, 211, 212
projetos estrategicamente importantes, 179

QEO (Questionário de Energia Organizacional), 22, 60-62, 124, 207, 247
   aplicação do, 67-68
   APS (Alstom Power Service), 68
   autoavaliação da energia da organização, 259-260
   como aplicar, 259-260
   como uma verificação instantânea de energia, 71
   como um levantamento com empregados, 67-68
   como um monitoramento da energia organizacional, 69-71
   CWT (Carlson Wagonlit Travel), 13, 20, 22
   estados de energia, 67
   forças produtivas e contraproducentes, 61
   impulsionadores relevantes da energia, 67
   inércia resignada, 23
   participação no, 61
   qualidade da energia organizacional, 68-69
   questões, 62
   utilização, 67-71
qualidade, 33
Questionário de Energia Organizacional. *Veja* QEO
questões relativas aos negócios, 216

radar para sinais fracos, 197, 201-203
Raisch, Sebastian, 49
Reagan, Ronald, 16
realizações, reconhecimento explícito de, 152
reavaliação regular da estratégia, 197
recuperando a energia positiva, 120-154
redes sociais por toda a empresa, 221-223
redirecionamento
   metas em comum, 150
   sistemas de gestão, 173-179
redirecionamento da energia, 129
regeneração
   falta de, 192
   nenhuma possibilidade de, 164
   pausas, 180
relacionamentos, desenvolvendo a alta qualidade, 222-223
relacionamentos informais, 219-223
resignações e armadilha da aceleração, 158
revigorante
   cultura, 228-244
   estruturas de liderança, 206-218, 219-228
   sistema de gestão, 194-195, 242-243
Risberg, Bo, 94, 194
Robinson, Sandra, 142
rotina *versus* inovação, 234-235

sacudidelas emocionais, 135-142
Schneider & Brooklyner Hopfen-Weisse, 227
Schneider VI, Georg, 87, 227
Schneider Weisse, cervejaria, 87, 227
Schoemaker, Paul, 196
Schulz, Hans, 175-176
Securetec, 224
senso de urgência proativo, 194
serview GmbH
   ambiente de alta energia, 189-190
   feedback do cliente, 225
   sistema de *feedback* SMART, 190
Sigrist, Beat, 162
silêncio organizacional, 236-237
sistema APO (administração por objetivos), 176
sistema de administração por objetivos. *Veja* sistema APO
sistema de alerta antecipado, 201-202
sistema de determinação de metas, 175-177
sistema de gerenciamento de projetos, 176-177
sistemas de *feedback,* 175, 186, 189-190
SKF Group, 89-90, 250
Slaaen, Eivind, 181
Smith, Diana McLain, 54
sobrecarga, 161-163, 167
solução baseada no acordo mútuo, 131-133
Sonova Group, 196, 247
   aparelhos auditivos, 186
   Audéo, 186
   empregados interagindo com os clientes, 224
   eventos de informação sobre o produto, 224
   fases de alta energia e regeneração, 28, 185-186
   inovação como atividade-chave, 34-35
   novas gerações anuais de produto, 27-28
   Verve Steinway Edition, 185-186
Steel, Gary, 209
Steinway & Sons, 185
Strategic Corporate Development, 243
Strobel, Martin, 52, 95
stryker GmbH & CO. KG, 224, 225-226
sucessos
   celebração dos, 182-183
   reconhecimento explícito dos, 152
Sulzer, 162-163
superando obstáculos à visão, 197
sustentando a energia organizacional, 28-32, 190, 193-245
Swedish Asea Group, 46
Swissair, 40-41
Swiss Aviation Training, 182
Swiss Brown Boveri Group, 46
Swisscom, redes sociais por toda a empresa, 221

Swiss International Air Lines, 182
Swiss Re, sessões de inovação por toda a empresa, 205

Tata Group, 108
Tata Motors, 104, 108, 116
Tata, Ratan, 108-116
Tata Steel, 18, 107-108, 250
TeamBank, 109
tecnologias de comunicação, utilização excessiva de, 192
Tomasi, Markus, 34
Tushman, Michael, 41
Tyco, 49

UBS, 212
Unaxis, 18
Universidade de St. Gallen, 116

valores
    compulsórios, 242
    promoção dos desejados, 241
    sólidos e revigorantes, 230-239
    teste dos, 233
valores compulsórios, 242
válvulas de escape para o negativismo, 130-134
verdadeiro diálogo *versus* comunicação cortês, 125
verificação instantânea de energia, 71-72
Verve Steinway Edition, 185-186
visões
    abandonando a busca da concretização das, 118
    branding claro, 108-109
    comprometimento, 250
    conscientização, 104
    de longo prazo, 115, 118
    desejadas, 102
    eficazes famosas, 104
    empregados, 104-107
    entusiasmo pelas, 104-107
    foco da energia nas, 250
    imagem positiva, 102-103
    interpretação e compreensão, 106
    investimento de energia nas, 212
    monitoramento da busca da concretização, 109
    não apoiar as, 101
    natureza abstrata das, 101-102
    participação pessoal e visível nas, 111
    sistemas de recompensa e, 111-113
    Tata Steel, 111-113
Volkswagen, 115
von Gruenberg, Hubertus, 113-114, 118, 151, 199, 250
von Weizsaecker, Richard, 16

Weber, Juergen, 12, 28, 35, 42, 81-84, 194
Wells Fargo, 212
Wolter, Sieglinde, 105
Work@Home Project, 22
WORLDCOM, 41, 49
Würth Group, 202

Zimmermann, Rudolf, 224
Zschokke, Alexander, 34

Impressão e Acabamento:
GRÁFICA STAMPPA LTDA.
Rua João Santana, 44 - Ramos - RJ